数字化时代的传媒产业研究

吕丽青　汤云敏◎著

吉林出版集团股份有限公司
全国百佳图书出版单位

图书在版编目（CIP）数据

数字化时代的传媒产业研究 / 吕丽青，汤云敏著
. -- 长春 : 吉林出版集团股份有限公司，2023.6
　ISBN　978-7-5731-3643-5

　Ⅰ.①数… Ⅱ.①吕… ②汤… Ⅲ.①传播媒介—产
业发展—研究—中国 Ⅳ.①G219.2

中国国家版本馆CIP数据核字(2023)第115221号

数字化时代的传媒产业研究

SHUZIHUA SHIDAI DE CHUANMEI CHANYE YANJIU

著　　者　吕丽青　汤云敏
出 版 人　吴　强
责任编辑　蔡宏浩
助理编辑　崔雅轩
开　　本　787 mm × 1092 mm　1/16
印　　张　16.5
字　　数　385千字
版　　次　2023年6月第1版
印　　次　2023年6月第1次印刷
出　　版　吉林出版集团股份有限公司
发　　行　吉林音像出版社有限责任公司
　　　　　（吉林省长春市南关区福祉大路5788号）
电　　话　0431-81629679
印　　刷　吉林省信诚印刷有限公司

ISBN 978-7-5731-3643-5　定　价　50.00元

如发现印装质量问题，影响阅读，请与出版社联系调换。

前　言

　　随着科学技术的快速发展，传媒已逐渐迈入数字时代，围绕数字化，相关产业开始了多重变革，数字化生产与传播使得内容的价值日益被重视，数字内容资产化处理与运营成为传媒业的重要管理手段，也推动了传媒融合向纵深转型，这都对媒体发展、对社会和人民的生产生活都将产生重要影响。数字传媒产业正处在一个大发展大变革大调整时期。文化体现一个国家的综合实力，加快发展现代数字传媒产业，满足广大人民群众的精神文化需求，是数字化背景下提高我国文化软实力的必由之路。

　　本书数字化时代的传媒产业研究方向的著作，本书从数字化时代传媒产业概述介绍入手，针对数字时代与传媒产业的含义、传媒的功能、数字化传媒产业进行了分析研究；另外对传媒产业基本理论、传媒责任理论的构建机制、数字时代广播电视技术传媒要素、数字化与中国传媒业做了一定的介绍；还剖析了传媒产业发展动因、传媒产业发展的制度选择、传媒产业的发展路径以及数字化时代传媒产业创新；本书论述严谨，结构合理，条理清晰，内容丰富，旨在摸索出一条适合数字化时代的传媒产业的发展之路，帮助其研究者运用科学方法，提高工作效率。对数字化时代的传媒产业研究有一定的借鉴意义。

　　在本书的策划和编写过程中，曾参阅了国内外有关的大量文献和资料，从其中得到启示；同时也得到了有关领导、同事、朋友及学生的大力支持与帮助。在此致以衷心的感谢。由于科学技术的发展非常快，本书的选材和编写还有一些不尽如人意的地方，加上编者学识水平和时间所限，书中难免存在缺点，敬请同行专家及读者指正，以便进一步完善提高。

　　本书由广西职业技术学院吕丽青、西安培华学院汤云敏著。具体编写分工如下：吕丽青负责第五章至第九章的编写（共计18.9万字），汤云敏负责第一章至第四章的编写（共计19.6万字）。吕丽青负责全书的统稿和修改。

目　录

第一章　数字化时代传媒产业概述

第一节　数字时代的概念

一、数字时代的概念

关于数字时代的界定，存在两种解释：一种是将数字时代等同于信息时代，认为前者只是后者的一个代名词。支持这种看法的人认为，信息时代伴随着电子计算机和现代通信技术而生，是指以计算机技术为核心来生产、获取、处理、存储和利用信息的时代，而数字时代同样逃不出这一逻辑，依旧可以沿用信息时代的定义。另一种则是将二者进行区分，强调数字时代与以往工业时代、信息时代的某种割裂的特征。二十世纪九十年代到二十一世纪一十年代为"信息时代"，而从二十一世纪一十年代到三十年代人们将逐步步入"数字时代"。国内外的大多数学者也倾向于将二者进行一定程度上的区隔以更好地理解和阐释二十一世纪以来的种种社会现象，并纷纷提出自己对于数字时代的理解与界定。

其实纵观学界对于数字理解的种种界定，二十世纪九十年代最早提出了"数字化生存"的概念，敏锐地察觉到了与信息时代所不同的所谓"后信息时代"的到来。比特这种 0、1 的数字表达方式成为了"信息的 DNA"，自然界的一切信息都能用数字表示，数字化的信息生产和传输模式进一步重建了世界。借助对数字生存的描述，人们对数字时代有了一个普遍的共识，即数字时代指的是运用信息技术，将一切信息转化为 0 与 1 的过程，是信息领域的数字技术向人类生活的各个领域全面推进的过程。

二、数字时代的特征

时代背景会影响特定时期人们的认知框架与行为模式，在特定的时代背景下，生产与商业模式因受到历史条件的制约而显现出不同的时代特征。

数字时代的特征是指对与数字化社会相适应的国际政治、经济、文化基本状态的客观认知和具体描述。数字时代的重要特征是极高的速度、天文级数的复杂性，以及经济和社会的全球化。数字时代的特点主要体现在非连续性、不可预测、非线性增长三个方面。除去这种宏观的对于数字时代特征的把握，学者们更多探究在数字时代，经济、教育、政治、艺术、精神生活等某一具体领域出现的新特征。例如，在经济层面，有学者研究发现数字经济能够促使国民经济呈现出包容性增长的趋势；在教育方面，数字教育相较于传统的教育模式则呈现出学生学习的自主性、合作性、探究性和终身性等特征；在政治领域，"中介化"的政治现象成为数字时代政治研究的新视域；在艺术领域，则呈现出一种网络化的艺术消费与体验的特质；在人的精神生活方面，则存在着离散主义和价值虚无主义的现象。结合国内外学者的研究，我们认为数字时代的特征具体体现在以下几个方面：

（一）在社会生产层面：数据成为重要的生产要素，教字经济蓬勃发展

在数字时代，围绕着数据进行挖掘、分析与运用成为了一项基础性的工作。数字劳动作为一种复杂的知识劳动，它以数据为生产资料，通过人们在网络空间耗费一定的劳动时间与劳动量来创造价值。在数字时代，新技术带来的倍增效益将是信息时代 5～10 倍的规模。以云计算为例，用云量每增长 1 点，我国的 GDP 大致可以增加 230.9 亿元。数字时代为整个社会的生产、分配带来一次全新的洗礼，促成了全球层面经济和权力的重构。

在此生产力的基础上，数字经济得到了蓬勃发展。数字经济是以数字化的知识和信息为关键生产要素，以数字技术创新为核心驱动力，以现代信息网络为重要载体，通过数字技术与实体经济深度融合，不断提高传统产业数字化、智能化水平，加速重构经济发展与政府治理模式的新型经济形态，当今世界，科技革命和产业变革日新月异，数字经济蓬勃发展，深刻改变着人类生产生活方式，对各国经济社会发展、全球治理体系、人类文明进程影响深远。在数字经济的背景下，品牌数据愈发成为商业智慧增长的新的突破点。

（二）在社会关系层面

社会关系走向复杂的"聚合离散"，从"虚拟社会"向"镜像在会"转变。

经济和科技的发展解构了传统的以血缘和地缘为纽带的社会关系，个体在社会中更富有独立的能力和意识，传统的社会关系遭遇了一定程度的"离散"。同时，5g 通信技术的发展极大地推动了"万物互联"时代的到来，人与人、人与物的连接更加紧密。信息在人们之间极大的流通能够轻易汇聚起大众的意志，让陌生人可以在网络空间快速聚集，形成一个虚拟的共同体。而在这种不断集结的过程中，人们逐渐在多元意识的碰撞中寻找到属于自己的"部落群"，这种现象恰恰反映出数字时代社会关系复杂的"聚合离散"特征。

随着网民数量的不断增长，现实社会中的关系也越来越多地被嫁接在网络虚拟空间中，并且随着数字技术的进步，现实社会中人们的活动轨迹也都可以被捕捉输入到网络数据库中，并通过系统实现真实的复刻。这也就呈现出"去虚拟化"的发展趋势，"镜像世界"逐步取代"虚拟社会"，"镜像世界"将和现实世界实现更加紧密地互动，网络社会空间的治理与人际关系将会更加富有规范性与真实性。互联网的高度发展让我们意识到，传统的"线上线下"分流的思维已经过时，对于企业来说，线上线下的世界已经融合为一个商业世界，它们面对的是共同的用户。

（三）在社会伦理层面

社会伦理更加多元化、差异化，并以"对立耦合"的形态在教字空间共同存在。

参照以往的任何一个时代，社会活跃度都未曾达到如此高的水平。数字信息的爆炸和多元意识的奔涌使得人们的思维更加活跃，也更富个性化。多元的、碎片化的社会形态催生出了不同的网络部落群体，每一个部落圈层都有一些独特的伦理与契约存在，然而这些不同的社群部落并没有出现类似在统治时期对不同伦理者进行激烈对抗的状况，相反，这些拥有不同伦理的圈层在互联网上呈现出一种共同生活的状态。提出用"对立耦合"的观察视角来解释数字时代矛盾的社会现象，这些多元的伦理观念基于一些伦理审美的共性，能够实现一种冲突的和谐。这种多元伦理在网络中的共生状态很好地印证了数字时代包容并存的特质。

（四）在政治制度层面

数字协商治理模式兴起。数据信息作为一种重要的生产要素与无形资产，它在人们之间以"扁平化""互动化"的形式在网络上进行传播和交换，从而引起社会权力的下移以及从国家向网络的转移，社会互动正取代等级结构成为社会组织形式的主导地位。这种媒介权力的扩张使得媒介机构与政治机构的关系越来越紧密，越来越彼此依赖，媒介对政治机构影响的增强使政治被"中介化"了。这种权力的扁平化下移也让社会公共问题的治理走向多主体参与和多主体协商，数字协商治理逻辑开始兴起。此外，大数据技术的发展让民主和控制出现了异化，我们在走向数字民主的同时也在滑向一种另类的数字专制。

（五）在精神文化层面

知识获取更为便利，更新迭代速度加快；环境、生态、人类命运等时代主题成为人们关注的重点。

在数字时代，网络数字文化得到了快速的发展，人们能够通过互联网快速、广泛地获取大量的知识，天文量级的知识与信息以数字的形式在社会中高速传递，促进知识的飞速迭代与文化的国际化沟通交流。在未来消费者会变得非常聪明，他们甚至不需要销售人员，也不需要广告就能获取足够的产品知识，因此对于市场营销来说，管理好口碑成为最需要做的事。

此外，社会物质的充裕、社会矛盾的转化也带来了社会思潮和社会文化的转向。数字文学文本作为数字虚拟的产物，已经打破了固态文本格局，实际上它是在作者和读者之间以比特方式动态存在的意义链，即它是典型的主体间动态交互性文本。在文化思想层面，资源、环境、生态、人类未来、个体生存和自我、人性、理想价值、性别意识等时代主题、思想观念受到更多关注。这就要求品牌更为积极地承担相应的社会责任，塑造一个环境友好的、富有个性的品牌形象。

第二节 传媒产业的含义

一、传媒产业定义、分类及特点

（一）传媒产业的定义

传媒，也被称作"媒体"或"媒介"，指传播信息资讯的载体，即信息传播过程中从传播者到接受者之间，携带和传递信息的一切形式的物质工具。从广义上分类，包括报纸、杂志、广播、电视、电影、图书、音像制品，以及迅速崛起的互联网络和移动网络等。

产业，其定义为具有某种同类属性的经济活动的集合或系统，是社会分工的产物，是社会生产力不断发展的必然结果。具体而言，指由利益相互联系的、具有不同分工的、由各个相关行业所组成的业态总称，尽管它们的经营方式、经营形态、企业模式和流通环节有所不同，但是，它们的经营对象和经营范围是围绕着共同产品而展开的，并且可以在构成业态的各个行业内部完成各自的循环。

按照传媒和产业的定义，传媒产业就是指传播各类信息、知识的传媒实体部分所构成的产业群，它是生产、传播各种以文字、图形、艺术、语言、影像、声音、数码、符号等形式存在的信息产品以及提供各种增值服务的特殊产业。广义的传媒产业是指与传播活动相关的所有组织的企业经济活动的总和。狭义的传媒产业是指除政府传媒管理部门以外的各类媒体，以及为媒体生产提供产品或服务的组织、机构。一般意义上的传媒产业是指狭义的传媒产业。

（二）传媒产业的分类

1. 根据类别

根据类别不同，传媒产业可大致分为文化娱乐产业、出版产业、广电产业、平面媒体产业、网络媒体产业和户外媒体产业。

2.根据媒体性质

根据媒体性质不同,传媒产业又可分为传统媒体产业和新媒体产业两大类。其中,传统媒体产业可细分为图书、报纸、杂志、电影、广播、电视等产业。而新媒体方面,由于科学技术的不断发展以及未来不可预知的创新潜力,其产业则表现得更加多元化。具体的新媒体产业包括数字出版、动漫、游戏、电子报刊、手机报刊、数字电影、网络广电、数字电视、手机电视、移动电视、楼宇电视、IPTV、电子商务、视频、社交、即时通信、无线增值、在线阅读、显示屏、数据库等。值得一提的是,新媒体的崛起打破了原有的中国传媒产业结构,其对传统媒体产业产生了很大的冲击和影响;同时,新媒体产业又是未来中国传媒产业发展的重要组成部分,因此更值得我们关注。

(三)传媒产业特性

传媒作为一个产业,既有与其他产业相近或相同的共性,也有区别于其他产业的特殊性和内在的规定性。传媒产业特性主要有以下五点:

1.传媒产业是注意力产业

传媒产业与其他产业的一个重大区别是,传媒机构并不依赖出售自身产品获得全部回报,传媒机构的一个重要经济回报来自于"第二次售卖"——将凝聚在版面或时段上的受众注意力"出售"给广告商或一切对这些受众感兴趣的宣传者。也就是说,媒体所吸引的受众的注意力也是传媒经济价值所在。作为一种"注意力产业",传媒产业的市场价值与它是否有效吸引受众的眼球密切相关,其实质是强调"受众本位"。传媒产业的市场价值与以下3个因素息息相关:受众关注程度、受众注意力保持、有效人群选择。

2.传媒产业以信息服务为主体

同其他产业一样,传媒产业是由若干个子系统构成的庞大产业体系,包括传媒信息服务、传媒制造、相关信息资源服务和多种经营等,各系统互为条件、相互补充和支持。其中,信息服务是主导。

3.传媒产业经营主体是传媒企业或企业型组织

传媒产业内存在大量传媒企业,无疑是传媒活动中最为活跃的经济细胞,是传媒产业生产经营的主体，拥有完整法人财产权，以盈利为基本目标，追求经济效益。

4. 传媒产业资源配置的主要手段是市场

在健全的传媒市场中，传媒产业发展不仅需要政府宏观引导，更依赖于完善的市场机制。传媒生产力要素依赖市场途径进行组织，除公共传媒产品外，一般传媒产品消费完全商品化。通过价格引导传媒资源向效率高、效益好的部门或传媒机构集中，从而有效提高传媒资源的利用价值，促进传媒产业结构优化，更好地满足受众对传媒产品的需要。

5. 传媒产业生产方式具有工业化的典型特征

传媒工业化生产不同于传统意义上的传媒制作，标准化、程序化、格式化、系列化、规模化是其基本特征，它使传媒再生产活动（简单再生产和扩大再生产）效率得到大幅提升，改变了手工型、作坊式的传媒生产方式下传媒产品复制规模受限、效率低下的状况。

更重要的是，工业化生产方式改变了传媒产品成本构成，工厂制作成本让位于信息采集成本，物质成本让位于智力成本，信息内容和经营创意成为传媒的核心生产力，为传媒开辟了前所未有的获利空间。受此鼓舞，更多产业资本加盟传媒，使传媒工业化水平不断提高，形成良性的传媒投入产出机制。需要指出的是，此处所称工业标准化是指工业生产中的专业化、程序化、系列化、规范化等一般内容，侧重于生产过程中的物化劳动，而非精神劳动与智力创新活动部分的模式化与标准化。

二、文化产业定义、分类及特点

（一）文化产业的定义

联合国教科文组织将文化产业定义为，按照工业标准生产、再生产、储存以及分配文化产品和服务的一系列活动。该定义从文化产品的工业标准化生产、流通、分配、消费的角度进行界定。

二十一世纪国家制定下发的《关于支持和促进文化产业发展的若干意见》将文化产业界定为：从事文化产品生产和提供文化服务的经营性行业。文化产业是与文化事业相对应的概念，两者都是社会主义文化建设的重要组成部分。文化产业是社会生产力发展的必然产物，是随着我国社会主义市场经济的逐步完善和现代生产方式的不断进步而发展起来的新兴产业。二十一世纪初国家统计局将文化产业定义为：为社会公众提供文化、娱乐产品和服务的活动，以及与这些活动有关联的活动的集合。

（二）文化产业的分类

1. 根据实体结构

根据实体结构，可以分为市场型文化与公益型文化产业。出版传媒、体育竞技、网络电视等领域属于市场型文化产业；社区文化产业、大型社会捐助、个人捐资助学等属于公益型文化产业。

2. 根据形式结构

根据形式结构，可以分为部门文化产业结构与空间文化产业结构。教育、科技、旅游、出版等包括在部门文化产业结构里，空间文化产业结构则是以地理区域为界限来划分。

3. 根据地域结构

根据地域结构，可以分为局域型文化产业与全域型文化产业。局域型文化产业强调以有限视觉对特定空间的界限，全域型文化产业以系统论的观点来分类。

4. 根据发展结构

根据发展结构，可以分为基础型文化产业和特色型文化产业。

5. 根据生产要素的技术组合

根据生产要素的技术组合，可以分为技术文化产业和创意文化产业。大型体育运动会和航空表演等硬件设施、技术和回报要求都很高的活动归属于技术文化产业，以知识、智力、经验、智慧等为核心的产业行为则属于创意文化产业。

6. 根据区域类型

根据区域类型，可以从国家、行政区、形态、功能这四方面来划分。

（三）文化产业的特点

1. 发达国家文化产业的特点

在发达国家，文化产业增速快、规模大、就业人口多，文化产业已经成为国民经济的支柱产业；文化产业发展的根本是人才，发达国家在推动文化产业发展的过程中，建立起了完善的人才培养机制；发达国家具备完整的文化产业管理体系，大部分国家管理体制的差异并不明显。发达国家文化产业管理体系中，涉及的主体主要包括三类：中央政府机构、地方政府机构或中央驻地方的分支机构、社会中介组织。

2. 发展中国家文化产业发展的特点

发展中国家长期以来处于经济和技术落后的状态，传统观念根深蒂固，社会整体现代化程度不高，文化产业整体发展水平低；市场需求巨大；发展中国家在文化产业发展中具有后发优势，在吸收发达国家的资金及发展经验的基础上，文化产业的规模不断扩大，产业集中度和集约化水平不断提高，文化产品贸易额增长迅速。

第三节　传媒的功能

传媒的基本功能是传递信息，有监测环境、协调社会、传承文化以及娱乐功能，在本章中被概括为"社会整合功能"，传媒在信息的连续传播过程中，不断调适、修整和融合由传播引起的各类信息交流，从而对社会产生影响和效果，成为人们获取和传递信息的最主要渠道。在传播信息的同时也为传媒组织带来赢利；传媒可带来利润的这种经济功能，将之概括为产业功能，正在发挥强劲资本运营经济效能。传媒与生俱来的产业功能与社会整合功能构成传媒的两面，这两种功能在不同时期，不同环境，需找到最佳平衡点；传媒产业具有内容与渠道的独特性，多次销售、版权经营、品牌的无形资产、媒体的竞争与兼并收购、规模经济与范围经济以及创意人才资源都是传媒产业核心议题。

一、社会整合功能

（一）相关学者观点

关于传媒的作用，英国传播学者丹尼斯·麦奎尔指出，传媒基本上是关于最广义的知识"生产与分配"问题。这些知识透过传媒，以大规模的方式触及社会。他认为，传媒的功能是守望、对话、传递、娱乐和动员，即传媒除了传递信息、传承文化，成为公共事务的交流空间以及当代休闲娱乐的中心之外，还可以进行意见整合和动员召集。

传媒的基本功能是传递信息。从结构－功能主义的角度出发，社会可以被看作一个总系统，而传播媒体则是子系统。作为社会子系统的传播媒体，其行为和规范受到社会总系统的制约，但同时，传播媒体的一举一动，亦能对社会总系统的运行起到牵一发而动全身的作用。

对于传播媒体和社会的关系，麦奎尔进行了较为详尽的表述。麦奎尔认为，大众传播媒体是社会关系的中介，传播媒体在社会总系统中可以是：①事件和经验的窗口—传播媒体能够延伸人们的生活经验和事业，使人们能通过传播媒体观察到他人的生活和思想。②社会和世界事件的镜子—传播媒体信息是对现实映射式的反应，媒体反映什么，人们就只能看到什么。③过滤器或守门人—为了特定目的而主动筛选出一部分信息，隐瞒其他信息（无论是否有意）。④路标、指南或诠释者—指引方向和意义，为人们总结意义，指点迷津。⑤受众表达信息或观念的论坛或平台—给受众发声机会，让他们有提供反馈的处所。⑥对话者或在谈话中消息灵通的搭档—传播媒体不仅传递信息，还以准互动的方式对问题做出回应。

二十世纪四十年代末期，在《传播的社会结构与功能》一文中，归纳了传播媒体的三种社会功能，即监视社会功能、协调社会关系、传衍社会遗产。而传播学家施拉姆认为，大众传播媒体除了比较显著的政治功能和经济功能之外，其一般社会功能还包括传递社会规范及作用、协调公众的了解和意愿以及行使社会控制等。这几种功能相互作用，在发挥传播信息、文化交流等基本功能的同时，不断规范社会秩序、矫正其发展方向等—从某种意义上讲，引导社会稳定、协调各方利益、规定良好秩序等是传播媒体必须承担的社会责任。二十世纪五十年代末期，在《大众传播：功能的探讨》一书中则补充了一个功能：提供娱乐。

学界长期倡导的是拉斯维尔和赖特提出的"四功能说"：①监测环境：用"新闻"不断地向整个社会及时报告环境的变动。②协调社会：以"宣传"聚合社会各团体和个人对环境采取一致、有效的行动。③传承社会遗产：通过教育使社会规范和知识等精神遗产代代相传。④提供娱乐：媒体信息通过娱乐方式传播，能够调节大众身心，为后续工作提供充足动力。

当下传媒以娱乐功能为主导，是不少媒体经营者获取瞩目、高额利润的"必杀技"——他们只看重单一娱乐功能，认为严肃、权威的新闻不再被需要，娱乐信息铺天盖地地占据了版面头条，甚至有些人认为娱乐可以带动一切，媒体就是娱乐。

（二）社会整合功能内涵

上述几大功能可以概括为传媒的社会整合功能，这是借用物理学和社会学的有关原理和概念，来描述媒体对社会事物的作用，以及媒体与社会的互动关系。简单地说，如果媒体的新闻传播活动所产生社会舆论力量，与现实某个社会事物运动变化的脉搏同步，一旦两者的节奏和频率相互契合、相互激荡，就会发生共振。这种共振能够聚合起一种能量作用于该社会事物，使其产生突变、产生飞跃，推动和促进社会事物向前发展。媒体的社会整合功能体现在如下几个方面。

1. 舆论引导功能

传媒最主要的功能是在特定社会的内部和外部收集和传达信息，提供人们生活环境的信息，用"新闻"和媒体内容不断地向整个社会及时报告环境的变动。现在通常把传媒比作航船上的瞭望者，即是对媒体监测环境功能的一种表达。

媒体监测环境功能的发挥，主要在于及时揭示涉及公众生命安全和重大生活事项的信息，对即将来临的自然灾害或战争威胁，媒体能够及时地向人们发出警告，促使他们及早防御，同时提供政治、经济、社会发展的相关信息，保障公众的知晓权，也提示社会规范，在信息中表露社会行为规范和公德、法律。

2. 协调社会功能

协调社会是一种组合功能，即传媒通过对新闻信息的选择、解释与评论，提出相应的解决方案与策略，以"宣传"聚合社会各团体和个人对环境采取一致、有效的行动。它假设社会是一个有机体的存在，社会各部分只有互相协调才能维持社会的正常运转，而传媒是执行联系、沟通、协商功能的重要角色。

3. 传承文化功能

人类文明的发展已有漫长的历史，其中积累的经验、智慧和知识需要源源不断地传递给后代子孙，传媒是保证这些社会文化遗产得以代代相传的重要机制。媒体通过传播把文化传递给后代，使社会成员共享统一的价值观、社会规范和社会文化遗产；通过"教育"使社会规范和知识等精神遗产代代相传；媒体记录同代人的探索与创新，引领社会时尚与风气，传播共同的主流文化，增强社会凝聚力、向心力。媒体的文化传承是社会化的继续、学校教育的继续。

4. 娱乐大众功能

娱乐功能已成为传媒的一种突出功能。借助"娱乐"，传播媒体使整个社会获得休息以保持活力。媒体提供大量文学、艺术、休闲等方面的内容，丰富人们的日常生活，陶冶了人们的性情。

媒体可以提供许多奇闻趣事、制作各种文娱节目，让人们在紧张的工作之余得到媒体娱乐内容享受，提高人们的欣赏水平，满足人们正当的好奇心和放松的心理需求。在注意力经济时代，娱乐的作用越来越重要，如何充分发挥媒体的娱乐功能，是传媒产业发展需要探索的重要方向。

二、传媒产业功能

从商品化与消费主义的立场出发，认为传媒的功能在于向大众提供精神消费产品，传媒实际上建构了一个平行于客观世界的消费世界。因此大众媒介的真相就是：它们的功能是对世界特殊、唯一、只叙述事件的特性进行中性化，代之以一个配备了多种相互同质、互为意义并互相参照的传媒宇宙。在此范围内，他们互相成为内容—而这便是消费社会的总体信息。

（一）传媒产业的独特性

关于传媒产业经济这一概念，可从三个层面来思考：

1. 理论层面

将经济学中的新兴学科—产业经济的概念、原理和理论应用于媒体公司和传媒产业的研究中。这属于应用经济学范畴，涉及传媒产业经济学研究的范式和理论。这使得新闻学与传播学的学者们可以"如产业经济学家一样去思考"。

2. 操作层面

传媒机构和一些媒体公司都属于经济体制内运行的组织，在全球经济一体化趋势下，现今越来越不得不表现出以营利为营运目标的态势。对传媒产业的研究已成为我国经济发展的现实需要，意义重大。这迫使传媒人借鉴经济学、管理学理论去分析现实问题。

3. 传媒自产生以来具备"产业运营"的经济特性

这一特性与"社会整合功能"共同构成传媒的双面性，即传媒同时具备"产业功能"与"社会整合功能"。只不过传媒的这两种功能在不同时期，其角色特征轻重不同而已。但一直以来，传播学只是停留在经济学科与管理学科之外去思考传媒的社会整合功能，难免在圈地中有失"半壁江山"。

无论在哪一层面思考问题，传媒作为物资和服务均有其独特的经济和商业特点，传媒的许多媒体产品从本质上属于"公共物资"，可以被多次使用，而且再次使用往往比第一次使用更赚钱，具备"滚雪球"效应。如一条好的社会新闻，见诸一种媒体后，会被其他媒体转载，最终甚至会被改编为流行小说或电影、电视剧，等等。其艺术生产过程不同于其他工业生产过程，其价值链更具复杂性。

但是根据上述的理解，我们依然很难给"传媒产业"下准确的定义。

因为狭义地讲，传媒产业就是以生产（制作）文章及图片、图像、声音，并营销此类信息为主的企业组织及其在市场上相互关系的集合。

这里的"企业"，一是指大大小小的影视节目制作公司、各类网络内容与信息制作与经营公司；二是指各类别的报社、杂志社、广播电台、出版社、影视与娱乐集团、网络传播公司等；三是指各类信息、数据、内容咨询与评估公司等，属于信息产业范畴。

但广义地讲，传媒产业还应包括内容信息的采集、制作、存储、传送（微波、线缆、卫星）、监控、播出和接收设备制造等，因为这些设备是内容节目的物质载体。

诚然，传媒产业同一般信息产业一样，其基本的原材料是信息；所应用的基础设施和技术设备都是信息技术产业部门提供的高技术产品；所执行的职能是收集、整理、加工、存储、传输信息；进行信息生产的目的主要是为社会公众提供信息服务。

传媒产业是指具有经济学投资价值，围绕文字、音像的生产经营和播出的系列相关活动，向公众提供相应的文化信息产品和服务的企业群所组成的相互作用的经济活动的集合或系统。

这里所述"传媒产业"，包括广播、电视、网络视频、报刊、电影、音像以及各类网络与数字内容等主要媒体的产业，并涉及为之配套的相关产业，由此初步形成传媒产业链雏形—包含了广告公司（客户代理公司、媒体购买公司、媒体销售公司）、节目制作公司、发行公司、发行监测机构、收视收听监测公司、数据内容与媒体用户分析公司、广告监测公司和其他配套服务商。

一切有传播能力的载体都可以被称为媒体，传媒产业在发挥其产业经济功能时会与一切有传播能力的载体发生关联，产生其他产业难以达到的多赢产业关联效应。

（二）传媒产品类型

传媒产品是指传媒组织能够提供给目标使用者以引起其注意、选择、使用的传播内容与服务的复合体，是传媒组织与社会系统实现价值交换的手段和载体。

德国媒介经济学者瑞安·比尔将传媒产品划分为三种：私人产品、准私人产品和准公共产品。其中，私人产品包括书籍、杂志等，如同任何工业化产业生产模式，大量制造并经由零售渠道到达消费者手中；而准私人产品则包括电影、演唱会、戏剧表演等，这些产品需要在一个固定的场所为特定人口所消费；准公共产品则指每天接触的影视节目，这些产品在技术与经济层次上属于公共产品，但是消费形态（个人在家中使用）趋近于私人产品。

传媒产品大体可以分为以下三类：

第一类：传媒内容产品，即文化产品，如影片、书刊等，具有有形价值和无形价值，并且其无形产品具有不可消耗性。"网络与数字媒体时代，各大传媒集团开始逐渐减小在收益较低的出版、纸媒、电视等领域的投入，加大互动娱乐与视频方面的内容产品投入。

第二类：大量媒体受众可为传媒带来经济价值。加拿大政治经济学家达拉斯·斯麦兹提出受众商品论，其主要观点为：媒介生产的商品是受众。媒介根据手中受众的多寡和质量（年龄、收入、受教育程度等）的高低向广告客户收取费用，因此媒介的主要功能就是将受众打包移交给广告商。

第三类：媒体的各种传播渠道。一切有传播能力的载体均可产生经济效应。例如，媒体可与企业联合，及时抓住备受关注的社会新闻、事件以及明星效应，结合该企业和产品的特点展开一系列的相关活动。甚至可以策划制造具有新闻价值的事件或是其他传媒内容，吸引公众的关注。如今，各类网络科技平台公司，如苹果公司、腾讯公司都成为内容信息传播的主要载体。

另一方面，传媒产品也在生活当中具象化，出现了如智能家居、可穿戴设备等较多衍生品。以可穿戴设备为例，它是可以直接穿在身上，或是整合到用户的衣服或配件上的一种便携式设备。可穿戴设备不仅仅是一种硬件设备，更是通过软件支持以及数据交互、云端交互来实现强大的功能，可穿戴设备将会对我们的生活、感知带来很大的转变，如智能手表、智能手环等市场上较为普及的产品都是可穿戴设备的具化形式。

（三）传媒产业特征

经济学者通常认为，所有资源都是有限的，是稀缺的，资源是用来生产物资和服务事物的。但是，传媒产品似乎公然违反经济学的常规，一部剧集、一首歌、一条新闻，在播出之后，在被受众消费之后，并没有被耗尽，可能还会出现增值的现象。媒体的内容可以被重复使用并做成不同的形式和格式去发行，这是因为传媒的资源分为有形的和无形的两种生产内容。这也是传媒产业独特的经济学特征的体现。

1. 传媒产品的经济学特征

传媒生产三类产品。第一类是内容，包括各媒体生产的娱乐和新闻等各类资讯信息。可以将传媒产品大体上分为资讯（同新闻相关的内容）和娱乐（影视剧、综艺、音乐、游戏等）两大块，对人们产生有形的和无形的影响，这构成传媒产业能够销售的第一类产品。第二类是受众，一系列解读者，如网民、听众、观众与读者。这一类有价值的产品是被传媒吸引过来的大量人群，可以被媒体出售给广告商，也可以进行会员收费等知识付费。第三类是发行渠道，如各种频道资源、发送通信设备等。各种可接近受众的途径中，有些途径可被包装和定价，如媒体配合发行做的一些宣传与推广活动。

第一类产品即传媒内容，通常被归类于"文化产品"，所有的媒体内容产品，均不是一般的商业产品，而是被人们赋予某种文化意义被欣赏，具有有形与无形价值。人们在购买手机等有形实物的同时，也购买手机中传媒商品的信息和意义。并且因为信息和意义是无形的，使得传媒产品具有不可消耗性，这是传媒产品具有"公共"的特性表现—传媒的产品绝不会在消费中被消耗掉，再一次使用往往比第一次使用更赚钱，内容重复可被制造成不同的版本和格式。这样，创造传媒产品的初始成本相对多些，但随后提供额外单位的这种商品的边际成本却接近于零。

第二类产品即大量的受众可为传媒带来收入，如付费内容在数据挖掘中解读了受众购买行为，在产生大量的发行收入后，还可被媒体作为资源销售给广告商，为媒体带来可观的广告收入，成为许多媒体的主要收入来源。受众根据自己想要和必要的两种需求来使用媒体。想要，是指为改善生活质量而需要的内容；必要，是指为生存而需要的内容。传媒源源不断地为人们提供着想要和必要的内容信息。

第三类产品是指媒体的各种传播渠道。一切有传播能力的载体均可产生经济效应。例如，媒体可与企业联合，及时抓住备受关注的社会新闻、事件以及人物的明星效应，结合该企业和产品的特点展开一系列的相关活动。甚至可以策划制造具有新闻价值的事件或是其他传媒内容，吸引公众的关注。现在各类科技媒体平台公司也为媒体用户开拓了新的传播渠道。

2. 多次销售及版权（IP）经济特征

传媒产品具有多次销售的功能，是在通过向受众提供内容、向广告商提供有效受众的过程中实现的。这个过程中存在着制造和包装知识产权，尽可能广泛地向受众传播，尽可能以高的价格出售知识产权以求利润最大化。所以，版权问题便成了传媒产业链中一个重要的概念。

具体而言，任何一个传媒企业在力求利润最大化时，都会不断地对自己的内容产品进行战略定位，进行内容知识产权开发，探求真正的现金流（收入减去费用、税费、利息以及考虑贬值因素等）。这样，开辟渠道建设，实现版权IP多次销售和让版权效益最大化也成为传媒产业运营中的现实问题。一个好的传播渠道可为传媒企业开辟通畅的版权利润流。

相应地，好的传播渠道可使得传媒企业版权利润如自来水管道中的水，形成版权利润流。

3. 媒体品牌的无形经济效应

这是传媒产业经济里又一个关键概念。二十一世纪的传媒产业竞争日趋激烈，不仅存在同类传媒市场争夺，还有新兴媒体对传统媒体的资源侵占，因此品牌建设对于传媒企业而言，具有非凡的价值。

传媒企业通过设立品牌来建立受众对媒体内容的知晓度、记忆度和忠诚度。传媒名家（名记者、名编辑、名主持、名总裁等）、名栏目等是传媒组织在竞争激烈的市场环境里安身立命的保证。这需要传媒组织不断开发传媒品牌资源，有效利用，形成自身的品牌强势优势。

大多数受众和广告商看重品牌，一些大的传媒企业不惜投入上亿元的资金来建立品牌或购买其他品牌。

品牌不仅能够使媒体企业获得暂时的认同感，也能使媒体企业在激烈的商战中获得受众长期的关注。传媒品牌是一种能够为媒体消费者和传媒企业提供附加值的资产建设内容。

4. 媒体竞争是在一定的市场结构中

传媒的竞争存在于产业链的每一个环节，即"策划—生产—销售"中。

在媒体产品生产之前，传媒企业需要进行有效的策划，这时传媒人才竞争便开始了；接着是媒体产品的生产竞争，包括生产出有独特价值、受众想要和必要的内容，其实质是内容竞争；再下来是销售即传媒发送渠道建设方面的竞争，其实质是影响力创造的竞争，包括品牌建设、内容建设、版权建设、广告客户数据库管理等种种要素。例如，一个好的创意往往就能变成一个成功的影视剧本，这会在编剧的时候存在竞争，就要从最基本的剧本开始抓。有经验的摄影师、制作人、导演和编辑都会成为争夺的对象，当然他们要有出众的才干。

关于传媒的竞争，还必须放在一定的传媒市场结构中去分析。在完全竞争的市场结构、完全垄断的市场结构、垄断竞争的市场结构、寡头垄断的市场结构中，传媒竞争的表现形态不一样，传媒表现出的竞争品位也不一样，有时会是恶性竞争，为了自身企业利益，不择手段，置对方于死地；有时是保守竞争，着眼挖掘自身竞争力，不顾竞争对手；有时则是追求"竞合"双赢境界。传媒组建集团，便是构筑传媒产业价值链，构筑有序的市场竞争环境，传媒竞争需兼顾受众、自身与对手。

传媒的竞争不仅存在于同类媒体之间、不同媒体之间，还存在于新兴媒体与传统媒体之间，可通过竞争战略、竞争优势进行分析。

5. 规模经济和范围经济

规模经济和范围经济指的是传媒企业在不同市场经营涉及成本效率的问题。规模经济是指生产同一种产品达到一定规模之后，平均成本降低。例如，制作一部影视剧的固定成本和可变成本都很高，但如果发行量高的话，那么单片的成本就会大幅下降。

同样，当媒体机构合并后，机构就可以得到精简，不需要原来那么多的行政人员和技术人员。由于传媒产品的成本主要集中在创意和前期制作阶段，产品本身容易复制和传播，因此在不断复制和传播的过程中，产品的边际收益不断递增。而大多数一般产品每增加生产一个单位的产品往往会减少边际收益，因此商家要找到一个平衡点以保证媒体企业利润的最大化。传媒公司往往享受递增而不是递减的边际收益。

规模经济就是边际成本低于平均成本。传媒企业的边际成本是指向增加的额外消费者提供一个产品和服务的成本。它的平均成本就是向所有受众提供产品和服务的总成本除以受众数。简言之，当生产一个特定产品的平均成本更低，而产出水平更高的时候，就出现了规模经济。媒体企业之所以可以实现规模经济，主要是由于可以获得更低成本的资源投入、专业化生产，以及劳动分工。传媒产业是规模经济，因为它的边际成本总是低于它的平均成本。

范围经济指的是横跨传媒市场的多种产品组合，以实现效益最大化。

传媒要经营成功，必须不断追求规模经济性与范围经济性。其中，获得范围经济效应的关键在于选择合理的业务结构，使得相互之间能充分共享资源、活动与技能；而获得规模经济的关键在于筹集大量资金，公开上市是筹集大量资金的主要途径之一，否则易出现规模不经济的"马歇尔效应"。

6. 并购是传媒做大做强的路径

随着所有权限制的松动、融资利率的降低、商业表现的走强以及技术手段整合，一系列宏观经济政策的利好共同推动了传媒并购的浪潮。

传媒并购是传媒进行资本运营的重要表现形式。传媒的并购可以出现在产业链的任何一个环节，其主要目的是实现资源效益最大化。传媒边际成本递减为其并购、追求规模效益带来了经济基础，而传媒内容生产的创新性又决定了传媒并购的内在动因，特别是在传媒日趋形成全球性战略同盟的背景下，传媒并购成为境内外资本、国有与民营资本融合的有效路径。

与此同时，并购也是形成市场垄断，造成市场缺乏竞争机制的行为。因而一些维护公共利益的团体担忧传媒的过度整合会影响媒体传播的公正性与真实性，对个别媒体集团垄断话语权的状态表示担忧。

传媒并购不同于其他产业的并购行为，主要体现在其独特的内容生产涉及精神产品方面。传媒并购中的文化整合、无形资产评估等都是难题。

7. 创意经济中的人力资源

人才是任何组织中最大的财富，传媒业也不例外。发行、广告等经营人员、制作和技术人员可称为产业链中"链下人才"，采编、制片、编剧、导演、演员和管理人员属于"链上人才"，他们共同为传媒的内容、渠道与资本运营建设而工作。传媒独特的功能使其对人才需求与其他行业不一样。

首先，传媒产品本质上属于"公共物资"，同时具备"社会整合功能"，涉及政治、舆论导向的问题，绝不是简单的"原材料＋制作"的过程，这要求传媒人才，特别是"链上人才"有极为敏感的政治意识；又因传媒具有"产业功能"，便同时要求传媒人才还应具备一定的市场判断能力，要求传媒人才具备复合型知识结构。

其次，传媒属于智力密集型产业。创意以及策划能力是传媒人力资源建设中的关键问题，传媒产业又是技术、艺术与文化含量密集的产业，因而传媒资本运营人才、系统数字艺术软件开发人才、传媒产业经营与管理人才也独具资本价值。

另外，人才建设，包括传媒组织的人力资源开发以及传媒高等教育人才培养战略，均是传媒人才涉及的现实问题。

随着智能媒体崛起，智能屏幕将不再仅仅限于手机、电视、电脑、户外等媒体终端，汽车已经变为装在轮子上的屏幕，冰箱已经变为放在厨房里的屏幕，越来越多与能源网络、通信网络和运输网络连接的终端都将通过安装屏幕的方式变得更具互动性。物物皆媒，事事皆数据，人人皆传播。原来只属于少数传媒机构和部分专业传媒精英的话语权被进一步解构直至崩塌。有人的地方就有手机，有手机的地方就有信息，有信息的地方就有传播，网民都变成了自媒体的生产者与消费者，所有企业、政府的官方沟通工具都具备了媒体的属性。

如今，完成了数字转型的媒体均发现，数字化只不过是转型的中点而非终点，它是通向智能媒体的必由之路。算法提升个性化推荐，写稿机器人已经不是什么新鲜事儿了，从国际赛事报道到财经新闻撰写，从数据的采集到内容的编辑再到信息的发布，自动化程序浪潮已经席卷了媒体，数据思维和算法逻辑预测用户的媒体习惯和消费需求的计算推送也在逐渐推进，懂得计算推送媒体内容的技术人才也必不可缺。

三、两种功能的平衡

关于大众传媒的角色与功能，早在二十世纪四十年代末期，传播学奠基人之一、美国学者拉斯韦尔就在《传播在社会中的结构与功能》一文中，运用社会学的结构功能理论，把整个社会比拟成生物有机体，提出传播活动对于社会的存续和发展具有三大功能，即监视环境功能、协调关系功能、传承文化功能。

就监视环境而言，媒体以其全面的生态环境扫描、社会环境报道和舆论环境反映，使人们对社会问题形成整体印象和思考；就协调关系而论，媒体通过提供翔实的资讯和社会各方面意见，使问题的讨论能在最大范围内进行，以实现最大限度上的理解和共识；就传承文化功能而言，媒体源源不断地向大众展现各类通往外界的信息，并在文字和图像等各类符号交织的世界里，为大众编织一个奇妙的世界。在这里，受众获取相应的价值观，满足审美、情感等需求，使得文化在传播和融合中得以延续和发展。

将大众传媒的上述功能理解为社会整合功能，即无论是监视环境、协调关系，还是传承文化，大众传媒在大众传播信息的连续传播过程中，都不断调适、修整和融合由传播引起的各类信息交流，从而对社会产生影响，多年来这在我国被称为"新闻的宣传功能"。

但是，在知识经济时代，传媒将扮演多重角色：作为社会意识形态的载体之一，传媒是信息传播的主力军，其影响力越来越大，对社会生活的参与程度达到前所未有的层面；传媒成为人们获取和传递信息的最主要渠道，因而也成为信息产业的生力军，在传播信息的同时也为传媒组织带来盈利。传媒可带来利润的这种经济功能，将之概括为产业功能，正在发挥强劲的资本运营经济效能。

大众传媒的这两种功能在不同时期和不同环境中，其最佳平衡度都是不一样的。具体而言，社会中共有四大机构互相影响，机构之间不能存在根本冲突，否则社会凝聚力便不复存在。

总之，传播学科是一个学术圈地领域，是一门多学科交叉、渗透的边缘学科。由于传播领域的多样性和广泛性，从传播学作为独立的学科诞生以来，它就涉及政治学、社会学、心理学、语言学、新闻学以及数学等各种不同的学科，人文科学和社会科学的研究方法被同时引入传播学的研究中。经济学对于传播学的专家来说，也是一个颇有价值的学科领域。传媒经营管理人员的决策或多或少都受到资源和财政因素的影响。因此，研究传媒公司乃至传媒产业如何运作对于传播学科的发展也很有必要。

传媒产业经济学将传媒企业作为经济单元进行研究，从这一角度去理解传媒的行为和功能。从产业经济学角度可以进一步了解传媒的角色和功能；在理论层次上，传媒产业经济学弥补了现有传播学的不足，增加了一些重要的经济考量因素。作为一个研究领域，传媒产业经济学为传媒学研究做出了贡献。

第四节 数字传媒产业

随着时代的发展，传媒技术快速更迭，逐渐向传播网络化、生产数字化、消费个性化的大方向发展，极大地丰富了我国国民的精神文化生活。在"互联网+"时代背景下，数字传媒产业发展迅猛，产品样式丰富，创意思维活跃，融合效果明显。为进一步促进我国数字传媒行业的发展，提升其国际市场竞争力，政府部门和传媒企业还需要在产品内容、管理政策、表现形式等方面进行优化和突破。因此，分析我国数字传媒产业发展特点及趋势，探索推动产业发展的具体措施，具有极为重要的实践意义。

一、我国数字传媒产业发展特点

（一）数字传媒产业产品多样化

近年来，在现代化信息技术不断优化和创新的推动下，国民的生活品质逐年提升，这为数字传媒产业的发展带来了良好的条件。随着数字传媒的不断发展，如今其产品形式多样化，包含图像型、文字型、声音型、动画型、网页型、视频型等多种类型，能够满足不同人群的公共文化服务需求。比如，文化层次较高且具有一定专业技术能力的群体通常喜欢文字型或者网页型产品；文化层次不高的群体更容易接受视频型和声音型数字产品；幼儿和青少年则更喜欢动画型和图像型数字产品。在"互联网+"时代背景下，数字传媒产业开始积极转型，加大信息技术引入和融合工作的开展力度，灵活运用多种新颖的信息表现形式，将想要表述的内容全面、立体、生动地呈现出来。

（二）产业产品创新创意化

互联网作为数字传媒产业最重要的基础设施与推广途径，为其产品文化创意创新提供了良好的条件，有利于数字传媒产业向多元化、多维度的方向发展。"互联网+"时代，数字传媒产业呈现出"大融合"状态，传统文化行业、娱乐行业与数字文化产业领域积极开展广泛的交叉融合，使得数字传媒产业的产品的创新创意化特征愈发显著。数字传媒产业的发展不仅为社会创造出更多的就业岗位，还为非传统人才的发展提供了机遇与途径，使得更多创意化、潮流化的传媒产品进入人们的视野。

（三）产品渠道移动互联化

数字出版、手机、游戏、移动电视、动漫等行业基于现代化数字技术，开发出多元化的衍生产品，显著增长了产业链条，使产品的变现渠道多样化。随着移动通信技术的不断发展，如今 4G、5G 移动网络的用户量及消耗流量快速增长，移动互联网市场愈发活跃。在未来，智能手机必将成为网络视频行业的用户来源和收入来源的重要终端。"互联网+"时代，网络媒体必然会成为数字传媒领域的核心组成部分，因此，将网络媒体与移动通信技术相融合，打造数字传媒产品渠道移动互联化，是推动数字传媒产业发展的重要手段。数字文化平台积极开展产品渠道移动互联化转型，开发出相应的手机应用程序，显著提升了产品的便捷性及客户黏性，有效地推动了数字传媒产业的发展。

（四）数字媒体产业融合化

随着现代化数字技术和互联网技术的快速发展，传统媒体开始向数字化媒体转型升级，促进数字传媒产业与不同产业领域的深度融合，从而衍生出全新的数字文化产业模式与形态。一方面，数字传媒产业与不同经济产业的融合，如与实体经济深度融合，能够提升传统经营的附加值；另一方面，数字传媒产业内部相互融合、跨界发展成为行业的主要特征。在这种相互融合的趋势下，数字传媒的核心技术和内容的壁垒被打破，行业内不同领域间的疆界不断缩小，如在游戏、设计、影视等多个领域融入数字传媒中动漫的语言风格和表现手法。

二、我国数字传媒产业发展趋势分析

随着数字传媒产业的发展，其产品内容精品化特征愈发明显。我国知识产权（IP）市场趋于理性化发展，流量效应对市场的影响力逐渐弱化，不论是网络游戏、网络文学，还是短视频、知识付费等产品领域，都逐渐意识到深入挖掘产品内容、提炼内容精华才是提升产品价值的关键。促使数字传媒产品精品化发展的主要原因有两方面：一方面是国家相关政策体系日渐完善，相关管理部门对于数字传媒内容的监管和引导力度不断加强，显著打击了低俗、违法、消极传媒内容的传播；另一方面，数字传媒内容的质量逐渐成为受众的关注点。可见，受众对于精品化的数字传媒内容具有较高的需求，其审美和价值取向也逐渐向去庸俗化发展。

"大融合"是数字传媒产业未来发展的趋势之一，通过多元化、多维度、多领域的融合，推动数字传媒产业的纵深化发展。这一发展趋势主要表现在：主流媒体、政务媒体能够紧密跟随互联网时代发展潮流，基于移动优先原则，大力普及短视频、微信、微博等时代化媒体形态的应用。这一表现显著提升了数字媒体的引导力、传播力、公信力，对于唱响时代发展主旋律具有积极的作用。同时，媒体融合纵深化发展，不仅体现在产品、渠道融合，还体现在生态融合、平台融合。

出版单位创新能力的提升也是数字传媒产业发展的重要趋势。随着数字传媒产业的不断发展，近年来，出版单位在产品内容、品牌塑造、运营模式等方面不断探索和改革，其创新能力获得显著提升。不少出版单位已经形成初具规模的全媒体融合产品矩阵，有效实现了版权多维度增值和内容多元化开发。不仅如此，为顺应时代发展趋势，出版单位的服务内容及能力也在不断创新，能够满足受众多场景、多层次、细分化的使用需求。

数字传媒产业与 5G 技术融合是未来发展的必然趋势。随着 5G 移动通信技术的不断发展，信息传递能力和共享效率会获得极大提升。因此，该技术的应用和普及将为数字传媒产业带来改革机遇，对于出版业的各个运营环节都具有极为深远的影响。未来，数字传媒产业的发展重点，必然是如何基于 5G 技术进行资源优化、产品创新、布局调整及模式探索。

此外，知识付费也会随着数学传媒产业的发展迎来拐点。虽然近年来知识付费平台的销售额在上升，但社会大众对其的批评和质疑从未停止过。透过这一现象，能够明显地感受到知识付费的全新市场需求，对这一市场需求的解读与把握将是知识付费未来发展胜败的关键点。知识付费在形式和内容上都在发生变化，如实用性、专业性强的产品内容逐渐取代情感鸡汤类产品内容，成为市场的主流。另外，现阶段知识付费的受众主要集中于一、二线城市，其他城市地区尚具有较大开发空间，有望成为知识付费的下一个"主战场"。

三、我国数字传媒产业发展建议

（一）发挥政府调控职能，引导产业转型升级

国家政府的大力支持是数字传媒产业发展的重要基础。新时期，相关政府部门应强化自身法定职能，严格履行自身在公共文化服务建设及传媒产业发展的义务与责任，充分发挥其宏观调控能力，积极制定和出台有利于数字传媒产业升级和创新的鼓励性政策，同时建立健全数字传媒产业发展指导标准，从人才、税收、资金等多个层面，约束、引导、鼓励和扶持数字传媒产业的发展。开展数字传媒内容创新工程，大力推动数字传媒产业创意文化的发展，鼓励和引导相关企业进行产品的数字化创新与转型。同时，有关部门还要强化知识产权保护法规政策的建立工作，加大监管力度，确保数字传媒企业及产品创作人员的合法权益不受侵害。另外，政府还应引导数字传媒企业提升对自主创新的重视程度，树立良好的品牌意识，通过打造特色化文化品牌，引导产业进行转型和升级。

（二）开发数字传媒资源，构建多元化产品结构

数字传媒产业的发展为受众提供了更为丰富的文化产品，是我国全面构建小康社会基本国策的重要表现形式。坚持以人民为中心，践行新发展理念，关注数字传媒产业创意以及质量效益是新时期数字传媒产业的核心发展原则。作为公益性产品，数字传媒应以满足公民基本文化需求作为发展基础；作为盈利性企业，数字传媒应以提升市场竞争力作为发展基础。在新时代背景下，对数字传媒产品内容进行优化，突出产品的内在思想，激发作者的原创能力，使产品的艺术性与思想性获得统一，才能够开发出既叫座又叫好的优质文化产品。同时，行业企业应注重传媒资源的开发，积极开展创作联动、全民创意等活动，充分利用市场机制调动社会各界力量，采取政府与社会资本合作、政府直接采购、鼓励社会各界积极参与等措施，探索和构建"按需发展、受众点单"的实用型产品结构，推动新时期数字传媒产业的进一步发展。

（三）关注国际竞争力，促进数字传媒产业发展

当前时代背景下，我国数字传媒产业想要获得良好的发展，必须有效提升国际竞争力。优化调整现行传媒产业结构是提升我国数字传媒产业国际竞争力的重要途径，以提升市场集中度为核心，阶段性开展传媒产业的重组与兼并，能够促进产业结构的合理化发展。不仅如此，还能够显著扩大数字传媒产业结构的经济规模，全面提升我国数字传媒产业的国际市场竞争力。我国政府应大力扶持大型数字传媒企业的建立，对于小规模的传媒企业，政府可出台相应的优惠政策，鼓励和引导这些企业通过合并的方式进行各类资源的整合，进而实现扩大企业规模、提升市场竞争力的发展目标。此外，信息时代，我国数字传媒企业应努力提升自身实力，积极引进国外企业先进的管理模式，借鉴其运营管理经验，逐步扩大我国数字传媒企业在国际市场中的份额，进一步提升国际竞争力。

（四）发挥互联网优势，实现数字传媒全产业融合

在"互联网+"时代背景下，数字传媒企业可以效仿"互联网+"战略发展模式开展"文化+"活动，一方面注重数字传媒与互联网技术的融合，另一方面注重不同领域文化创意的融合，为数字传媒产业的发展提供充足的内在动能。国家政府应积极引导数字电视、移动终端媒体、数字报刊、互联网媒体等新兴媒体的健康、稳定发展，全面推进数字化媒体形式的发展与普及。数字传媒企业应重视数字化技术的应用，充分发挥计算机网络技术的优势，完善互联网平台的搭建，开创全新的数字传媒创意产业融资模式。同时，基于互联网平台，建立健全人才引进和培养长效机制，丰富企业的高素质人才储备；加强与高校的对接，搭建"校企联合"教育模式，定向培养企业急需的管理、创意、营销人才。

（五）引入新兴技术，推动数字传媒持续发展

互联网、物联网的发展与普及推动了数字世界、人类社会的融合发展，随着计算机技术进入"人、机、物"的三元融合发展阶段，虚拟现实逐渐成为核心支撑技术。虚拟现实技术是基于互联网、物联网基础上形成的全新技术，能够进一步构建三维画面，向人们展示更加立体、真实、生动的信息。区块链技

术则是借助加密技术形成一个去中心化的安全分布式数据库，能够全过程记录信息的传输、生成，有效减少信息壁垒。在数字传媒产业发展中，建议积极引入区块链技术、虚拟现实技术等新兴技术，创造更多的传媒形式，搭建内涵丰富、效率较高的传媒路径，进一步促进息传播向价值转移发展，提高传媒的公共服务水平，实现数字传媒产业的持续化发展。

　　现阶段，我国数字传媒产业发展具有产品多样化、产业产品创新创意化、产品渠道移动互联化、数字媒体产业融合化等发展特点。结合时代发展趋势及传媒产业发展特点，能够发现其向产品精品化、融合化、创新化的趋势发展。面对日新月异的时代环境，我国数字传媒企业可以通过发挥政府调控职能、引导产业转型升级，开发数字传媒资源、构建多元化产品结构、提升国际竞争力、促进数字传媒产业发展，发挥互联网优势、实现数字传媒全产业融合等策略，全面提升产业的国际市场竞争力，推动产业的健康、可持续发展。

第二章 传媒产业基本理论

第一节 价值链

近年来，随着国家经济体制的深刻转轨，传媒界发生了翻天覆地的变化。传媒界从单纯强调政治宣传的事业单位，走向市场。很多媒体开始尝试包括广告在内的多种经营，也有意识地挖掘和培养自身作为独立产业的潜在价值。

传媒产业强劲的发展势头不仅打造了文化产业新的经济增长点，带动了其他相关产业的繁荣，还有利于经济结构的调整，但资源配置的全球化和媒介技术的日新月异对传媒产业的持续发展提出了新挑战。传媒产业内部子产业之间过去那种"各自为战"的模式已无法在竞争激烈的市场环境中占优势，在提高传播效率、扩大传播影响、获取丰厚利润的共同追求下，各子产业之间的合作交流日趋频繁，通过优势资源互补提升信息质量，通过先进技术共享加快工作效率，媒介融合的步伐越来越快。

媒介融合是媒介之间的相互渗透和影响。从积极的角度出发，这有利于媒介优势资源的共享，为各类媒介取长补短、共同发展提供了可能。但不利的是，有可能带来媒体之间的过度依赖，一方面导致更为严重的同质化现象，另一方面使媒体忽视对自身短板的开发，从而降低抵御风险的能力。所以，要弄清楚传媒产业价值链上的各类环节哪些需要紧密依存，渗透得越深越广越有利于各自发展，而哪些又因为相互排斥而需要合理协调与其他产业的关联度，以此来加快中国传媒产业的发展，提高我国的软实力。

一、价值链概念与价值活动

（一）价值链概念

二十世纪八十年代中期，美国哈佛大学商学院迈克尔·波特在《竞争优势》

中首次提出价值链概念。价值链是企业为客户等利益集团创造价值所进行的一系列经济活动的总称。价值链中，价值的概念对于顾客而言，是产品的使用价值；对于企业而言，指产品能为企业带来销售收入的特性。企业要生存发展，必须为股东、客户、职员等利益团体创造价值。企业价值创造的过程可以分解为设计、生产、营销、贸易，以及起辅助作用的一系列互不相同但又相互关联的经济活动，可称之为"增值作业"，其综合构成企业的价值链。价值链在经济活动中无处不在，上下游关联企业之间存在行业价值链，企业内部各业务单元的联系构成企业价值链，企业内部各业务单元内部也存在价值链联结。

（二）价值活动

在迈克尔·波特所列举的一系列价值活动中，有一些价值活动在任何产业竞争中都需要进行，主要涉及产品实体的创造、分销、配送，以及售后的支援与服务性活动，称作主要价值活动。主要价值活动有以下五种类型：

内部后勤：与接收、存储和分配相关联的各种活动。

生产作业：与将投入转化为最终产品形式相关的各种活动。

外部后勤：与集中、存储和将产品发送给买方有关的各种活动。

市场与销售：与提供一种买方购买产品的方式和引导他们进行购买相关的活动。

服务：与提供服务以增加或保持产品价值有关的各种活动。

除了五种主要价值活动之外，还有四种辅助价值活动。辅助价值活动是指那些通过提供外购投入、技术、人力资源以及各种公司范围的互动支持，以确保主要价值、活动顺利进行的活动，这四种辅助价值活动包括企业基础设施、人力资源管理、技术开发以及采购。

无论是主要价值活动还是辅助价值活动，都是构成企业价值链的主要内容。每一个企业都是一系列价值活动的集合体，从产品的生产、销售到企业的财务、人力资源等，都是企业内部价值活动的表现形式。更重要的是，无论是企业内部所涉及的主要价值活动还是辅助价值活动，都可以创造价值，而这些相互关联的价值活动构成了创造企业价值的一个动态过程，这就是价值链。

其中，主要价值活动构成了价值链的主要环节，但是在构成企业价值链的每项活动中，都会涉及原料采购、人力资源管理与技术开发等辅助活动，而企业的基础设施则包含一般管理、法律事务、会计等功能，以支持整个价值链。一定水平的价值链是企业在一个特定产业内各种活动的组合，企业正是通过比竞争对手更廉价或者更出色地开展这些重要的战略活动来赢得竞争优势。

价值链的概念源于企业应该站在整体战略的高度，从总成本的角度综合各个价值环节，整体考虑其经营效果。而与竞争对手的价值链进行比较将揭示两个企业竞争优势的差异所在，这种差异的比较，往往会形成企业独特的竞争优势。

如果从整个产业的角度来考虑，则企业的价值链深藏在一个更大的活动群中，企业原来的基本价值链成了联结上游供应商、中游生产商和下游分销商的一个更复杂价值链条中的一环，这个复杂系统被迈克尔·波特称为"价值系统"。这个价值系统往往由不同企业组成其中的各个环节，价值从上游环节开始向下游环节流动，并不断增加附加值，最终流到系统外部，向用户的方向流去。

而如果一个企业集团涵盖了价值系统中的各个环节，其中很多环节将大大缩减，成本大大降低，系统也将显得更加简单扁平。通过整合，供应商、生产商、渠道商共同属于一个企业集团，由于共同的公司总部存在，不同的价值链之间能共享某些价值活动。按照迈克尔·波特的价值链理论，共享一项价值活动增强了该活动的生产能力。共享是一种取得规模、加速学习曲线下降或者在某一产业界限之外充分利用生产能力的途径。

比如一个经过纵向整合，涵盖供应商价值链的企业集团的价值系统，由于可以在管理和交易的环节共享价值活动，商品在价值链上的流量可以通过管理进行协调，使价值链的生产和分配过程中涉及的设备和人员得到更好的利用，从而提高生产效率并降低成本。另外，价值链中的现金流动也会更平稳可靠，付款更为迅速，这是价值链在降低成本方面的优势。同时，价值链也可以确保企业集团产品或服务实现差异化。通过价值链系统内部复杂的共享价值活动，形成独有的内部价值流动结构，企业的差异化服务不容易被竞争对手模仿，这就是结构竞争相较于规模竞争的竞争优势。

二、传媒产业价值链的理论

相对于普通产业来说，传媒产业是通过采集、加工和传输行为，向受众或特定的传媒消费者和广告主提供信息服务的众多传媒个体所构成的庞大的集合体。传媒产业的特殊性在于传送的商品为信息产品，传媒信息产品与普通产品一样，也处于一个价值流动的链条中，这个价值链同样是一个系统内部的价值共享结构。把握价值链上的各个环节复杂的价值流动结构，将有利于从一般到特殊来理解传媒产业。

哈佛大学商学院著名教授迈克尔·波特曾提出"价值链理论"：任何一个组织均可看做由一系列相关的基本行为组成，以技术为基础，以提供能满足消费者某种需求的效用系统为目的，具有相互衔接关系的资源进行优化配置和组合。其包括三个方面：首先，产业价值链是一种相关资源的组合；其次，这种组合不是无序的，而是要求围绕着某项核心价值或技术来加以优化和提升；第三，对于产业价值链是否优化的判别标准应着眼于是否最大限度地实现其资源的全部价值，即优化的标准是着眼于整个"结构"和"系统"。

传媒产业价值链意味着我国传媒业未来的发展有一个巨大的经营重点转型，即从过去个别的"点"式经营重点，进入到规模化的媒介集团的"结构"型经营重点。

传媒产业价值链内部包括媒介信息产品的生产、加工、传播、推广、提供附加利益等各个步骤。随着产业链的价值传递即价值链的运作，价值链上的各个环节的相互合作与协调发展，能够实现资源最大化利用与效益最大化输出的健康有效商业模式与合作模式。

也有学者认为，成熟的传媒产业价值链应该包括广告公司、发行公司、发行监测机构、收视收听监测公司、广告监测公司、节目制作公司和其他配套服务商，以及产业链上各个部分的人力资源供应。这种定义包含主要价值链和辅助价值链，下文中提到的传媒产业价值链偏向于分析主要价值链。价值链理论主要阐述了组织行为的"结构"意义，作为单个组织而产生的商业行为，总是从属于一系列行为和一个整体系统，而不是孤立的。

三、传媒产业价值链的结构与特征

传媒产业价值链是通过各环节的优势互补、资源互换，而达成的由各种要素和资源共同构成的整体关系。

媒介市场有内容生产与销售、媒介平台、发行系统和传输网络、广告客户与广告公司、受众调研公司，以及所有这些组织最终的消费者—受众。在纵向一体化商业模式下，出现了在以上各个环节几乎都具有竞争力的大而全媒介集团的同时，也出现了一些专业化的媒介组织，这些公司在媒介产业价值链的某一个到两个环节具有高度竞争力。

媒介平台是所有环节中最重要的一环，无论是意识属性还是产业属性的实现，都要通过播出平台实现，其承担着搜集受众注意力的重要职能。这个环节必须拥有国家颁发的播出许可，取消四级办电视后，中国的播出平台主要由央视、各省级台、各城市台与少量外资电视台构成。

网络平台，又被称为发行网络，现在大部分掌握在与电视台有紧密姻亲关系的有线网络手中。随着发展规划，家庭可以直接接收的无线网络与卫星网络也将更多地被使用。而借着信息产业发展的东风，电信类、IT类企业也日益介入媒介产业，如当前流行的网络电视等，都是其他信息类产业凭借自己所拥有的有线网络和无线网络，将触角伸入媒介产业的网络平台环节，并与上下游环节进行合作的典型案例。

对于电视媒体来说，内容生产销售主要是由影视制作公司、节目发行公司等进行，设备提供商是电视机和电视网络硬件的生产商。内容提供商与播出平台尚未完全分离，电视剧、娱乐、体育等节目市场相对比较成熟，已经基本独立于电视台运营。

广告公司与广告客户是电视台的重要收入，关系着电视台经营与运作的经济命脉。在竞争激烈的媒体市场中，广告资源成了买方市场，广告经营尤其显得重要。企业推广与销售必须发展成为客户的成长伙伴，真正做到增加客户的市场份额，提高明确的投资回报。所以现在电视台的广告经营，都不断地向全方位的服务和行业研究发展。

受众处于产业价值链的终端，受到价值链上任何一个环节的影响，却没有直接与任何一个环节接触。因为受众就是潜在的消费者，所以任何一个环节都希望能与受众的关系更密切。数字电视系统平台的所有者，已经把受众数据库作为大力发展的一块内容，希望直接掌握受众资源，使其成为独有增值点。庞大的、高价值的用户群及其详细资料，无论是营销分析或是转手出售都是非常宝贵的数据。虽然业界总是称内容为王，但其实受众的偏好是最重要的。

传统电视的有线网络下，产业链中流动的价值主要由广告来支付。而数字电视时代，价值流则一直流到最终端，届时受众支付的视听费的一部分是网络成本的分摊，另一部分则是内容或服务提供商的分成。可能这部分利益在购买节目的时候已经先行支付了，但最终还是通过用户支付来转嫁。最终播出平台、网络平台、内容提供商之间的分成关系，由各自掌控的整个系统的环节来决定。

四、传媒产业价值链的发展特点

（一）价值下游化

虽然版权作品是传媒娱乐集团的核心价值，但集团利润的主要来源不是核心产品，而是相关产品。也就是说价值在往产业下游转移。

（二）垂直联合

垂直联合能够把内容和传播渠道结合在一起，如果一家公司能够控制这两大要素，就能宣传自己的内容，并控制用户接触对手的内容，而且这也能增强自己讨价还价的能力。

（三）注重核心价值

拥有核心价值、抓住大众喜闻乐见的版权作品，开发产业价值链条。

（四）产业日益集中

日益激烈的市场竞争，迫使各大影视集团兼营部分不同性质、不同层次运作模式的产品，如印刷传媒、音像制品、广播影视，以及对同一产品上下游市场进行充分利用和开发相关产品。

（五）注重创新

影视行业的生存法则就是创新、创新、再创新。谁也不敢保证自己就是竞争场上的常胜将军，谁也难以做到垄断和控制整个局面。当今世界日新月异，电影、电视剧作品琳琅满目，消费者的喜好也是变化多端，而持续地创新和抢得先机，对于影视企业至关重要，如果不想被竞争对手打败就必须开发新产品。

影视企业还需要时刻抓住新生代即"消费示范族"瞩目的焦点，站在时代浪潮的尖锋，赶在同行最前面，敏锐做出调整，只有这样才能建立高价值的，而且让竞争对手无法仿制与套用的品牌资产。在娱乐经济时代，随波逐流、步人后尘的跟风企业获利空间将非常有限。

（六）规模效益至关重要

对影视行业来说，向 1000 万用户传送内容的成本与向 500 万用户传送没什么区别，一旦电影电视节目的成本收回了，每增加一个受众都能增加利润。当前，影视行业已经发展到了一个规模化竞争的时代，规模化竞争对资本市场准入以及获取有效回报有了一个资金介入的门槛，即规模化门槛。今天影视行业竞争的态势，已不在于单个影视资源本身的配置，而在于更大层面上的配置以及集团化的竞争，没有规模就没有生存的余地。

五、传媒产业价值链的整合方式

近年来，中国传媒产业价值链发生了很大变化，尤其是中国影视业，影视业市场化、集团化成为主流。影视企业间的竞争日益加剧，其趋势主要体现在规模化、差异化和智力化竞争几个方面。随着竞争强度加大，企业在组合资源方面较倾向于在更高层面上组合资源，以集团化的建构为主流形式的合作、联合，将成为我国影视产业未来的生存发展模式。在竞争压力下，资源互补、价值衔接、市场共享的各类合作方式将成为中国影视市场的一道风景。

（一）系列化方式

所谓系列化方式，是指在同一层次上实现平面联合，如一个总的影视公司下面有若干个子影视公司。系列化模式是影视集团的较为初级的形式。系列化的影视集团主要利用同一层次上的专业经验、资源和设备，在某一领域形成规模效应，但最大的问题是其资源的规模化利用效率比较低。由于构成集团的子系统处在同一类别层次，因此，在内容资源使用上，就有一个排他性的问题，不然就会出现简单重复的问题。此外，单一层次的影视集团没有形成市场影响力和社会影响力的立体化建构和覆盖，而且在一体化传媒集团面前体现不出整体竞争优势。

（二）一体化方式

所谓一体化，是指在不同层次上实现立体联合，如由电影、电视、广告、艺人经纪、影院院线、音乐公司等多种形式构成的影视集团。这有利于集团在价值链条上进行资源的配置优化、提高效率、增强核心竞争力。一体化有两种形式：产业链的下游环节向上游环节扩张的后向一体化，比如影院院线行业向电影行业渗透；另一种是产业链的上游环节向下游环节渗透的前向一体化，这和后向一体化正好相反，如电影、电视行业向影院院线行业渗透。如果一家影视集团实现了纵向扩张并进行了良好管理，就能把创新业务转化为品牌管理，形成以这个品牌为核心的一连串利润增长点。一体化模式是现代影视集团的主流形式，一体化的影视集团在资源利用效率、管理成本和抵御风险方面有着无可比拟的优势。

（三）多元化方式

所谓多元化，是指影视集团的资源链接已超出影视集团及其附属产业本身，向其他行业扩展，在更大的行业范围内寻求有助于自己"做大做强"的资源，并结合成命运共同体。多元化不是无序扩张，而是有序扩张，是相关行业的开发，进行价值链链接使其增值。

（四）混合化方式

所谓混合化，是指影视企业集团化的过程中，兼有系列化、一体化、多元化的方式和跨行业的集团。在影视企业集团化过程中，有的影视企业是根据情势和资源，发现新的增长点即可开始项目，大多数影视集团是混合发展的结果。

（五）资本化方式

所谓资本化，是指一家影视公司手中掌握巨额资本，通过上市、兼并、收购、合资等方式控制数个公司，以最快的方式获得产业资源，形成产业集团。资本追求的是投资价值，要搭建一个资本增值的平台或提高行业准入门槛，从而获得整体竞争优势。

实践中，五种模式根据具体情况表现不同，也有集团多种模式并用。传媒产业价值链整合的效果一般有以下几个方面：

第一，使产业链有多个支撑，业务结构合理，产品定位分工明确，不把鸡蛋都放在一个篮子中。

第二，资源集中，配置优化，形成竞争优势，增强实力，产生规模经济效应。

第三，相关行业链接，资源利用率大大提升，与非集团化相比，经营成本降低、交易费用减少、效益倍增。

六、中国传媒产业价值链的构成

当传媒产业内的分工因社会生产力的发展不断深化、细化，传统传媒产业中以一个企业为主导、"一家独大"式价值创造模式已经不再适应社会经济发展水平。于是，传媒产业内部分化出了多个企业分工合作的价值活动，并且这些看似独立的企业之间相互依存、相互补充、环环相扣，有机地衔接成一条上下游位置关系明确的"链条"，这些被串联在同一链条上的企业相互促进、共同创造价值。简单来说，即在某一产业内，以某项核心价值或技术为基础，围绕某种特定产品的生产，或以提供某种服务满足某种需求为目的涉及的上下游链条关系，就是通常意义上的产业价值链，这种上下游的链条关系具有相互衔接、有效促进资源优化配置等特征。

（一）报纸产业价值链的构成

任何媒介的产业价值链都是以提供信息商品为主的价值增值链。对于报纸来说，提供"信息"是其无可争议的首要任务，报纸产业价值链上的各项环节要实现价值增值，都必须围绕"信息"来做文章。通过删除、分类、编排、整合、营销等一系列加工工作，最终将信息产品传送给广大受众。

中国报纸产业经历了一个从无到有、从小到大的演进过程，报纸产业价值链也经历了从最初的传统产业链，到现在"立体产业链"的进化过程。在中国报纸行业还没有形成一定规模的产业之前，传统报纸产业价值链结构比较简单，主要包括内容生产方、渠道销售方、获取受众等几个"粗犷"型环节。内容生产方既包括提供信息源的记者、通讯员等，也包括对信息进行生产制作的编辑、美工等。报社记者通过采访，向报纸编辑部门提供新闻稿件，编辑部门对原始的新闻稿进行编辑整理、排版组稿处理后，送到印刷部门照排制版、印刷成报，最后通过邮局发送。

随着社会经济水平的提高，中国报纸产业逐渐步入报业集团的组建以及集团化运作的时代。这一时期，政府不再向报社提供财政拨款，报业集团引入市场竞争机制。众多报社主动尝试多种经营，对集团化运作的积极探索就是报业集团争取规模竞争力，实现两个效益最大化的根本方式与途径。要充分发挥集团的规模竞争优势，就必须对报业集团的产业价值链进行有效拓展和重塑。部分报业集团重视内部产业价值链的塑造，它们的常规做法是将整个报业集团的产业价值链看成一个母环，集团下的单个报纸视作母环上的单元构成，重视单个报纸自身内部价值链的打造。即在母环价值链上又形成多个结构相对简单的子环价值链，子环的运行、构建原理同母环基本趋同，都是围绕采编、发行、广告这三个方面来促成内部资源优化配置，子环价值链不断的价值创造活动，带动和促进了母环价值链的价值创造。如此，报纸产业的产业价值链就变得复杂多了，拓展了报业集团化运作的空间，促成了报业集团内部的优化效应，达到了社会效益与经济效益最大化，全面提升了报业集团的行业竞争力。部分实力雄厚的报业集团更加注重报业与其他相关行业产业价值链的构造，这里的相关行业可以是与报纸同属于文化产业的其他行业，也可以是抢滩"资本之船"的文化产业以外广泛链接的产业。比如近些年来，部分报业集团不断将产业价值链的下游往外延伸扩展，不断扩大集团经营覆盖面，将产业价值链延伸到酒店、旅游、房地产等高回报产业领域。由于报纸有着得天独厚的品牌优势，只要运营得法，通常能实现集团规模与效益的快速激增。

总之，当报纸进入集团化运作后，其产业价值链就不再是原始状态下的单元构成了，而是多个环节、多根链条相互补充、相互融合的循环联动。

随着互联网技术的快速发展，新媒体的强势崛起对传统媒体形成巨大冲击。为了适应信息时代的发展变化，守住报纸产业的"一亩三分地"而不被新媒体蚕食，报纸产业需要对现有的产业价值链进行更深层次的开掘，报纸产业立体产业价值链应运而生。所谓立体产业价值链，依然紧密围绕内容生产这一核心产业价值链，在这一基础上开发出更多的微产业链，比如说渠道链、品牌链等。渠道链使报纸可以很好地利用网络、手机等新媒体技术，打造相应的网络传播产业链、手机传播产业链等，以此来实现信息更快、更广的传递。内容传播渠道的单一严重影响着报纸覆盖率、影响力的提升，也制约了报纸盈利模式的多样性发展，有针对性地打造报纸产业立体产业价值链为报纸多点盈利提供了有力保障，也是报纸产业在网络信息时代的制胜策略。

（二）图书出版产业价值链的构成

与报纸一样，图书出版也一度属于意识功能至上的行业，是党和政府的喉舌，是舆论宣传的工具。

如果将集团的组建视为新闻出版行业产业化运行的标志，那么当报纸产业已经将产业价值链延伸到文化产业以外的行业时，图书出版产业价值链才开始组建。三年的迟滞发展，使得图书出版产业价值链无论是在媒体地位还是产业规模上，都远不如报业。其中还一个突出的原因表现在，图书产业的产业特征天然地将广告这一有着巨大价值增值空间的环节排除在产业价值链外，这一缺陷严重制约着出版产业价值链的操作平台与发展空间。

图书出版产业价值链分为广义和狭义两种。狭义的指传统纸质图书出版产业价值链，广义的内涵更多，除了传统纸质图书出版产业价值链，还包括电子、网络等出版产业价值链。从计划经济时代到现今电子科技迅猛发展的社会，出版产业价值链的建设与成长一直围绕着出版、印刷和发行这三个基本环节。简单来说，出版产业价值链可以定义为，以"出版—印刷—发行"为基础环节，且具有连续追加价值关系的出版关联企业组合而成的企业联盟。这种企业战略联盟关系正是图书出版产业价值链最为显著的特征，各类出版关联企业因具有连续追加价值的关系而加入联盟。这种以企业联盟形式组成的出版产业价值链，其主体具有鲜明的独立性，产业价值链上的各个环节是相对独立的出版关联企业，这些企业虽然都分布在出版产业价值链上下游的各个环节中，但它们的关系是独立于市场主体的战略联盟，有别于同一出版企业的纵向一体化经营。因而不管经营者制定怎样的策略来实现出版产业价值链的增值，通常都会着眼于加强产业价值链上游位置的发行环节，在打造好传统发行渠道的同时积极将产业价值链延伸到网络发行平台。

出版产业价值链上的出版、印刷、发行三大基本环节，是完全按照自身的目标使命来确定产业链上的位置与地位。虽然这些环节之间相互联动、相互制约，但价值的增值能力与盈利水平却存在较大差异。图书出版产业价值链是典型的资源导向型产业链，最重要的内容资源完全掌控在出版环节的企业中，其余印刷与发行环节，其价值创造活动基本都由出版环节来调控，处于绝对的被动从属地位。因而，出版环节牢牢占据着产业价值链的高端地位，而印刷与发行环节则处于相对的低端位置。

（三）电视产业价值链的构成

从世界传媒产业的历史进程来看，作为信息时代产物的电视产业还只能被称作新兴产业。中国电视产业的发展，起步二十世纪八十年代中央制定的"四级办电视"方针，那时的发展方式是粗放型的，经营格局也是单兵作战的"点"式经营。面对生存环境的转变，电视产业价值链的基础结构、构建环节以及价值流向都发生了深刻变化。

电视产业价值链可以定义为：电视产业集团内各种价值活动的有效联结，这种联结的组成和有效联动就是电视产业价值链。一个完整的电视产业价值链应该包括产品的创意设计、生产制作、播出发行、广告投放等多个能实现价值增值的关联环节。在新经济条件下，电视产业步入转型的关键时期，其产业价值链可以更准确地表述为：围绕电视节目的生产，以电视、报纸、广播、杂志、图书、光盘等为发布渠道，以策划、制作、发行、广告以及相关和非相关产业开发为工业流水线的商业价值运作体系。通过研究电视产业价值链的结构框架与内在运行规律，可以发现这一系列环节除了上下游的有机联动与沟通融合外，还在围绕节目产品这一核心元素不断沿横向和纵向两级延伸。这种延伸不仅包括电视产业的相关性多元化延伸，比如品牌栏目的价值延伸、电视剧的运营等，也包括一些非相关性的多元化延伸，比如酒店、房地产等领域的资本运作与资源整合。

在传媒产业化经营不断发展的趋势下，电视产业的进一步分化与整合成为必然趋势，更深层次的分化和更广领域的整合都成为可能。针对电视产业价值链，进一步的分化能为其环节的构建带来更多专业性服务公司，比如近些年兴起的独立调研单位、独立媒体监测单位等。这些单位作为数据服务商，为媒体和广告公司提供最新最全也是其最渴望获得的受众反馈信息，以便它们根据市场的需求来及时调整经营策略，实现双重效益最大化，推动电视产业市场化运作的良性循环。更广领域的整合则表现在营销领域，可以将产品的开发设计、定价、销售策略甚至广告计划接触点的管理等，打造成一个整合营销的传播系统。

近年来，中国电视产业实现了较快的发展，但仍面临着产业价值链盈利模式单一、产业价值链各环节联系不紧密、海外市场拓展乏力、资本供血不足等缺陷，其中又以产业价值链盈利模式单一表现得最为突出。众所周知，中国电视产业的盈利模式主要还是依赖广告投入，这种对单一模式的依赖既是电视产业进一步扩大产业规模的瓶颈，也是电视产业价值链不断完善的软肋。实质上，电视节目一直都是电视产业的核心，没有好的节目产品，价值产业链也就成了无源之水、无本之木。如果不重视节目内容环节的价值创造，而是继续依靠广告环节的价值增值，在新经济条件下，必然会影响电视产业的抗风险能力和盈利创收能力，更为不断研究和推进电视产业价值链的重构提出了难题。

（四）网络产业价值链的构成

网络产业是整体宏观形势最好、发展速度最快的传媒产业。这一方面得益于国民经济的向好有力拉动了互联网经济的增长，另一方面也是因为国内互联网发展政策保持了一贯的积极稳定性。二十一世纪一十年代初，国务院决定加快推进电信网、广播电视网和互联网三网融合，三网融合是互联网技术不断演变和发展的必然结果，也是中国网络产业发展的趋势。计算机网络方向的专业人员通常将三网融合下的新网络称为"下一代网络"，网络产业价值链实质就是三网融合的网络分成模型下传统网络产业链各项价值环节与节点的重新组合，新组合的产业价值链既有从传统产业价值链中整合的环节，也有新加入的细化环节。

三网融合实现了电信、电视和数据业务的统一，是一个将有线、无线合一的网络构架。从功能上说，三网融合分为接入层、传送层、控制层和业务层四个层面；这四个层面主要提供三个方面的业务，分别是传输层业务、承载层业务和业务层业务。

传输层是网络的物理基础，除了提供网络物理安全保证外，还担负着业务承载层节点之间的连接功能，因此，传输层提供的传输业务对应到网络产业价值链中就是网络运营商所承担的功能。从网络产业价值链的原始形态到今天，网络运营商一直都是产业价值链中的主导者，但在传统的产业价值链中，运营商关注的重点是网络容量的扩张，而在三网融合的复杂模型下，为了满足业务层提供的大量信息和娱乐业务的需要，运营商开始将重心转移到更多业务的开发和更快网速的提供上。网络运营商在整个产业价值链中所承担的任务就是要将所有的网络服务进行整合，然后统一提供给受众，它是产业价值链能够正常运转的基础，能为网络产业中的各种业务提供一个优质且适合它们发展的土壤。

承载层业务是指基于分组的网络，提供分组寻址、统计复用及路由功能，通俗一点说，就是为互联网客户提供宽带专线或者各类制式的互联网接入与承载业务。这一类业务的主要承担者是产业价值链上的服务提供商以及系统集成商。服务提供商可以狭义地理解为各种形式的网站。网站要上线经营，实现有效运转，首先就要租用运营商的网络，然后将内容提供商生产的内容产品传递给受众，为受众带来便捷、个性化的网络体验。在成熟的三网融合技术下，网络的体系结构将更加灵活，业务引擎技术也会更加成熟，在此条件下，服务提供商可以推出更多灵活方便、高效及时的业务和应用。同时，业务的部署与运行成本也将得到有效降低。系统集成商在网络产业价值链中角色重要、位置关键，可以预见的是，随着三网融合技术的推广运用，系统集成商的地位将在产业价值链中表现得更为突出。因为在传统网络中，不仅业务模式简单，业务种类也很单一，而三网融合的一个显著特征就是带动了业务种类的繁荣，为了共享这些业务，受众可能会被迫装载更多设备，如果想要免除这一繁杂的程序，就需要系统集成商不断地更新升级来更好地整合这些业务。系统集成商环节有巨大的价值增值空间，代表着未来网络产业价值链上高价值丰度的上游发展方向，微软和苹果等行业巨头也都格外看重这一块技术的研发，盛大公司推出的"盛大盒子"就是这方面的先进成果。

业务层业务是整个网络模型中提供业务最丰富、最重要的层面，这一层面对应产业价值链的内容提供商环节。很多时候，内容提供商都是产业价值链上的核心，没有内容提供商，整条网络产业价值链就是无本之木、无源之水。如上文所述，专业的内容提供商会以买断或者按比例分成等盈利方式将自己生产的内容产品提供给服务提供商，这些内容产品通常表现为丰富多样的语音、数据、音乐、视频等多媒体业务和应用，服务提供商将这些内容产品传播给网络受众，供网络受众享受和体验，满足他们的需求。在三网融合背景下，内容提供商的数量和种类变得越来越多，甚至受众自身也成为了内容提供商。受众最初只是整条产业价值链上靠近末端的一个环节，只是单纯的业务接受者和信息使用者。一方面由于网络技术的快速发展，另一方面由于受众需求的个性化变异，受众与受众之间的内容传输、业务交流不断增多，逐渐发展成小规模的群体，而基数庞大的小规模群体通过数据共享的纽带形成了更大意义上的用户群，用户群成为实实在在的内容提供者。

网络产业价值链上还包括网络设备制造商、终端设备商、消费电子厂商、广电部门、监督部门等更多的环节，甚至连房地产开发商也成为网络产生价值链中一个独立的环节因素。

第二节　供应链

一、供应链的基本概念

供应链的概念最初是以供应链管理的形式出现在二十世纪八十年代《哈佛商业评论》的两篇论文中。供应链管理是指对整个供应链系统进行计划、协调、操作、控制和优化的各种活动和过程，其目标是要将顾客所需的正确产品能够在正确的时间按照正确的数量、正确的质量和正确的状态送到正确的地点，并使总成本达到最佳化。供应链的定义是以完成从采购原材料到制成中间产品及最终产品，然后将最终产品交付用户为功能的，由一系列设施和分布选择形成的网络。一个供应链是一系列过程，其中一个过程补给下一个过程。最简单的供应链是一系列单向过程，能有效地降低成本。

形象一点，我们可以把供应链描绘成一棵枝叶茂盛的大树。供应商、制造商构成树根；独家代理商则是主杆；分销商、零售商是树枝和树梢；满树的绿叶红花是最终用户。根与主杆、枝与杆的一个个结点，蕴藏着一次次的流通，遍体相通的脉络便是信息管理系统。供应链包括了从原材料到产品到达最终消费者的整个活动过程，在这个过程中，物流和信息流伴随始终。随着物流的转移，企业之间产生了支付行为，这就是资金流。资金流的出现，体现了企业在物流过程中的增值效应，同时也体现了企业效益。

二、供应链的基本特征

供应链包括了企业提供最终客户所需要的产品和服务的一系列流程和行为，企业的任何成员都可以参与到供应链中来。在供应链中，客户和供应商是相对的概念，一个企业的客户可以是另一个企业的供应商，因此整个供应链都是由供应商和客户这两种角色组成的。分销系统提供了供应商到客户的各种渠道，这有赖于产品和市场两个因素；分销系统中包含着各种分销商，如批发商、零售商。产品与服务在供应链中通常是由供应商流向客户，而各种需求信息通常是从客户流向供应商。

实际上，供应链不是链状的，而是网状的、复杂的，它是一个供应和需求的网络。从理论上讲，在这个网络中，企业可以有很多供应商，也可以有很多客户。供应链由所有加盟的节点企业组成，其中有一个核心企业可以是制造型企业，如汽车制造商，也可以是零售型企业，如沃尔玛，其他节点企业在核心企业需求信息的驱动下，通过供应链的职能分工与合作、生产、分销、零售等，以资金流、物流和信息流为媒介，实现整个供应链的不断增值。

因此，供应链是人类生产活动的一种客观存在。但是，过去这种客观存在的供应链系统一直处于一种自发的、松散的运动状态，供应链上的各个企业各自为战，缺乏共同的目标。进入二十一世纪后，经济全球化、市场竞争全球化等浪潮一浪高过一浪，自发供应链所存在的弊端开始显现出来，企业必须寻找更有效的方法，才能在这种形势下生存和发展下去。因此，人们必须对供应链这一复杂系统进行有效的协调和管理，才能取得更好的绩效，才能从整体上降低产品（服务）成本。基于供应链对所在企业所处的产业的审视逐步受到人们重视，可以说任何产业都可以站在宏观的角度，从供应链入手去把握全局，进行供应链的经营和管理。

三、供应链的流程简述

供应链一般包括物资流通、商业流通、信息流通、资金流通四个流程。四个流程有各自不同的功能以及不同的流通方向。

物资流通主要是物资（商品）的流通过程，是一个发送货物的程序，该流程的方向是由供货商经由厂家、批发与物流、零售商等指向消费者。

商业流通主要是买卖的流通过程，是接受订货、签订合同等的商业流程，流程的方向是在供货商与消费者之间双向流动。商业流通形式趋于多元化：既有传统的店铺销售、上门销售、邮购的方式，又有通过互联网等新兴媒体进行购物的电子商务形式。

信息流通是商品及交易信息的流通过程，也是在供货商与消费者之间双向流动的过程。过去人们往往把重点放在看得到的实物上，因而信息流通一直被忽视，实际上对于企业融资困难而言，信息不对称风险才是最大的障碍，信息流是否通畅是企业融资是否顺畅的决定因素之一。

资金流通是货币的流通，为了保障企业的正常运作，必须确保资金的及时回收，否则企业就无法建立完善的经营体系。该流程的方向是由消费者经由零售商、批发与物流、厂家等指向供货商。

四、传媒产业供应链发展方向探究

（一）电影产业供应链分析

从电影产业的角度来看，电影产品进入消费领域流通就成为一种文化商品。作为商品，就有其来源、生产、销售的过程，可以从宏观上把握，从整个电影产业供应链去分析。英国著名经济学家克里斯多夫认为：市场上只有供应链而没有企业，真正的竞争不是企业与企业之间的竞争，而是供应链与供应链之间的竞争。从供应链上把握电影产业，有助于我们对电影产业理解得更透彻，有助于我们更好地把握电影产业链节点上的电影企业。

（二）电影产业供应链体系结构

电影从生产到销售大致可以分为五个阶段：第一阶段，融资、策划阶段；第二阶段，生产制作阶段；第三阶段，发行和集中进行市场营销阶段；第四阶段，影院放映阶段；第五阶段，回收资金并进行后电影产品开发阶段。这五个阶段在电影产业供应链中贯穿始终，是电影产业供应链的基本动态形态。

从供应链的角度来看，整个电影产业是由制片商、发行商、放映商以及后电影产品开发商等围绕电影产品的前期融资。其是由组织人员及设备、拍摄制片、营销发行、影院放映、后电影产品销售，以及一些相关产业经济活动的上下游企业主体构成的复杂网链结构，以自身的社会结构方式，力求最低的成本、最大的收益，满足消费者对电影影片及相关后电影产品和产品服务的需求。

实际上电影产业链包括纵向的产业链与横向的产业链，纵向产业链包括电影版权、广告、赞助、票房、衍生品开发等行业，横向产业链包括图书、剧本、电影、电视、音乐、游戏、演出经纪、拍摄基地等行业。按照电影价值的产生层面，可以将电影产业价值分为三个层次：银幕层面、传媒层面、娱乐时尚层面。一般来说，银幕层面的价值占20%，传媒层面和娱乐时尚层面占80%。美国好莱坞的电影产业，电影作为火车头，它本身甚至可以不赚钱，票房收入一般只占一部电影全部收入的30%甚至更少。此外的收入则为电视等版权的电影后产品的收益，利用电影的示范效应带动广告、音像、软件、旅游、娱乐、玩具、服装等相关产品和相关产业的发展。

（三）我国电影产业供应链的发展方向探究

事物总是普遍联系、不断发展变化的，电影产业的供应链生产也不例外，其产生、发展、完善都由一定的客观条件促成，都有其发展的内因与外因。当前供应链研究中发现，供应链生产有一种由推动式发展向拉动式发展的趋势。经济的发展、产品的生产与服务的对象，都开始以人为中心，把消费者的需求放在经济生产的首要位置，根据市场的需求变化来定位和组织生产和销售，避免了盲目的以自我为中心的粗放式经济增长方式，从成本、生产导向型转为需求导向型。

电影产业既然是从事电影产品与服务的生产和经营活动的行业化运作，就要从事产品生产和服务的经营性活动，这与制造业和服务业是相通的，也是一种商品的生产、流通及再生产活动。因此，电影产业链的特征与一般供应链没什么不同，我国电影产业链存在着类似的供应链发展趋势。我国电影产业供应链同时存在内部推动型和外部拉动型两种发展模式。

内部推动模式，指的是利用内部资源优势进行市场开发，选择内部推动发展模式的电影企业，往往拥有较为丰富的内部资源或特殊资源和能力，如明星、知名导演、品牌、资金实力等。由于基础面良好，因此具有较大的主动性和发展空间。但是内推型模式成本较高，风险很大，对企业资源基础也是一种巨大的挑战，稳健有余、灵活不足、不能轻易做出适应性调整，增加企业运营风险是其最大的问题。

外部拉动型发展模式，指的是根据科学的市场调查与策划，发现市场机遇，根据市场需求快速反应，培养优势资源、迎合市场、降低市场风险。这种模式灵活机动，根据市场变化，有针对性地快速推出适销对路的产品。有了市场基础也比较容易获得投资认可，有利于资金注入保证供应链条完成。但是，这种模式由主动变为被动，而市场具有多变性，能否真正把握市场脉搏其实也是未知之数。再者，应市场变化而变，没有自己的主体优势，没有自己的优势资源，如同墙头草一般迎合市场，将会使自身资源不断浪费和流失，不能培养自身持久有保证的核心竞争力。同时，片面追求对市场机遇的利用，而放弃市场机遇的创造，放弃一片可能的蓝海可能得不偿失。

由于内推型和外拉型两种发展模式的潜在不足，现代成功电影企业往往会同时借鉴两种模式各自的优势，弥补自己的不足，从而形成内外互动的供应链发展模式，保证企业的可持续发展。这样既能保证现有资源优势与市场机遇的匹配性，又能够为未来的发展培养新的资源优势，从而建立起资源优势和市场机遇的动态匹配性，这也必将是中国电影产业链的发展方向。

第三节　产业链

一、国内外研究综述

（一）国外关于产业链研究

1. 产业链概念

产业链这一概念，最早的启蒙思想源于亚当·斯密十八世纪七十年代中期在《国富论》一书中提出的"分工"理论。他指出,工业生产是一系列基于分工的链条。十九世纪七十年代末期德国生物学家贝里提出"共生"概念,这一生物学思想随后很快被引入社会学、经济学和管理学研究中,成为解决相关问题的理论指导。二十世纪五十年代末期,德国作家赫希曼在《经济发展战略》一书中从产业前向和后向的联系诠释了产业链的意义。二十世纪八十年代中期,哈佛商学院教授迈克尔·波特在《竞争优势》一书中提出价值链概念,价值链其实是产业链的映射。他认为,每一个企业都是在设计、生产、销售、发送和辅助其产品的过程中进行种种活动的集合体。所有这些活动可以用一个价值链来表明。

产业链是产业经济学中的一个概念,是各个产业部门之间基于一定的技术经济关联,并依据特定的逻辑关系和时空布局关系客观形成的链条式关联关系形态。

产业链的本质是用于描述一个具有某种内在联系的企业群结构,它是一个相对宏观的概念,存在二维属性:价值属性和结构属性,即价值链和供应链。产业链中大量存在上下游关系和相互价值的交换,上游环节向下游环节输送产品和服务,下游环节向上游环节反馈信息。

2.产业链升级研究

二十世纪八十年代兴起的新产业组织理论对产业链进行了比较深入的研究,揭示了产业链厂商实施纵向控制,扩张市场势力的策略行为。企业能力理论认为产业链整合可以打造企业的核心能力,并证明了产业链可以将不同能力的组织紧密结合起来创造价值。

在国外的学术文献中,产业链这个概念已经很少使用。他们没有将产业链作为独立的对象进行系统研究,研究重点在产业链的具体表现形式,主要立足于企业的可持续发展,侧重将企业之间的价值链作为新技术经济条件的生产组织方式来分析产业链现象,主要解决产业链中企业的纵向整合或跨组织的资源组合问题。除了从价值链角度外,还有从供应链角度分析产业链。

(二)国内关于产业链研究

二十世纪八十年代以来,我国关于"链"的研究日益丰富,尤其是产业链、价值链、供应链的研究成为管理理论研究的前沿。九十年代后，产业集群、产业链成为区域经济发展、产业发展关注的重点。今天人们普遍认为，对于企业、区域和行业的竞争优势培育，引入产业链、价值链和供应链的管理思想、发展模式具有积极的意义。另一方面，产业链、价值链、供应链的概念互相渗透，衍生出产业价值链、供应价值链新概念。

从国内现有研究成果文献来看，中国关于产业链的研究主要集中在以下几个方面：

1. 组织结构研究

在《龙头企业、产业七寸与产业链培育》中研究产业链、企业自生能力等问题，并提出产业链运行机制的"4+4+4"模型，对产业实践发展具有重大指导意义。

2. 区域空间分布研究

在《产业链理论在招商引资中的应用研究》中分析了产业链在招商引资中的作用，并将产业链理论与地方政府的招商政策相联系。这类研究主要从空间经济学和区域经济学角度入手，研究产业链空间布局特点对区域产业链完整性与区域经济增长的影响。

中国对产业链的研究起步较晚，理论研究的文献资料有限。在对中国传媒产业链的研究中指出，传媒产业链的意义在于指导中国传媒产业从过去那种个别的单"点"式经营向规模化的媒介集团式"结构"型经营转型。这一重点转型是中国传媒业未来发展的主要方向。

二、传媒产业链的历史演进

纵观人类大众传播史，大众传播主要经历了三个时代：第一是纸质传播时代，传媒载体为报纸、书籍、杂志等形式；第二是电子传播时代，传媒载体为广播、电影、电话、电报、电视等形式；第三是数字传播时代，传媒载体为高清晰度电视、电脑、互联网络等。在数字传播时代，传媒生态已经发生了重大的转变，人们可以通过服务商提供的多种渠道完成文字、数据、音视频、增值业务的传输，其核心在于由通信厂商推动的技术变革已经使得各种传媒呈现一种汇流之势。

"传媒汇流"，就是把数字技术当做一切信息资源形态和传媒形态的基础，它为与信息有关的一切产业提供一个统一平台，将大众传媒（新闻、出版、广播、电影、电视、音像等）、通信（有线与无线）、信息业（计算机与网络）汇合为一，产生一批"巨无霸"式企业。

"传媒汇流"导致的一个重要后果是使许多以前各自为政的企业产生了"跨产业""跨平台""跨部门"的合作动机。由此对传统传媒起到了一种解放的作用：破除了不同传媒间的传统壁垒，信息资源共享，引发了传媒企业在全球范围内的重新整合与竞争。

广电本属一家，电视与广播的联动在近年已屡见不鲜，广播中播放电视剧的对白版，曾经是热门的做法。二十一世纪初，上海文广下的第一财经传媒，除了频道、频率的同时播出外，还推出了《第一财经日报》，实现了产业价值链的纵向一体，内容环节上的共享降低了成本，也增加了结构的竞争力。

从注重传媒产业链的单个环节到整个产业链的联合经营，从传媒产业链内部到产业链外部，发展的趋势为系列化、一体化、多元化，表现形式主要有集团化发展与大传媒产业的发展。

大传媒描述的是传媒业不分领域全面竞争的现象。传统大众传媒业、电信业、信息网络业都将融合到一种新产业之下，这个新产业叫做"大传媒业"。大传媒业不仅会呈现爆炸性成长，也会造成向内"崩陷"的效果，即所有的企业都会投入同一市场。

电影、视频、音乐、游戏、玩具、互动软件，这是一个完整的生态系统，一个渗透了许多传媒和市场的食物链。近年来，中国影视业的繁荣兴盛推动了传媒产业的高速发展，影视业作为文化产业非常重要的一部分，它的产出与传统的制造业有很大的区别，设计、采购、制造、营销等价值链环节与制造行业也有很大区别。影视业真正产出的产品并不像传统制造业一样大批量生产，而且在产品制造过程中前期投入非常大，整个行业的经营风险也比传统制造业大。影视业独有的行业特性决定了其价值链整合有其特有方式。

传媒经济学的研究早已发现，传媒集团可以实现范围经济，而很多成功传媒集团的发展历程也告诉我们，同一信息（新闻或电影）通过多个传媒渠道发行，会大大增加收益，摊薄成本。可以说，组建跨传媒集团是当今传媒业的潮流和时尚。

　　多种传媒兼营是国外大型传媒集团发展的普遍现象和内在发展规律。多种传媒兼营，也就是通过延长产品的产业链而进行资源整合，从而有利于优化资源配置，适应市场的多种需求，使市场覆盖最大化。

　　外资传媒集团借商业性合作进入中国市场，从 IT 传媒合作逐步向娱乐、财经等传媒拓展，并且借中国入世开放电信和网络服务的时机，正在从网络传播平台和电信服务的结合点切入，向纵深全面推进，努力提供接入服务和增值服务。同时，外资传媒在内地传播领域通过直接或间接方式，进行兼并收购、投资控股、参股、品牌合作、外围渗透等活动，在中国打造本土化的外资大传媒集团。走进中国的大传媒集团不但资金、技术、人才实力雄厚，还携带着大传媒市场的新理念。

三、传媒产业链的价值流动

（一）传媒产业链的价值流动在于广告价值的流动

　　价值系统分析就是把企业作为一个与上下游紧密联系的单位，放入整个产业链条中进行考察，为企业能够在激烈市场中争取竞争优势的核心价值和发展战略。

　　进行价值系统分析可以使特定企业明确自身在行业价值链中的位置，寻求以整合或者一体化的方式降低成本，消除不增值环节，取得竞争优势。进行价值链分析还可以使企业开阔思路，从增强、扩展、重构和再造价值链方面来分析研究，采用效率更高的方式来设计企业价值链活动，使企业的价值获得提升。

　　传媒产业链中的价值流动，总体上说是从上游环节开始向下游环节流动，并不断增加附加值，最终流到系统外部，向用户的方向流去。但实际交易中，产业链中的价值流动是非常复杂的，它不同于传统制造产业的一般价值流动，传媒产品和媒介售卖的特殊性决定了传媒价值流动的特殊性。

　　一般来说，媒介产业包括：报纸、杂志、图书、广播、录音、电视以及电影。广播电视媒介的节目中包含的信息和娱乐、报纸媒介的报纸实体所负载的能提供消息和娱乐的内容可以被称为媒介的产品。另外，广播、电视、报纸、杂志所提供给广告主的时间和版面同样也可以被纳入"产品"的范畴中。与传统企业生产的有形产品相比，传媒信息产品具有以下特殊性：

1. 无限复制

纯实物经济和纯信息经济从根本上说是截然不同的两种事物。当一件东西被卖出以后，卖者便不再拥有此物，而当一种观念、一种音调被卖出后，卖者仍拥有它，并有可能再次将它卖掉。信息可以无限制地以几乎零成本进行复制。

2. 重复使用

信息完全是收益递增型的，如果使用次数翻两倍，那么其每次使用的成本就会减半。除非信息的最初拥有者有能力限制其他人使用其信息（通过版权、专利或保密手段），否则他们将无法获得与最初的投资相匹配的收益。

而关于媒介售卖过程，常常被学界采用的是"二次售卖"理论，即媒介信息产品往往廉价或者无价出售，为的是获得受众的注意力，再将受众注意力转卖给广告商，实现价值的交换。所以在传媒产业链中，广告价值的流动是其最特殊的一环。

与传媒所承载、传播的其他资讯一起，广告以信息产品的形式通过传播在传者与受众之间流动，在生产、制作、包装、发布、传播的过程进行价值流动，从传者向受众的单向传播，逐步发展成为两者之间的双向传播。在这个过程中，广告不具有实体形态，它是一种被无形消费的信息产品。这个产品本身也具有一般产品的生产、流通、消费过程，通过生产、流通和消费让渡自己的使用价值，实现自己的价值。

（二）传媒信息产品的价值转换

传媒通过信息产品来完成传者与受众之间的价值传递，按照主动与被动接收的方式，可以将传媒信息产品分为两类：第一类是受众主动需要的信息，即我们所熟悉的节目或版面内容，包括资讯类，如新闻、财经等最新资讯；娱乐类，如电影、电视剧、娱乐节目、小说连载、情感故事等；访谈类，如人物专访、时事点评等深度报道。第二类是受众被动接收的信息，即广告。

对传媒而言，各类信息产品都是商品，都要经过市场流通和交换，有其自身的商业规则，只有满足受众的需求，才能完成价值的传递和转换。但是相对于我们所熟悉的市场经济中的交换行为，这种信息产品交换又有其特殊之处，它不是在一个专门的市场中进行货币交换，而是一个构建在传者与受众之间的平台上的置换选择。传媒担负着其中的内容交换的功能，受众出让看广告的时间价值，而获得各类节目、版面内容的使用价值；传者出让所制作节目、版面内容的价值，而获得广告的受众注意力的使用价值。

大众传媒现在主要的经营方式是将广告作为重要的经济支撑，所以媒体的广告报价是关乎各媒体生存的重要问题。按照商品经济法则，传媒通过其节目或版面内容的精彩程度来吸引受众观看，同时吸引受众对广告的注意力，而广告主根据广告可能被关注的注意力大小来选择是否支付媒体的广告报价。

节目或版面内容的价值，如商品的价值一样，取决于能否满足消费者的需求，这是最本质的。同时，它还受很多其他因素的影响，比如有些媒体比较注重自身品牌形象的建立，或者注重媒体产品的营销推广，这有助于提升媒体产品的价值；又如广告的创意好，让人过目不忘，这也有助于直接提升广告注意力的价值。

简而言之，媒体的广告报价是广告作为传媒信息产品的价格，广告所吸引的注意力是价值，二者应该是统一的。节目或版面内容的精彩程度是衡量价值的标尺，广告策略自身的优劣是产品价值的外在表现。有几个广告同时出现在同一媒体上，这个媒体赋予它们的交换价值是相同的，但是符合消费者需求的好广告作品能够为其增值，提升广告注意力的价值。

广告价值借助传媒，由传者向受众流动，当它随着电视节目播放或者随着报纸发行的时候，这个交换过程就完成了，传媒信息产品的价值传递就完成了。但是广告作为一种意识的产品，它衍生出独有的经济价值和文化价值，又影响交换和传递方式。

任何产业都有其完整的价值链、供应链、产业链，互联网技术的发展以及社会分工的细化和专业化，都促使传媒产业链发生新的变化。传媒产业作为我国文化产业发展的"核心层"，一直都是政府鼓励和扶持的重点对象。传媒产业主要是以满足受众娱乐和服务需求为宗旨，从事传媒产品的生产经营活动及与此有关的经济关系集合。结合迈克尔·波特价值链的概念界定和传媒产业的含义，由此可推出传媒产业价值链是指由传媒产品的创意研发、生产制作、流通交易、传播输送、配套服务及衍生品开发构成的基本活动，和与之相配的一般管理、人力资源管理、基础设施、采购供应等构成的辅助活动的集合。

我国的传媒产业由于发展历程较短，价值链体系并未完全建立，各个环节的发展参差不齐，有些环节甚至还处于最原始的入门级别。

第三章 传媒责任理论的构建机制

第一节 传媒责任理论的内涵与结构

一、传媒责任伦理的内涵特征

（一）为何倡导传媒责任伦理

1. 中西责任观浅析

"责任"一词源自拉丁文"respond。"，意思是"我作答"，意味着行为主体有能力承担其行为及后果。在古代汉语中，"责"和"任"是分开使用的，"责任"一词是由"责"字引申发展而来的。根据《辞海》，"责"包含责任、责问、责罚、索取和债的意思。现代汉语中，责任的含义可以从三个方面来概括：第一，法律、道义及承诺等方面使人担当的某种义务和职责；第二，应尽的义务或者分内应做之事；第三，未做或未做好分内应做之事所应承担的谴责和制裁。

学术界很多学者对"责任"也分别有自己的理解。例"责任"可以分为政治责任、法律责任和道德责任，并有狭义和广义区别。广义的"责任"是一种应当履行的行为的程度和范围，而狭义的"责任"则是一种违反义务所承担的后果。责任是指人之所以为人以及人在社会中所扮演的角色，要求其在社会活动过程中要完成相应任务和承担由此带来的后果，责任既可以是法律责任，又可以是道德要求。张贤明先生认为责任与社会角色直接相关，行为主体的角色不同，其分内之事、评价标准以及因未完成分内事而受到的责罚都不一样。总的来说，责任虽然作为一个复杂、综合的概念运用于法律、政治、职业、道德等领域，但其基本的含义可以定义为：个人或组织基于一定的社会角色，依据不同的评价标准，履行自己分内之事，或因为做分内之事而承担的否定性后果。

"责任"在伦理学领域始终都是一个基础而又核心的概念，在西方思想史上，很多问题的讨论似乎都离不开"责任"。以一种理性的快乐主义的态度将公共利益和公共善作为责任的基础，认为责任是本着公正的原则去做应当做的事，从而实现人生的快乐和幸福。亚里士多德的责任观可以视作德性论的责任观。他首先肯定"知识即美德"，而一个人的知识决定其责任能力。亚里士多德认为人们因为有自愿选择的权利，因此可以为自己的行为负责，除非是因为被迫和无知而作恶，否则都应该受到惩罚。"德行依乎我们自己，过恶也依乎我们自己。因为我们有权利去做事，也有权利不去做。我们所能说不的地方，也能说是，如果做高贵的事情在于我们，那么不做可耻的事情也在于我们。"亚里士多德还区分了婴儿和精神病人的"无知"和可以避免的"无知"，由第二种"无知"造成的后果需要承担责任。康德将"责任"视为他全部道德哲学的核心。在他看来，责任是出于对道德法则服从的行为必要性，是善良意志的体现，一切有责任的行为因为具备善良意志，才具有道德价值。虽然康德的普遍法则因其至高无上的理想性而脱离现实生活，甚至被批为"僵硬的、声誉不好的信念伦理"，但不可否认正是康德在一定程度上奠定了责任伦理的现代意义。

德国政治家马克斯·韦伯在二十世纪初的《以政治为业》的演讲中，从真正意义上将"责任"纳入了伦理学领域。他在分析康德伦理学之后，从中观职业层次出发，区分出"责任伦理"和"信念伦理"的不同，并指出行动领域责任伦理的重要性。韦伯指出信念伦理是指向终极价值的最高道德信仰，而责任伦理则是行为主体对可预见行为后果的自愿的责任担当。韦伯关于"行动领域责任伦理优先于信念伦理"的观点在当时引起了大家的广泛关注，并激发了大家对诸多社会问题的思考。在他之后的德国哲学家汉斯·约纳斯基于对科学技术的哲学反思，提出一种以自然的价值为基础的"责任伦理"。在汉斯·约纳斯看来，在以往的道德哲学和伦理体系中，责任并没有被赋予过很重要的地位，人们也并不认为道德意愿会过于受到责任心的影响。约纳斯从时间和空间两个角度出发，指出人类不仅要对过去的行为及后果负责，还要以一种预知的态度对未发生的事所可能产生的后果承担责任；而在空间上，不仅要对自身、他人负责，还要对人类赖以生存的自然环境负责。约纳斯的"责任伦理"不仅是对人、对自然，而且是对未来的不可预测的后果的承担，是一种终极关怀的责任。

中国传统伦理思想史上虽没有形成系统的责任伦理体系，但是责任无论是在人们的道德行为规范、个人道德修养，还是社会制度安排上都被作为一个基本的信条贯穿其中，是中华民族精神的血脉。中国传统文化建立在家国同构的血缘宗法等级制的基础上，经济上是自给自足的自然经济。因此，中国传统责任思想依循的线索是从"父慈子孝""兄友弟恭"的家庭伦理到"仁义礼智信""推己及人"的人际责任伦理，再到"天下为公""内圣外王""天下兴亡、匹夫有责"的社会责任伦理，最终真正实现"修身、齐家、治国、平天下"的理想抱负。

  西周时期，礼崩乐坏，为了寻求治乱平天下的治世方略，周公提出"以德配天"的主张，以"周礼"来规范人们的道德行为，对上至君王下至庶民都提出了责任要求。中国古代家族本位的社会结构决定了家庭伦理关系与社会稳定发展的直接关联，因此，自古以来中国都非常重视家庭伦理的构建，《尚书》中"五教"、《礼记》的"十义"无一不以家庭伦理为核心，规定着每个成员的人伦角色和责任要求。在人际伦理方面，孔子思想主张"老吾老，以及人之老；幼吾幼，以及人之幼""己所不欲，勿施于人"，这种由近及远，推己及人的思想主张已经朦胧意识到社会角色与责任的关系问题。而墨子主张的"兼相爱，交相利"，宣扬人与人之间和谐平等的兼爱思想，无论个人还是国家都要对人民公共利益负责，把"兼相爱"当作最高的道德准则。在社会、国家层面，范仲淹的"先天下之忧而忧，后天下之乐而乐"，顾炎武的"天下兴亡，匹夫有责"，诸葛亮的"鞠躬尽瘁，死而后已"，林则徐的"苟利国家生死以，岂因祸福避趋之"无一不体现了中国古代社会以民族、国家利益为重的责任伦理思想。另外，中国传统文化中"人与自然和谐相处"的观念也蕴含着丰富的生态伦理思想，折射出人与自然之间的责任关系。庄子的"物无贵贱"强调人与自然的和谐统一，宋代张载的"民胞物与"从认识论的角度强调人与天下万物都是一体同胞，因此，人不仅要对自己、他人负责，还要对世间万物负责。

  中国传统责任伦理思想与西方不同，它更大程度上是一种道德意志，不需要现实的理由和依据。而西方的责任思想常常在与"自由""权利"的辩证纷争中，多了些中国思想史上所不具有的对道德的质疑。西方责任指向是从群体到个人的路径，个人对群体负责的最终目的是实现个人的自由和价值，正是基于自由意志的选择性，道德主体更加注重对行为后果的承担。而中国的责任观强调从个人到群体，群体的真实利益是最终指向，个人更多的是受命于外在的道德意志，因此，在责任的承担上，个体的道德责任感相对薄弱。尽管中西责任观存在差异，但关于责任理论的研究始终没有中断过。尤其是当代社会，随着科学技术的迅猛发展和应用伦理学的勃兴，责任问题凸显，无论是在实践领域还是在理论视界，"责任伦理"研究都被置于核心地位。

2．"责任伦理"研究日益凸显

二十世纪以来，科学技术革命不仅促进了生产力的迅猛发展和生产关系、生产方式的根本变革，而且对传统文化和价值观念形成了巨大冲击，全球化带给人们的不仅是经济层面的求同存异，同时更引发了人们对社会伦理、人类生存和发展等精神层面的深入思考。人们普遍感受到创建一个全新的政治、经济、文化和社会制度，对于推动世界各国、各地区之间的团结合作和和平共处是多么重要和紧迫。而这一全新制度的产生首先要依赖于在整个世界范围内达成一个伦理的共识，那就是我们赖以生存的世界共同体的责任和义务"是什么"的问题。全球化亟需一种具有普遍责任意识的伦理文化来共同解决人类所面临的日益复杂的全球伦理问题，使我们这个共生共存的环境得以持续发展。另外，诸如信息、新能源、新材料、生物工程等高新技术的广泛应用，虽然为人们的生活提供了无穷的便利，成为社会经济发展的根本动力，但同时也可能导致对很多纷繁复杂的事情难以辨别和理解，对突发的大规模的事件难以预测和考察，对国际国内的重大事件难以掌控和管理。这种新技术带来的不可预测性的加大也成为人们加强责任意识，构建全新的具有时代特征的责任伦理的重要因素之一。

二十世纪下半叶以来，北美和欧洲等国众多学者开始对"责任伦理"问题展开激烈讨论和深入研究，相关的著作也相继出版。继韦伯之后，美国著名学者范伯格、特里•L•库帕、唐纳德•肯尼迪，英国的约翰•M•费舍尔，法国的埃曼努尔•勒维纳，以及德裔美籍的汉斯•约纳斯都从不同角度对责任伦理展开了研究，其中约纳斯是最杰出的代表。责任伦理是对世俗社会现实问题的思考，也是对远距离和未来责任问题的伦理追问。责任伦理之所以不仅在学术领域备受关注，更在社会领域广为推崇，其根本之处在于它顺应了时代的要求。当技术时代为人们带来更多的机遇和挑战时，当人类面临愈发复杂的问题和困境而束手无策时，责任不仅是一个最恰如其分的原则，更体现了一种时代的精神气质与需求。

3. 现代传媒亟需责任伦理规范指导

如果给出几个关键词来形容传媒的走向，例如"自由""权利""义务""责任""利益"等，"责任"一定会当仁不让地成为传媒的核心概念。汉斯·约纳斯曾说："当代伦理学的核心问题就是责任问题。""责任"作为始终伴随人类社会生活实践的伦理范畴，在科学技术飞速发展、人类社会关系愈加复杂的情境下，其内涵和外延必然也会随之变化。着眼大众传媒领域，媒介化社会所引发的种种道德问题，无一不和"责任"相关，而传统伦理学在传媒领域对责任的呼唤似乎不能有效解决大众传媒自身及由其产生的社会道德困境。无论出于对传媒道德问题的哲学反思，还是顺应现代传媒的时代要求，构建全新的传媒责任伦理体系将是保证大众传媒健康发展的必然要求。

大众传媒急需责任当道。权利是人们参与社会活动时形成的社会关系，因此权利的形成不可能脱离社会历史条件而天然地存在，普遍的、先验的权利是根本不存在的。我们知道，大众传媒首先是社会历史发展的产物，具有社会属性。大众传媒的权利从一开始就不是天然赋予的，当然这并不能证明大众传媒的责任就具有优先性。我们所经历的一个事实是，在谈及传媒责任的时候，常常落实在口号上，实践领域中更多的是对传媒权利和自由的追逐，与此同时，传媒责任往往被"冷落"在一边。对这一点，正是由于近代以来对人的权利的过度肯定，在提升人的主体地位和尊严的同时，利己主义和人类中心主义开始大肆蔓延。人类权利被赋予过多个体化和理想化的成分，与这种权利膨胀相对应的则是对责任和义务的逐渐淡化。因此，这不仅是传媒领域的问题，而且是整个人类社会共同的误区。对于大众传媒而言，究竟是争取传媒更大的自由和更多的权利，为其履行责任储备条件，还是抽象地强调责任本身就是先天内在于传媒主体自身的呢？谁更具有优先性似乎并不重要，重要的是基于现代传媒因责任缺失而导致的道德问题的事实，基于国家、社会、受众以及传媒自身急需一个优良的传媒生态环境的愿望，一个不容忽视的事实加一个理所应当的愿望足以证明，对于我们岌岌可危的现代传媒来说，责任才是王道。

传媒公共属性是其履行责任的本质要求。传媒的公共属性是现代传媒基于公众利益，在体制规训的传媒实践中表现的历史的、动态的、实然的属性，同时又具有独立、公开、批判的应然价值追求。媒体作为社会的有机组成部分，其公共属性体现在实现公民社会的最大公共利益，而这个过程本身就蕴含了对"公共善"的追求。人类是从真、善、美三个维度来认识和把握世界的，"真"是人类认知理性领域研究的问题，主要描述世界"是什么""怎么样"的问题；而"善"和"美"则是从世界"应当怎样"的角度来看待世界的，属于人类的价值理性范畴。

大众传播活动作为一种有意识、有目的的社会互动行为，在大众传播活动的全部过程中，首先是要按照社会发展的客观规律和大众传媒的特点为人类真实反映现实社会，提供信息交流的平台。尽管大众传媒自其出现的那一天起就不可能完全真实、全面地反映客观世界，尤其是随着现代传媒技术的日新月异，人、社会和媒介之间的关系发生了变化，媒介在人和真实世界之间架构起来的鸿沟已经越来越大，然而这种不以人类意志为转移的客观发展规律丝毫不会影响大众传播媒介自始至终"求真"的本性。与此同时，大众传播活动也追求"善"的应然性，把握着人类世界"应当怎样"的价值方向。大众传播活动作为社会活动的一种，在表达社会价值取向和理想目标、协调社会道德力量的过程中蕴含着道德性，其内在"善"的应然属性也深深渗透在社会政治、经济和文化生活的各个领域。大众传媒的责任是历史的、具体的，大众传媒要承担怎样的责任、如何承担责任，与其自身的身份角色密切相关。在政治体制改革和社会民主化进程中，大众传媒对公共善、公共利益的追求，决定了其责任第一性的本质要求。在追求公共善的过程中，大众传媒的责任态度和品质直接决定了公民政治参与的热情与程度，是促进社会善治、经济繁荣和公众幸福感的重要影响因素。

传媒的产业属性是其承担责任的现实要求。随着市场经济的逐渐完善和传媒体制改革的不断深入，传媒的产业化经营使传媒业规模不断扩大、传媒资源被充分利用，从而给传媒自身带来了巨大收益，同时也促进了受众意识的增强、社会思想观念的变化，创造了丰富的社会效益。传媒的产业化在推动自身发展和社会进步上可谓功不可没。然而，传媒业不同于一般意义上的产业，它既因是社会信息系统的重要组成部分而被划为信息产业，又因其天然的文化性而同时归属文化产业。传媒产业的特殊性突出表现在其文化信息产品的公共性，正因如此，传媒产业的社会责任要高于一般的产业。

传媒公共产品一般可以分为民主权利类传媒产品、公共服务类传媒产品和社会管理类传媒产品，传媒通过这三类产品为公众提供参政议政、文化教育、休闲娱乐、信息管理等公共服务。这种精神引领和公共信息服务的规定性决定了传媒产品具有公共产品的显著特点：非竞争性和非排他性。非竞争性，即每个人的消费并不减少该物品对其他使用者的供应，边际生产成本和边际拥挤成本为零；非排他性，即不应、不能或很难排除某一部分人对该物品的消费享用。一些商品表现出在同一时间中可使多个个体得益，即他们是被共同消费的，由一特定群体消费的物品的典型例子是国防、法律执行、广播电视，以及为控制洪水所提供的服务。因此，传媒业在追求经济效益的同时，需要具备高于一般企业的责任意识和责任能力，其社会责任也要高于一般物质性产业。

媒介化社会伦理困境是其承担责任的时代要求。现代传媒技术的发展为我们带来的是一个媒介化的社会，甚至是"过度媒介化的社会"。加拿大思想家麦克卢汉曾说"媒介即信息""媒介是人的延伸"，"媒介即隐喻""媒介即认识论"，深入并控制一种文化的最有效便捷的途径就是熟悉掌握这种文化中用于会话的工具—媒体。一种重要的新媒介不仅以其特殊的符号形式为我们呈现了一个"真实"的"拟态环境"，同时也从根本上影响和改变着我们的认知和行为方式，而且"媒介的独特之处在于，虽然它指导着我们看待和了解事物的方式，但它的这种介入却往往不为人所注意"。

现代社会是一个风险化社会，而媒介在其中则是一把双刃剑。传媒的责任意识和风险意识是其能够准确、客观地为人们提供风险信息和风险预警，正确引导人们应对风险，进行风险决策。而受某些利益诱惑或出于其他目的，夸大风险事实，则会影响人们对风险的判断，甚至引起社会恐慌和新的风险出现。新技术的日新月异还从时间和空间上扩大了传媒的责任范围，从面对面的"近距离"传播到虚拟空间的"远距离"交流，从此时此地的当下沟通到与遥远未来的对话。再反观以德性论、功利论和义务论为代表的传统伦理学，在指导传媒实践的过程中尽管曾经各有所长，然而，面临现代传媒的新特点、新困境都会因各自理论的偏颇而显得力不从心。传媒领域需要全新的、指导性的责任伦理学，这种责任伦理学不仅直面精神性的道德困境，更是在技术统治的威胁下对传媒责任的解读。

（二）何为传媒责任伦理

我们可以从以下几个方面来理解现代传媒责任伦理的内涵和特征：

1. 传媒责任伦理是责、权、利的统一

大众传媒责任伦理不是苛责道德主体要无限度履行责任和义务而置自身权利和利益于不顾，也不是一味夸大权利的行使而忽视社会责任和公众利益的承担，更不是仅将自身利益当作唯一追逐的目标而逃脱和回避责任。大众传媒伦理倡导的是责任、权利和利益的辩证统一。

责任是大众传媒的客观必然要求，也是主观的价值需求。大众传媒及所有参与大众传播活动的道德主体在传播实践活动中享有神圣不可侵犯的平等自由的权利，同时这种权利又不是无限制的为所欲为，而是要充分考虑自身行为对他人、社会、自然甚至未来可能引发的后果，并对之负责。大众传媒只有具备足够的责任意识和责任能力，才能保证自身获取资讯、传递信息、舆论监督等权利。也正因为对传播权利的正确认识和有效行使，才能在不断的传媒实践过程中找准自己的角色定位，客观界定传媒责任，实现权利和责任的统一。

在各种复杂社会关系中，利益关系是最为根本和实际的关系。传媒领域的一切行为不仅蕴含着责任，更与利益直接相关，大众传媒的责任与利益也是辩证统一的。不同历史阶段对利益的界定有所不同，但无论如何，利益都与自身的生存和发展息息相关。大众传媒的利益既包含物质利益，也有对"善"的价值追求，因此，大众传媒的利益既是经济利益，也是社会公共利益，其利益本身就蕴含着责任。十八世纪英国哲学家约瑟夫·布特勒认为：如果我们理解了什么是真正的幸福，那么良心与自爱将告诉我们同样的东西。责任与利益完全一致。古希腊哲学家德谟克利特也认为公共利益和公共善是责任的基础，"力

守对公家的责任，比维持生存和存在，更要珍贵得多"。利益是责任的基础，而责任的履行也是实现利益的保证。

2.传媒责任伦理是他律与自律的统一

传媒责任伦理的自律性主要体现在责任是一个主体性的范畴，一切责任行为的始终都离不开行为者作为能动的主体性的存在。传媒伦理责任既包括作为社会每个成员或组织必须遵守的"底线责任"，也包括传媒社会角色赋予的职业领域的制度性、契约式的责任规范，同时也包括"至善"的高层次的道德责任。无论是积极的责任还是消极的义务，无论是高层次的道德追求，还是低层次的责任追究，都需要传媒主体将外在客观的他律内化、升华为自觉自愿的道德需要。

传媒责任伦理的他律性不同于政治、法律、经济等领域，传媒责任伦理虽然也有强制性和约束性的他律制度规范，但更多的是一种示范式、引导式责任导向。而传媒责任之所以能够制度化，不仅因为其部分强制性和权威性的特点，更因为责任制度在很大程度上契合了传媒主体自觉、自愿、理性的道德责任需要。因此，传媒责任伦理是他律和自律的统一，在实践领域，他律是自律的手段，而自律则是他律的目的。

3.传媒责任伦理是整体性与连续性的统一

传媒责任伦理是整体性与连续性的统一，主要是从时空关系的角度来理解这一问题的。传媒责任伦理具有整体性指的是，传媒关注的不仅是此时此地的责任伦理问题，也要考虑由传媒技术带来的一种"远距离"的责任。随着数字技术的迅猛发展，以互联网和手机等移动无线互联网络为代表的新媒体迅速普及，新媒体开放性和交互性的特点使传统媒体的生存和运作模式发生了巨大改变，数字化文字、视频及交互式传播使人们能够24小时不间断地进行信息的交流和传递。新媒体的优势拉近了人们之间的距离，使人们足不出户即可知晓天下，网络的虚拟空间和微博排山倒海的舆论力量为人们提供了更大的与陌生人交流的空间。

然而也正是这种"便捷"催生了更多"远距离"的不可控的责任问题。长期以来，以行政手段进行的媒体管理和新闻舆论控制模式受到了"人人皆记者""个个是编辑"的多元信息传递格局的冲击，在这种形势下，具备整体范围内的传媒责任伦理呼之欲出。传媒责任伦理的连续性指的是传媒不仅是对当下的关注，更要以一种预防性和前瞻性的视角去指导大众传播活动的每一个过程，以积极的、事先的责任意识和对未来后果的考虑来有效回避媒介风险化社会大众传播可能带来的不可控的后果。

4. 传媒责任伦理的内涵

基于以上几个角度对传媒责任伦理的分析，我们可以将当代传媒责任伦理定义为：传媒责任伦理是基于对媒介化时代的伦理反思，对大众传媒领域的责任问题进行理性的伦理追问。大众传媒责任伦理不仅关注所有参与大众传播活动中的道德主体在履行其角色义务时表现出的责任意识和责任能力，而且对传媒实践领域当下的伦理困境，以及由传媒新技术带来的不可预测的、未来的、远距离的传媒伦理问题进行责任指导。传媒责任伦理是从整体的视域来探究大众传媒与人、社会、自然以及未来之间的责任关系。

二、传媒责任伦理的结构划分

人类的道德生活是通过道德关系的不断调整而实现的，而道德关系的基本构成是道德主体和道德客体的关系。大众传播活动既是传播道德的活动又是道德的传播活动，因此，要实现大众传媒公共善的应然性需要，我们对传媒结构进行剖析，探寻在整个大众传媒活动领域道德关系的责任要素、责任归因，以及各个要素之间的关系是什么。大众传媒责任包括传媒责任主体和传媒责任客体。

（一）大众传媒责任主体和责任客体

1. 传媒责任主体

分析传媒责任的主体分两个思路：一方面从职业的角度划分出职业主体和非职业主体；另一方面，这两种主体既包含个体的人，又包含不同个体构成的组织、团体、机构等伦理实体。

狭义的传媒责任主体。社会分工和经济发展促使大众传媒作为职业而存在，大众传媒从业者作为专门的职业工作者，在大众传播活动的全部过程中发挥主导性作用，承担主要职责，在道德活动和道德关系中占据主体性的地位。因此，传媒从业者是大众传媒的责任主体，这一点是毋庸置疑的。传媒从业者可以是记者、编辑、播音员、主持人、编导、发行人等。另外，传媒责任主体不是"单个的物自体"，传媒责任主体既可以是"个体"的人，也可以是"类"的社会组织或群体。传媒从业者作为职业的个体，均是职业共同体的成员，一般来说，组织化、群体化的大众传媒机构和组织较传媒职业个体来说，更具有道德上的影响力。因此，大众传媒机构和组织也是责任主体的另一种存在方式，包括电视台、广播电台、杂志社、出版社、网站、影视制作单位等传媒机构。

广义的传媒责任主体。传媒责任伦理是基于对媒介化时代的伦理的反思，对整个大众传媒领域的责任问题进行理性的伦理追问。因此，大众传媒责任伦理研究的不仅是职业领域的道德问题，也从整体的视域来探究大众传媒与人、社会、自然以及未来之间的责任关系。从广义上来说，大众传媒责任伦理不仅探讨职业大众传播从业者和组织的道德责任问题，还需要把非职业大众传媒参与者和组织的道德责任问题纳入讨论的范围。尤其是随着传媒新技术的发展和传播工具的普及，人类进入"媒介化时代"，甚至是"泛媒介化时代"，互联网和手机微博的使用无意间将越来越多的非职业大众传媒人带进了公共化的信息传播领域。很大一部分非职业的信息传播者并没有接受专业化的培训，也缺乏基本的职业精神，然而作为信息源主体的他们，一次"论坛灌水"、一篇"网络跟帖"或一个"微博转播"，都可能揭露社会重大事件，引起社会的广泛关注，甚至影响社会的正常运转。由于新闻传播环境已经发生了革命性的变革，人类的新闻活动在整体上正在进入后传播时代，新闻传播业在整体上也正在进入后新闻业时代。每一个参与信息传播的普通民众都可能成为某一新闻事件的传播主体，自然也要为自身的传播行为承担道德责任。

事实上，尽管职业道德仍然是传媒伦理研究领域的核心话题，但随着传媒环境的变革，职业道德正在被社会化和普遍化，传媒职业道德和社会道德之间的界限不再明晰。媒介道德、传媒责任不仅是对职业传媒人的入职要求，更成为每一个非职业传媒道德主体的基本规范，我们所处的新环境和新地位与之前发生了巨大的变化，这使得我们肩负的责任也与以往不同，假如我们仍然以不可一世的态度和短浅的目光来处理周遭环境，那么我们的无知和愚蠢将给我们带来不可挽回的灾难性未来。因此，传媒技术革命带来的责任域的不断扩展问题已经成为当今一个重大的理论主题。

2. 传媒责任客体

主体和客体是哲学中的一对重要范畴，从认识论的角度来看，主体是实践和认识活动的承担者，可以是个体的人，也可以是组织、团体等人格化的集体。而客体则是主体实践和认识活动所指的对象，客体只有进入主体的实践活动中才具有存在的价值。大众传媒责任客体是相对于责任主体而言的概念，是责任主体在大众传播活动中道德行为的指向和施予对象。大众传媒责任客体是传媒实践领域相对于责任主体而言的概念，围绕整个大众传播活动过程，可将传媒的责任客体分为信息源客体、监控客体和受众客体三部分。

信息源客体。信息是大众传播活动的逻辑起点，任何一个大众传播活动首先都是要获取信息之后，才能有编辑处理、传播等环节。因此，信息源客体实际上在整个大众传播活动中充当传媒主体信息提供者的角色。信息源客体不是信息本身，而是拥有信息资源的个体、群体或组织。大多数情况下，人们习惯于把传媒责任主体的作用对象仅仅理解为受众，认为受众才是传播活动的唯一客体。实际上，信息源客体作为整个大众传播活动的首要环节，在传播流程中发挥着极其重要的作用。信息源客体存在于社会的各领域、各层次，具有广泛性、偶然性和不平衡性的特点。信息源客体既可以是固定的组织代表，例如新闻发言人，又可以是偶然的事件目击者或当事人；既可以是政府机构、党政机关或者民间团体等群体化、组织化的团体，又可以是一切能够提供新闻线索的知情人个体。传媒主体能否获取准确、全面和真实的信息，很大程度上取决于信息源客体的信息提供。因此，传媒主体与信息源客体之间存在着复杂的责任关系，他们之间互为主客体的关系。信息源客体对传媒主体负有提供真实信息的责任，传媒主体同时也要对信息源客体的身份进行辨别和保护。

监控客体。监控客体指的是来自于传媒领域之外的、以强制性或非强制性手段对传媒主体的传播内容、传播方式进行约束和限制的政府组织、社会团体或个人。监控客体一般以法律规范、行政命令、技术监督等强制性手段以及道德规范、社会舆论等非强制性手段对传媒责任主体的传播行为进行监督和控制，一旦传媒主体在传播活动中违背了相关的规范，则会受到法律惩罚和道德谴责。监控客体对大众传媒责任主体道德责任意识的培养和责任行为能力的提升具有主导作用，当然，传媒责任主体也不是完全的受控方，它们之间是相互限制、互为主体的关系。

受众客体。从职业的角度来看，大众传播活动的核心是传者和受者之间的活动，整个大众传播活动起始于职业传媒主体，而终端则是受众，因此，受众是大众传播活动的重要客体。随着大众传播效果理论的不断成熟和完善，受众逐渐摆脱最初消极被动的"靶子"身份，开始被赋予更多的能动性，成为整个传播活动的动力之源。然而，受众作为传媒主体来说，始终是其实践活动的根本指向，传媒主体根据性别、年龄、职业，甚至信仰等将受众划分为不同的层次、群体，针对性地制定传播内容和传播方式，实现目标受众的最大化和可持续性，从而保证媒体的生存和发展。

（二）大众传媒主体和客体的责任内容

1. 大众传媒主体的责任内容

第一，大众传媒主体的职业责任。在传媒职业领域范围内，传媒主体与信息源客体、监控客体和受众客体之间有着直接或间接的道德关系（见下图），因此，传媒主体的责任内容最主要体现在具体实践活动中与大众传媒客体的责任关系中。

首先，大众传媒主体对信息源客体的责任。大众传媒主体要充分尊重信息源客体的传播动机，很多时候，信息源客体并不是被动的被采访者，而是出于某种动机，主动向新闻媒体单位提供信息，以满足自身的传播需要。作为传媒主体，要充分尊重和保护信息源客体的传播动机，但是也要对其提供的信息加以有效的甄别和考量。在一些特殊情况下，信息源主体可能存在对信息刻意遮蔽或者歪曲的情况。例如某些社会组织认为信息的披露会触及自身利益，从而在提供信息时采取半透明、半公开的态度，甚至为了遮掩事实而编造假信息。对于这种情形，传媒主体有责任揭露真相，甚至逆流而上，做社会正义的"眼睛"。另外，传媒主体对匿名信息源主体身份的甄别与保护也是责任范围内的事，尽管这其中有很多困难。很多时候，一些信息源客体并不愿意透露自己的真实身份，对这部分信息源客体所提供的信息如何进行甄别，一直以来都是令业界困惑的问题。

其次，大众传媒主体对监控客体的责任。传媒责任主体不仅要对信息源客体负责，还要对监控客体负责。监控客体依据法律、政策、规范及道德等手段，对传媒主体的道德传播行为进行评价、约束或限制，以培养传媒主体责任意识、养成传媒主体道德的责任行为，从而营造良好的道德传播环境，维护社会公平正义。因此，传媒主体有责任和义务遵守监控客体的各项规约，在法律的范围内实行新闻自由，在道德的允许下从事新闻传播活动。此外，传媒主体也不是被动的受控方。由于一个社会制度的制定不是一成不变的，落后的、不合理的制度不仅不能有效规约传媒主体，反而会制约大众传媒的健康发展。因此，传媒组织和个体有责任以维护社会整体利益和自身健康发展为宗旨，对不合理的制度本身及其设计者进行监督和提出质疑。传媒主体和监控客体是相互制约的关系。

最后，大众传媒主体对受众客体的责任。受众客体是大众传播活动信息的接收终端，也是传媒主体最直接的服务对象。因此，大众传媒主体的责任内容集中体现在受众客体身上。大众传播效果理论经历了从"魔弹论"到有限效果理论，直到后来的适度效果理论和强大效果理论的发展，尽管受众客体的地位因理论的不同而有所不同，但人们对受众分析的热情，充分证明了受众客体对大众传播效果甚至具有决定性的作用。基于这一点，宽泛地概括传媒主体对受众客体的责任，应当是尊重受众客体的现实心理需求和审美情趣，为受众客体提供最为优质的信息和作品。受众客体由于思想观念、行为习惯、认知水平和社会地位的不同，对新闻作品的要求也不一样，这就要求传媒主体不仅要有精湛的专业技术，更要有以人为主体的社会责任感。既要满足大多数受众客体的精神需求，又要为少数群体、非主流群体的切身利益鼓与呼；既要传播高雅艺术，又要注意传播手段和方式的适用性；既要引领社会"善"的价值取向，又要敢于同不道德的行为作斗争。总而言之，大众传媒所有社会功能的表述均可体现为传媒主体对受众客体的责任内容。

第二，大众传媒主体的外延责任。从时间上看，人履行义务的对象不再仅仅是人，也包括除人类之外的所有生物和大自然。人不是为了人类自身才履行义务、保护整个生物圈和大自然，而是基于大自然本身的要求。如前所述，传媒责任伦理是基于对媒介化时代的伦理反思，对大众传媒领域的责任问题进行理性的伦理追问。大众传媒责任伦理不仅关注所有参与大众传播活动中的道德主体在履行其角色义务时表现出的责任意识和责任能力，同时对传媒实践领域当下的伦理困境，以及由传媒新技术带来的不可预测的、未来的、远距离的传媒伦理问题进行责任指导。传媒责任伦理是从整体的视域来探究大众传媒与人、社会、自然以及未来之间的责任关系。因此，从责任对象上来说，传媒主体不仅要对信息源客体、监控客体和受众客体负责，同时也要对职业领域之外的整个人类和自然负责。从责任范围来说，传媒主体不仅要对当下的人类社会生活负责，更要以未来的事情为导向，以积极地、前瞻性的责任意识和责任能力，去实现对未来人类的尊重、责任和义务。

2. 大众传媒客体的责任内容

第一，信息源客体的责任。信息源客体是整个传播流程的重要开端，因此，信息源客体需要对大众传播活动的每一个环节负责任。一方面，现代社会是信息化社会，公民知情权的实现很大程度上依赖于信息是否公开。任何组织和个人，如果其拥有的信息关乎社会公共利益，都有责任和义务通过媒体向社会公开，特别是政府机构，及时、全面、准确、真实地向社会进行信息公开更是责无旁贷。因此，信息源客体首先要树立对社会、他人利益负责的责任意识。另一方面，信息源客体有责任以诚实的道德品质面对新闻媒体，有责任向其他社会成员提供真实的信息。责任和权利是相统一的，信息源客体在讲真话、说实情的时候，充分尊重了其他社会成员的知情权，同样，当任何其他社会组织和个人在充当信息源客体的时候，他们也应当以事实为基础，否则就是侵犯了当事人的道德权利，并需要为此负法律或道德责任。

第二，监控客体的责任。前面说到，监控客体是来自于传媒领域之外的对传播主体进行约束和限制的政府组织、社会团体或个人。当监控客体以国家和政府的形式出现时，它们所采取的一般是以法律、政策和规范等制度化手段来约束新闻传播活动。当监控客体以社会团体或个人的形式出现时，采取的更多是一种非制度化手段对传媒组织机构或个体的新闻传播活动进行道德评价或行为引导。在我国，传媒主体的监控客体主要以政府行政机构形式存在，来自于社会团体和个人的监控力量相对薄弱。国家和政府作为传媒主体的主要监控客体，一方面要充分尊重新闻传播活动的基本规律，既不对传媒主体进行事无巨细的横加干涉，又不能放任新闻自由的滥用和权利的膨胀而坐视不管。监控客体的责任应当是以科学的态度和科学的方法对传媒主体及传媒领域的道德现象进行规约指导。另一方面，监控客体的责任目标不是狭义的对传媒主体进行控制。大众传媒是公共利益的代表，维护的是整个社会的共同利益，需要对社会的全体成员负责。因此，从本质上来说，传媒主体的监控客体应当是全体社会成员，国家和政府是社会共同利益的权利执行代表，理应以社会共同意志的标准来规约传媒主体，而不仅仅代表某一阶级或阶层的利益。

第三，受众客体的责任。受众客体对传媒主体负有责任，这一点是毋庸置疑的。受众客体作为大众传播活动的终端，在整个传播过程中具有举足轻重的地位。根据传播效果理论分析，受众客体早已不是"魔弹论"时代的简单、被动地受制于信息支配的群体，而是能动的、甚至对整个传播效果起决定性作用的角色。因此，受众客体作为大众传播活动中最活跃的因素，需要对营造健康、有序、道德的传播环境负责。一方面，受众客体有及时向传媒主体反馈信息的责任。传媒主体在选择、处理信息，生产制作新闻报道和作品时，都要对受众客体进行需求分析。因此，受众客体有责任向传媒主体做出信息的反馈，以保证大众传播活动的良性循环。另一方面，受众客体有责任抵制传播领域中的一切道德失责现象。正是因为受众客体的重要地位，同时在传播过程中与传媒主体有着直接或间接的道德关系，虽然传媒主体在传递信息中相对主动，但受众客体在维护道德的传媒环境方面也负有不可推卸的责任。受众客体有权利对低俗的新闻作品说不，也有责任和义务对传媒主体的不道德传播行为加以抵制。在传媒市场化的过程中，媒体过分逐利导致种种失责现象出现，假如受众客体能保持清醒头脑，那么一个巴掌拍不响，自然也不会出现"一拍即合"的传媒乱象。

（三）大众传媒主体和客体的责任关系

1. 传媒责任主体具有绝对性的地位

大众传媒的公共属性决定了任何一个传媒机构和个体都应当始终作为社会公共利益的维护者，勇于承担社会责任。从职业的角度来说，传媒责任主体在大众传播活动中具有绝对性的地位，是传播过程的绝对主体。尽管信息源客体、监控客体和受众客体对传媒主体的传播行为具有能动性，但传媒主体作为职业的道德责任主体，其传播动机、传播手段以及自身的责任意识和责任认知行为能力，直接决定了大众传播活动的道德性。专门的从业人员在整个职业伦理关系中处于中心地位，他们对整个伦理关系的协调、伦理文化的创造和形成都发挥至关重要的作用。因此，传媒主体的职业身份和地位决定了其相对于其他三个传媒客体而言，具有更强的主动性和自由性。也正是因为传媒主体在道德与不道德之间具有更大的自由性，在采取何种道德的传播方式以及如何实施道德的传播手段时，具有更大的选择空间，因此，传媒主体承担相应的责任就更大。

2. 传媒责任主体与责任客体是互为主体的关系

不论是谁在任何时候都不应该把自己和他人仅仅当作工具，而应该永远看作自身就是目的。这就是说传媒责任主体只有在道德的传播活动中和他者建立一种主体间的关系，将责任客体视为与自己同等重要的主体，才能称之为道德的传媒责任主体，才能保证主客体之间良好的道德关系，才能引导大众传播活动始终具有"善"的应然价值。例如传媒主体和信息源客体之间，实际上是互为"取""舍"的关系。当信息源客体为传媒主体提供信息的时候，具有更多的主动性，此时，提供信息方就可成为传媒主体的信息源主体，而不是客体。相反，传媒主体在获取信息的时候也不是全盘被动接受，而是能动地取舍，这样传媒主体就占有更多的主动性。再比如传媒主体与监控客体之间，也是相互制约的关系。监控客体在依据法律、政策、规范、道德等手段对传媒主体的道德行为进行规约的时候，是传媒主体的监控主体。而传媒主体也能对监控客体不合理的监控行为和制度表示质疑和反对，凸显主动性。

至于传媒主体和受众客体之间的关系，更加受到学界和业界的关注。很多人甚至不同意将受众视为客体，而认为传者和受者是大众传播活动的"二元主体"。虽然关于"传、受"关系的争论也经历了"传者本位"与"受者本位"的敌对争执，但随着传播技术的日新月异，受众与传播者双向互动的频次越来越高，受众在大众传播活动中发挥的作用越来越大，从而凸显了更多的主动性。正如杨保军教授所说，传播主体和收受主体之间保持尊重、平等和互为目的的主体间关系，并且成为新闻传播关系中共同的主体，这种状态才是理想和值得追求的。对于主体共同体来说，他们的客体不是各自的对方，而是新闻事实、新闻传播内容等元素。

第二节 传媒责任理论的规范构建

一、加快传媒法治建设

现代社会是法治社会，法是协调社会关系、维护社会公正最重要的力量。当前，由于媒体职业道德规范只对媒体从业者以精神上的"软约束"，对他们的行为更多是一种倡导力和影响力，很大程度上有赖于个体的觉悟程度来发挥作用，机动性很大。因此，当道德主体自身的意志约束尚不成熟，外在的道德要求无法转化为内心的道德规范时，这种"软约束"就显得非常乏力。

作为我国重要的舆论监督和引导机构，媒体在国家的上层建筑中享有许多特权。一方面，它属于党和国家的喉舌，具有事业性质功能，带有较强的意识性；另一方面，它又被赋予了一定的经济经营功能。在介于事业性质管理、企业化经营的特殊待遇中，它受着国家的各种政策保护、具有一定的垄断性，同时，它又占有独一无二的媒体资源，进行市场化经营。这种性质，致使媒介在传播活动中，往往为追求经济利益，而不顾社会效益，单纯追求高收视率，出现各种违反传媒责任伦理和道德的现象。因此，出台一部传媒法规，对传媒机构的性质、功能、权益进行全面规范，对传媒从业者行为进行制约，并将其提升到法律层面，将有利于传媒行业健康有序的竞争和发展。针对当前实际，在传媒法制建设过程中，需要做好以下几方面的工作：

（一）研究传媒法制定难点，加快推进专门法出台

自二十世纪八十年代首次提出新闻出版法和保障言论自由等问题之后，关

于制定出台新闻法的呼声就没有停止过。多年过去了，时至今日，虽然条例法规出台了不少，但专门的新闻法却是千呼万唤不出来。新闻法难产的原因在于对例如新闻自由如何界定、如何创办和管理媒体等关键性问题仍然存在争议。当前我国传媒立法滞后的一个很重要原因就是对传媒自由的理解不一，一种观点认为在我国新闻自由受到的干预太多，因此新闻法应在宪法的基础上对新闻自由做具体的界定，使公民言论出版自由、学术自由得到实质性的保护；而另一种观点认为，当前媒体道德问题都是因为滥用自由而引起的，因此，新闻法的宗旨和手段应以管理和限制自由为参考标准。传媒法从本质上来说应当是传媒自由法而非传媒限制法，因为"自由"对任何人、任何国家，尤其是新闻媒体来说，本身就不是一个无限的概念。因此，传媒法对于"自由"绝对不是片面的松绑式或限制式的意义。实际些考虑，抛开对传媒自由的纯哲学式解读，而将"新闻法中规定的新闻自由权具体化为采访权、报道权、批评建议权、创办报刊权，并提出可操作性措施。"才能为司法界和传媒业界本身提供更为明晰的参考标准。

（二）树立传媒立法观念，坚持党领导下的传媒法制化进程

中国长期以来对新闻传播活动的管理和规制，依靠的是党委和政府新闻主管部门的指令。单一的监管模式不仅会导致权力寻租，更为严重的是容易形成权大于法的思维定式，法律意识和新闻职业精神在长期"指令式"浸泡下被消磨。因此要推进传媒法制化进程，很重要的环节是要树立法治观念，深刻认识传媒立法的重要性。

首先，党政干部要培养和树立科学的新闻观，正确认识自由和法治的关系，正确处理好党对大众传媒事业的领导和依法管理传媒事业的关系。在法律所规定和允许的范围内实现党对传媒事业的领导，节约立法成本，实现立法效益最大化。通过借鉴外国的优秀成果，注重从大量的传媒司法实践出发，着力解决当前所遇到的传媒法律的疑难问题，创建具有高水平的可操作性的传媒法。

其次，传媒从业者更要寻求一种在法律保护下的新闻专业主义精神。在现代法治社会，媒体从业人员一方面承担着宣传法制建设、普及法律知识和对法治进行舆论监督的责任；另一方面，媒体的传播活动自身也要遵守法律，这些

都要求媒体从业人员自觉培养法律观念，增强法律意识，并将这些观念和意识内化到传播活动的每一个环节中，净化传媒法治环境。

最后，对于公众来说，强化法律意识无论是对国家发展、社会稳定还是自身权益来说，都是必不可少的环节。

（三）建立完善的具有时代意义的传媒法，保证有法可依，有法必依

一方面，随着传媒体制改革的不断深入，传媒市场化的问题为传媒立法提出了更高的要求。媒体不仅是社会公共利益的代表机构，同时也是市场经济的主体，在立法中要明确传媒机构及个人的角色身份，清晰界定法律责任的范围，以免留下灰色区域，给执法造成困难。另一方面，新闻法在世界很多国家都是除宪法之外的重要大法，虽然各国国情不同，但不乏一些先进成熟的手段和经验可以借鉴。尤其是新媒体时代的到来，由其引发的道德和法律问题已然超出了国界，成为全球共同治理的话题，针对新媒体的立法观念和立法技术更需要与国际接轨。

二、深化体制改革，平衡利益关系

我国媒体体制改革进入深水区，相对于经济体制改革来说明显滞后。管理结构不合理，层级关系不清晰，责任落实不明确，监管效率低下仍然是当前传媒管理体制的重大弊病。另外，在传媒运行机制上，采编和经营"两分开"仍然没有有效落实，这些都直接影响了传媒责任伦理构建的进程。因此，坚定改革信心，明确改革方向，大胆深化传媒体制改革是当前推进传媒健康有序发展的必然选择。

（一）转变政府职能，平衡利益关系

党的十九大报告强调，要牢牢掌握工作领导权。要坚持正确舆论导向，高度重视传播手段建设和创新。文化实力和竞争力是国家富强、民族振兴的重要标志，传媒业的意识属性决定了传媒的变革对国家和社会的稳定具有举足轻重的作用。传媒的角色、功能及对社会的影响力，决定了其在体制变革过程中保持恰当、合理的释放性力量，否则可能会带来一些意想不到的后果。因此，我

国传媒体制改革呈现出相对滞后的特点，遵循的是强制性变革和诱致性变革相结合的渐进式的改革道路。实践经验告诉我们，只有建立起与经济体制、政治体制、文化体制和社会体制相协调适应的传媒体制，才能形成健康的传媒环境和良好的传媒秩序。

当前我国的传媒体制处于政治体制不断完善、经济体制深入调整、文化体制深刻变革和社会体制正在转型的时代变革发展的大环境中，建立和完善中国特色的传媒体制，必须从我国的国情出发，正确把握传媒体制改革的规律和特点、目标和任务，坚持以中国特色社会主义理论体系为指导，坚持党对媒体的领导。在深化传媒体制改革的过程中，要进一步解放思想，创新传媒管理体制，转变政府职能，提高宏观管理能力。一方面，要彻底改变以党代政、以政代法，政企事不分的现象。传媒主管部门要划清职责范围，推进依法行政，规范程序，增强服务意识和健全服务职能，促进从办媒体到管媒体的进一步转向，形成党委领导、政府管理、行业自律、传媒企事业单位依法运营的具有中国特色的"四管齐下"的传媒管理体制。另一方面，传媒行业组织要加强自身的调控能力，在市场化运营过程中充分发挥积极性和创造性，既要接受党委和政府的管理，更要自觉形成行业组织的协调监督体制。

随着《国务院机构改革和职能转变方案》的颁布，广电总局与新闻出版总署合并为"国家新闻出版广播电影电视总局"。这次合并的意义远远不止更名改姓那么简单，而是转变政府职能，平衡各方利益关系的重要举措。根据《方案》所述，这次改革重点就是围绕转变职能和理顺职责关系这一宗旨，实现政府放权，优化政府与市场、社会及地方的关系。随着以数字技术、网络信息技术为核心的现代信息传播技术的不断创新和广泛应用，多种媒体综合发展。将新闻出版总署、广电总局的职责整合，组建国家新闻出版广播电影电视总局，有利于完善政府对传媒业的监管，有利于减少职责交叉、提高管理效率、落实管理责任，以加快构建现代化的传播体系。

（二）实施编辑业务与经营业务的分离

随着我国媒介市场化程度的发展与提高，因媒体编辑业务与经营业务相互纠缠的利益问题不断凸现，媒体的编辑权与经营权在利益夹杂中常常混淆，甚至有编辑业务逐渐沦为经营业务附属的趋势。传媒经营者往往认为，媒体生产出来的是产品，既然是产品，那就必然要符合市场的需求。因此，广播电视节目一味追求收听收视率、报纸杂志追求发行量、网络更是提出"点击率至上"。所有的一切都围绕着一个目标：获取广告额。有了高的收听收视率，发行量、点击率，也就有了广告投放，因此，一些媒体为了赢得高额的广告收入，而替广告商做软新闻、策划新闻事件、编造假新闻，甚至一些媒体从业人员为完成单位的营业额而被分配去拉广告、拉赞助，媒体逐渐沦为经营的工具，其编辑业务几乎成为经营业务的附属。因此，当前要深化媒体体制改革，实施媒体编辑业务和经营业务的分离是十分有必要的。

实施编辑权与经营权的分离，要注意两个问题：一方面，编辑业务与经营业务的分离，不是要将媒体分割成两个独立的部分，而是更好地使两者结合起来。采编有了独立权，才能摆脱那些人情稿，摆脱媒体为博一时收听收视率而急功近利的行为，从而生产出更多的媒介精品。而好的节目、内容往往铸就好的媒体品牌，也必将带来更高的收视收听率或发行量，这也是媒体经营唯一的依托点和立足点。因此，实施编辑权与经营权的分离，从根本上促进了媒体的良性发展，保证了媒体良好品牌的树立。另一方面，无论是编辑方还是经营方，都要对媒介产品进行准确定位。媒介产品是一种文化产品，它具有满足人们的教育、娱乐、信息需求等多种功能。这种文化产品，要建立在满足大众需求，符合大众化主流社会的审美观点、价值观念的基础上。单纯地将媒介产品视作一种商品，很容易误导媒体为了获取短暂的收视收听率，而去迎合人们的低级趣味、低级审美，从长远来看，纯营利性的媒介产品终究会被社会所唾弃。

三、增强归属感，明确责任目标

当前我国传媒体制的不完善使得很多传媒从业者都找不到归属感，认为个人利益与媒体整体利益是两个孤立的成分，很多传媒从业者感觉不到组织的温暖，也建立不起高尚的集体荣誉感，并自嘲为"新闻民工"。归属感的缺乏不仅削弱了为集体创造经济效益和社会效益的积极性，更淡化了集体利益与个人发展之间共生共存、相辅相成的职业理念，其直接结果可能是传媒从业者追求短视的个人利益，例如采访时索要红包车马费、买卖新闻等现象，这些不仅严重损害了媒体自身的形象和公信力，同时也由于媒体自身具有强大的示范性作用，形成错误的道德价值导向，不利于社会道德的建设。

　　要改善这种情况必须加强传媒从业者的归属感，从制度设计上根本解决他们的利益保障问题。当前，我国媒体因为用人机制问题造成单位内部人员关系紧张，尤其是杂志社、报社、电视台等在引进新人时大部分采取聘用合同制，而合同制员工跟在编员工在工作中并不完全同工同酬，相对来说在编人员在工作机遇、职业发展和利益分配上更占优势，这样极大挫伤了体制外从业者的工作积极性，非对等的合作关系也加剧了员工之间的矛盾。甚至有时因为体制外从业者利益得不到保障，而导致与媒体单位利益的对立与分割，非常不利于媒体的健康发展。目前，打破原有体制下以身份和资格来进行利益分配的传统办法是改善这一局面最为直接有效的手段。无论体制内还是体制外人员，都一视同仁，在利益分配上以工作量为衡量标准，当然，也可以采取物质和精神补偿的方式，为体制外人员提供更多资源共享的平台，创造平等的晋升机会，重用体制外人员并将他们培养成为单位骨干力量，从而缓解和改善已经形成的内在矛盾和紧张关系。媒体通过重新建立利益分配格局，增强每一位传媒从业者的归属感和集体荣誉感，通过主人翁意识的培养，使传媒从业者在整个大众传播活动的过程中始终将自身利益与所在媒体单位的整体品牌、荣誉、公信力进行有机结合。

第三节　传媒责任理论的机制构建

一、传媒责任伦理制度构建的总体设想

　　现代社会在某种程度上又可谓"匿名社会"，因此较之道德，健全的制度更能保障和优化这种陌生的缔结关系。我国传媒领域的责任制度建设出现责任制度匮乏和责任制度滥用二者并存的现状，这也是纵容传媒领域道德频频失范的重要原因之一。因此，建立健全合理、公正的传媒责任制度体系是保证传媒健康有序发展的重要手段。

（一）保证制度设计的公正、合理

一个善的制度，是一个系统、完整、自洽的制度体系。完善的制度包括政府、行业和社会组织的管理规定，是传媒运行过程中各种规则的集合；完善的制度不是头痛医头、脚痛医脚，而是整个社会系统各层次、各部门的通力合作。在制度的设计过程中，最重要的或许不是这一制度内容能有多详尽科学，而是在于制度与制度之间是否能够相互协调、配合，共生出良好有序的社会环境。制度设计者既要注意到制度的独立性又要保持制度的关联性，如果一个制度与其他制度之间不吻合、不匹配，那么即使自身再完美，充其量也只是个摆设，最终会失去丧失执行力，成为一纸空文。

多年来，有关媒体的职业道德准则和条例规范出台了不少，但有限的条规面对媒体，尤其是新媒体频频涌现的问题时总是力不从心，充分暴露出制度设计的领域局限性。从政府管理部门，到民间社会组织；从文化部门的明文规定，到执法部门的法规出台；从政治方向的严格把控，到经济行为的强行约束；从监管新技术的研制开发，到行业领域的职业规范；从职业教育的机制完善，到公民媒介素养的培训强化，我们需要建立一整套完备的、行之有效的制度保障体系。

一个"善"的制度至少应当具备三个基本因素：第一，从存在论角度言，它应是一个基于平等的基本自由权利的多元平等制度，这种制度能够公平地分配社会基本资源；第二，从人性论角度言，它应能够通过日常生活中的利益分配方式，有效地防止人性中弱点的破坏性作用，并能够将这种人性的弱点有效地转化为积极力量，使之成为社会成员创造新生活、建设新世界的内在动力；第三，从运行的角度言，它应是一个自身运行及其演进变迁有着稳定基本规范的制度。在这三个基本因素中，第一个因素是关于"善"的制度的基本性质、特质的规定，标识其是一个现代性的社会关系及其结构。第二个因素是关于"善"的制度的人性或基本功能的规定，标识其是一个合乎人性健康生长的环境。第三个因素则是关于"善"的制度运行演进规律特质的规定，标识其自身是一个有序生长的开放性过程。在现实生活中，公正有效合理的社会制度能够惩恶扬善，促进完美德性，救赎腐化堕落，相反，不合理的制度设计很可能容易形成"道德的人和不道德的社会"。

（二）加强责任制度的执行力

一个善的制度应当具有好的执行力，同样好的有执行力的制度必定能促使制度的更加完善。

首先，要明确责任的分配制度。每一个参与大众传播活动的人，能做什么，不能做什么，在传递和分享信息的过程中拥有什么样的权利，又需要承担怎样的责任，都是由其在大众传播活动中的地位和角色决定的，也就是说社会制度本身应当负有责任。合理的制度安排需要明确道德责任和道德权利的内容，也决定了责任履行的好坏程度。因此，针对传媒领域的种种失责和责任推诿现象，首要环节就是明确传媒组织、传媒从业者以及每一个传媒个体的身份角色，通过刚性的制度规范使权责关系更加明晰。明确和细化各岗位、各层级、各部门的职责范围和具体内容，保证责任具体到人。当然，责任分配制度设计的初衷是激发责任主体的内在道德需求，提升道德人格，因此，责任分配制度的安排应当坚持以人为本的合理、公正、科学的原则。

其次，要强化责任监督机制。监督既包括自我监督又包括外界监督，这里的责任监督机制指的是外部监督。一方面，责任失范往往对应的是权力的滥用，因此责任监督机制也是对权力的监督。另一方面，通过外部的责任监督机制能够促使责任主体道德人格得到从不自觉到自觉的提升，实现他律到自律的转化。

再次，要健全责任评估和激励赏罚制度。责任不仅是一种外在的规定，更是责任主体内在的道德需要。现代心理学研究表明，人的行为动机受到自我价值追求的内在驱动和奖惩刺激的外部驱动。因此，依据一定的价值准则对责任主体的道德行为进行评价，并在此基础上建立明确的奖励和惩罚机制，是较分配和监督机制更为积极有效的责任保障制度。赏罚制度的内容既可以是物质的也可以是精神层面的，赏罚的手段既可以是激励引导型的也可以是强制制约型的，但赏罚的宗旨只有一个，就是通过培养人的责任意识、树立责任理念、形成责任道德品质、履行道德责任行为，从而满足责任主体的道德需要。

二、激活行业问责机制

传媒行业问责指的是传媒组织内部或行业之间，以宪法和法律法规、行业的各项规章制度、社会道德规范等为依据，通过刚性或软性手段对大众传播活动中的道德行为进行监督和有效规约。传媒行业问责机制通过对传媒组织的失责现象及其个人的失责行为进行评价、批评和惩处，能够进一步明确传媒主体的责任对象、范围和具体内容，从而增强传媒主体的责任意识和规范传媒主体的责任行为。我国传媒行业的问责机制主要表现为以相关职业道德准则为行为参考标准的行业自律，这种内部自我监督的形式不仅单调，而且缺乏执行力。因此，总的来说，当前我国传媒行业问责机制是非常欠缺的，对此，我们可以通过以下途径，来加以不断完善。

传媒内部问责也可以理解为传媒职业问责，是指传媒行业内部自我的责任监督和约束。传媒内部问责提倡和鼓励传媒道德主体的自我控制和自我完善，相对于行业之间和行业外部来说，更表现出一种自律性。如果以传媒主体为圆心的话，传媒内部问责则是最贴近圆心的那一层，也就是说传媒内部问责机制是传媒主体责任行为的最直接作用因素，因此，传媒内部问责机制的内容、形式及效力在整个传媒责任制度建设中占据举足轻重的地位。

当前我国传媒行业内部的责任监督主要是主管部门和媒体单位自身根据现有相关的传媒职业道德准则、自律规约进行的自我约束。针对我国传媒领域的自律文本并不少，例如《中国新闻工作者职业道德准则》《中国报业自律公约》《中华全国新闻工作者协会关于建立新闻工作者接受社会监督制度的公告》《广播电视系统关于职业道德规范和禁止"有偿新闻"的规定》等，但是这些条约普遍呈现出两个特点：

第一，大众传媒具有政治属性，需要发挥政治功能，履行政治责任，但很多时候对传媒组织机构和传媒从业人员的政治要求远远多于职业道德要求。关于职业伦理的阐释中说道：任何能够在整体社会中占据一席之地的活动形式，要想不陷入混乱无序的状态，就不能脱离所有明确的道德规定。一旦这种力量松懈下来，就无法将其自身引向正常的发展，因为它不能指出究竟在哪里应该适可而止。这就说明清晰明确的专业性道德规定对于职业良好秩序发展的重要性，而我国现行的传媒自律道德规范中最缺乏的恰恰就是对专业主义理念的研究和内化。第二，缺乏执行力。在现有传媒领域的条约、准则和规范中还存在一个问题就是内容过于宽泛，缺乏具体指导性和理论前瞻性。规范的制定过程中缺乏专业性的理论指导，更多地是强调传媒组织机构及传媒从业者的政治责任，有时候忽视甚至违背了新闻传播的基本规律。在实践操作层面，相关的自律条约过于宽泛，不够具体，甚至一些地市级的传媒自律规范仅仅是对上级相关条款的复制，缺乏执行力。因此，当前从专业的角度出发，尊重大众传播活动的基本规律和传媒从业者自身的职业心理需求，量身定制具有职业特色和细致、可操作性强的传媒自律规约是十分必要的。

首先，要通过协商机制，共定规范。从社会契约的角度来看，规范可以被看作是约束参与者的协商性的契约，由理性的、自利的参与者讨价还价的谈判而达成。这也就是说，要想社会的每个成员能够遵守规则，首先要人们能够认同这个规范，通过共同协商的方式来建立规范。从目前我国传媒领域的自律条约和道德规范制定过程来看，共同协商环节是十分欠缺的，很多规范、准则都是以中宣部、新闻出版广电总局的行政命令形式下发的。一些规则在制定时虽然也有业界领导和学界专家参与，但仍然缺少基层媒体及一线从业者的直接或间接参与。转变沟通方式，拓宽协商渠道，让更多准则规范的受用者直接参与规则的制定，不仅能广纳意见，更能增加他们对规范的心理认同，从而增强规范的效力。

其次，要简化管理机制，落实责任。合理的制度安排需要明确道德责任和道德权利的内容，这也决定了责任履行的好坏程度。大众传媒作为社会运行系统中的重要组成部分，与政府、市场、公众和其他社会机构之间有着各种各样的利益关系，尤其是在市场化改革的进程中，传媒身份的变化也加剧了这些利益矛盾的复杂性。因此，明确传媒组织及个人的责任、权利和利益，既能保障传媒主体的权利和利益不受到侵犯，又能杜绝权利滥用和责任落实无门。对传媒内部来说，从管理者到一线从业人员，都要明确自身的角色及由角色延伸出的责任范围。责任的划分不仅要体现在相关条约及工作细则中，更要使外在的责任规定内化于心，形成从他律到自律的转化。大众传媒机构实施责任追究的关键就在于依据相关法规建立起一整套简明、严格的预警、监督、评价和惩处管理制度，这些制度应当涵盖整个制播流程。原则上既能对传媒主体的传播行为进行前瞻性的责任指导，又能对其行为进行跟踪监督，通过有效的评估和奖惩机制，保证责任追究在事前、事中和事后都能体现效力。

再次，要加大技术监控力度。技术监控主要是针对新媒体的一种监管手段。新媒体是一种以技术主导发展的传媒形态，虽说制度和法规在一定程度能净化传媒环境，但其步伐始终不及技术变革所引发的种种社会问题。因此技术的创新与发展不仅是新媒体改变人类传播活动和生活方式的原驱动力，同样应是新媒体管理与控制的重要手段。我国针对互联网和手机媒体已有一些成熟的技术监控手段，例如互联网的分级技术和过滤软件，也有"信息管家""360手机卫士"等手机反病毒软件有效拦截垃圾短信和骚扰电话，对通话记录和隐私短信进行加密等。然而新媒体问题远不止这些，当手机等新兴媒体引发的社会问题更加凸显，虚拟社会问题逐渐向现实生活蔓延时，加大技术监控系统投入和关键技术研发显得更加紧迫。当前，虚拟社会治理成为一个全球性问题，虽然各国国情和具体做法不同，但强化治理手段和提高管理水平已是全球的共识。

三、完善受众监督反馈机制

要打造一个负责任的传媒界，单靠政府和媒体自身的监督是不够的。一个健康道德的大众传播活动绝对离不开受众的参与和监督，当传媒主体在传播活动过程中没有履行其应当承担的责任时，那么社会公众的问责和监督一定是缺失的。大众传媒的公共属性决定了其直接服务对象是社会公众的利益，也就是说受众是传媒主体道德行为的最直接感受者，因此，受众可以说是整个传媒责任问责机制中最有资格的主体。然而，从现实来看，这一环节又恰恰是非常薄弱的。

对大众传媒来说，受众的监督和问责同政府的监督管理有很大的不同。从问责方式上看，政府的监管是自上而下命令式的，而受众监督是平行和商谈式的，更体现出一种民主参与性，因此更具亲和力。从问责效力上看，政府的监管往往是强制性的权力监督和责任追究，而受众问责更多是一种较为缓和的建议和意见反馈。从问责的目的上看，政府作为政策制定方，很多时候是站在利益制高点来平衡各方关系，此时大众传媒只是众多关系中的一方，因此，政府的问责目的更多体现为利益协调。而受众作为大众传媒的受用者和直接参与者，其问责目的就显得单纯得多，即通过对大众传媒主体的道德行为进行监督，提高他们的职业精神和道德素养，从而督促他们创造更多更好的精神产品呈现给社会和自己，这或许就是实实在在的问责宗旨。因此，相对于政府来说，社会公众对大众传媒的监督和问责具有独特的优势。

人民和权力机关应该联合起来共同做出那些影响公共生活的共有决定。人民应该一起参加鉴定那些规定公共利益的目标和价值的过程；用通过政治的和社会的组织行使他们集体的权力以保障公共利益。这种民主是一种思想，即人民在鉴定和争取公共利益方面应该有平等的自由和平等的影响力。

（一）唤醒受众的主体意识

美国传播学家施拉姆对大众传媒的责任分配进行了如下阐释：我们的观点认为：责任应由政府、媒体和大众三个方面共同肩负。我们且来做这样轻率的概括：政府的责任是自我约束，不妄事插足；媒体的责任是尽一己之能，将批评者要求政府与其他监视机构的事情自行完成；大众的责任是能以负责任的与勇于批评的阅听人自任。因此，在大众传播活动中，受众的地位从来都不是被动消极的，他们甚至决定着整个大众传播活动对"善"的价值取向，并且为之负责。在前面我们分析大众传媒失责原因的时候曾经说过，受众的不当需求会煽动传播者的利益心，同时，受众责任意识的淡薄也会纵容媒体为所欲为。现代社会已经进入媒介化社会，而媒介化社会的一个显著特征就是人们对媒介的深度依赖和崇拜。受众在海量的信息面前失去了分析和批判的能力，从而在无意间逐渐放弃了作为受众主体的权利和责任。因此，要想建立受众的监督反馈机制，首先就应当唤醒受众的主体意识和责任意识，激发受众的主人翁意识，引导他们积极主动地了解并参与到大众传播活动的每一个环节中。

（二）建立受众监督反馈的沟通平台

要发挥受众对传媒主体的责任监督功能需要搭建一个沟通的平台。如果受众有强烈的责任主体意识，也有足够高的媒介素养水平来评估和判断传媒领域的种种道德现象，但是缺乏一个意见反馈的平台和组织，那么受众的监督只会永远停留在愿望阶段。纵观当前我国媒体责任监督制度，确实没有给受众提供很好的意见反馈平台，这直接影响了受众监督功能的发挥。

拓宽受众反馈渠道，搭建沟通平台，可以通过两种形式：

一种是间接的沟通形式，受众可以通过社会团体组织，实施各自对传媒领域的责任监督权。当然，媒体的主管单位也可以通过专门的部门来受理社会公众对媒体的意见和建议。无论是社会组织还是官办机构，作为媒体与受众的中间方，首先要为受众提供尽可能自由宽松的表达环境；其次要建立相关的保密制度，对受众的权益进行保护；最后，要建立有效的激励机制，激发受众保持监督的热情。

另一种是直接的沟通交流形式，前面我们分析受众对传媒的责任监督多是平行和商谈式的，其出发点比较单纯。而且作为信息的发出端和接收端，媒体和受众之间进行直接的信息交流和反馈，非常有利于大众传媒环境的健康发展。这种形式对媒体的要求是放下身段，主动脱去身上的"黄马褂"，结合新媒体技术，通过论坛、微博、反馈专栏等形式多样的渠道与受众建立联系。对受众来说，积极主动参与，理性表达意见则是最基本的要求。

第四节 传媒主体的责任自律培养

一、培养传媒主体职责认知

"责任"是当下人们最关注的话题，"不负责任""缺乏责任意识""没有责任感"等，是对众多社会问题尤其是道德问题的最直白的现象描述和原因分析。在一份关于"世界公民文化与消费潮流"的问卷调查中，研究者发现"礼貌、责任感和尊重他人"是三个在世界范围内得到人们广泛支持的价值观。而在这三个方面，中国只在讲究礼貌方面达到了世界平均水平，责任感和尊重他人方面大大低于世界平均水平。如何认清、落实和解决好"责任"问题，是当前解决道德问题的重要和必要手段。

（一）培养公民德性，强化责任意识

制度往往是一种反思性、预防性和惩戒性的规范体系，对于当前乱象丛生

的媒体环境能起到及时遏制的作用。但制度毕竟也是一种底线性的约束，除了制度，一个良好有序的社会还需要依赖更高层次的道德来调节和引领。道德比硬性制度和规则更具广泛性、普遍性和低成本性，是一种内在的、深刻的自觉意识。道德不仅指现实生活，更关乎人的内心世界，这些都是外在制度所不能及的。公民德性既包括作为传媒机构职业主体的公民意识，更包括新媒体环境所有参与信息传播的散在个体。当手机微博、微信的普及为我们提供更多参与公共事务的平台时，当公民有意无意利用新媒体参与社会问题的讨论时，如果不具备相应的公民意识和公民德性，则很容易导致权利偏移甚至异化，从而发生"舆论审判"和"群体极化"等现象。尤其是一些具有社会影响力的"草根英雄""意见领袖"，他们的一言一行对社会的积极和消极影响尤为突出，因此，新媒体环境下的每个参与个体都应当对自身所赋有的公民责任和社会义务具备清晰的认识，并注重自身公民德性的培养。

（二）形塑专业精神，提高责任能力

责任的逻辑起点是角色，也就是主体的责任来源于其在社会组织中所扮演的角色，不同的身份地位承担不同的责任。当前大众传媒主体责任缺失，其中一个很重要的原因就是主体对自身身份、地位定位不准，从而导致责任认知偏差。因此，帮助传媒主体进行准确的身份定位，提高责任认知和责任行为能力是当前净化传媒生态环境的重要手段之一。大众传媒主体除了需要建立高尚的道德认知之外，首先要从总体上对自己的职业有一个基本的职责认知，而这种职责认知则来源于专业技术的提高和专业精神的培养。大众传媒主体只有通过自主学习和实践锻造扎实精湛的业务素质，才能准确把握新闻传播活动的规律，更好地履行职业责任。尤其是在当下的自媒体时代，专业精神不仅是对职业主体而言，同时也是对社会主体的要求。自媒体环境下，传播主体平民化、传播路径多样化、传播过程瞬时性、传播方式互动性等特点，要求职业主体时刻以更为专业的精神把握着社会的价值导向，而不是在信息的海洋中跟随普通大众人云亦云。新技术还扩展了职业主体的责任范围，除了信息把关的职责被逐渐凸显之外，熟练掌握计算机和网络技术，提高信息筛选、检索、归纳和分析能力也是每个职业主体必备的专业技能。对于社会主体来说，自媒体传播时代培养了更多的"平民编辑"和"意见领袖",大众传媒专业精神和专业技术与每一个参与大众传播活动的社会主体产生了更大的交集,因此,提高他们的媒介素养和专业精神也是非常有必要的。

二、加强职业主体道德教育

如不怀有恪尽社会责任的诚挚观念,将不能拯救新闻事业,乃至沦为商业利益的附庸,一味寻求自私的目的,并与公共福祉为敌。新时期我国大众传媒的伦理建设离不开职业道德教育,其中高校新闻专业学生传媒道德教育和从业人员职业道德教育是当前我国传媒职业道德教育的两个重要环节。

(一)高校传媒职业道德教育

大众传媒领域的从业人员有很大一部分都是来自全国各地高校新闻传播等专业的毕业生,因此当前高校新闻专业学生的职业理念和专业精神直接决定了未来整个传媒职业领域的道德水平,可见针对高校新闻专业的学生大力开展传媒职业道德教育既是最基础的也是最重要的环节。教育的核心,不是技巧、知识,而是观念、指导思想。然而当前我国高校的传媒道德教育却存在很多误区和困境。

要想从实质上改变新闻行业的道德状况,只能把希望寄托于尚未被污染和同化的、对新闻事业充满激情和正义感的高校新闻专业学生身上。这样的判断虽然有失偏颇,但从长远来看,提高传媒预备队伍人员的职业道德修养,对纠正传媒行业的不正之风、净化传媒环境来说确实是最为根本和有效的办法。只有提升高校新闻专业学生的道德修养和职业精神,才能让专业化的传媒队伍更加具有免疫力。对此,应当从以下几个方面来加以改善:

首先,更新教育理念。大众传媒伦理道德教育的主要目标,就是要实现传媒的专业化。我国高校传媒教育者们面临的最大的挑战之一,就是如何将新闻学教育回归到人性教育。要想改善当前高校传媒道德教育乏力的现状,最根本的是从源头上改变教育者的教育理念。"铁肩担道义,妙笔著文章",高校应当以培养"德才兼备"的学生为根本出发点,让学生明白职业精神是保持传媒生命力的根本,而良好的职业道德对于学生将来个人职业发展来说甚至比专业技能有着更深远的影响力。

其次，加大传媒伦理课程的设置比例。如前所述，当前我国高校传媒伦理课程的设置比例远远低于专业课程。在这方面，我国首先要加大相关课程的设置比例，将其作为重要的必修课来对待。其次，要抛弃纯理论式的教学方法，通过创办形式多样的校园媒体或者加强学校与媒体单位的课程实践项目合作，从传媒责任的现实性出发，通过学生的亲身实践、业界人士的现身说法和大量现实案例具体分析，实现理论与实践相结合的教学方式。

最后，加强专业师资力量。"师者，传道、授业、解惑也"，要想提高高校传媒职业道德教育的水平，离不开一批优秀的专业教师队伍，离不开他们对传媒道德规范的深层解读，离不开对实践领域真实案例的精辟分析。因此，要加强传媒职业道德专业课程的师资力量，首先要迅速培养一批专业研究人才，并鼓励他们充实到各高校开展传媒伦理的课程，以弥补当前传媒伦理专项教育的不足。另外，可以积极拓展国际交流和校际联合项目，借鉴国外院校的先进教学经验，实现教学资源充分共享。

（二）传媒行业职业道德教育

高校学生的传媒伦理教育为传媒业打造了一支业务素质和道德水平较高的预备队伍，但真正直接从事大众传播活动的主体还是传媒从业者，因此，传媒从业者自身的职业精神和道德修养对整个大众传媒责任伦理构建起着至关重要的作用。在大众传播活动中，信息传播的主体是传媒从业者，这支队伍道德的纯洁性和自律性对于整个大众传媒职业精神、道德修养的培养和责任伦理构建起着至关重要的作用。

从实践角度来讲，当前传媒从业者存在的种种道德失责，甚至触犯法律的行为，不仅降低了公众对新闻人的尊重以及媒体自身的公信力，对社会的各类不良行为也起到了推波助澜的作用。种种道德失责现象同时也警示我们，培养专职人员健全高尚的道德人格，提高道德认知和道德行为能力，是当前保证传媒业健康有序发展的根本途径。虽说传媒责任伦理的构建离不开外在规范的约束，但最终还是要落实到每一个传媒从业者自身。外在的强制性手段只有内化为道德个体具体实践行为的自觉的价值导向，才能实现他律向自律的转化，而教育则是实现这种转化的根本手段。新闻教育者的任务就是明确新闻的真正价值在什么地方，道德规范有没有被体现、有没有被忽视。通过对传媒从业者的职业道德教育，使他们将外在的道德原则和规范内化于心，并体现在大众传媒活动的每一个环节中，彰显大众传媒的道德属性和功能。

我国传媒业界的职业道德教育一般都采取上级统一部署，新闻单位集中学习的形式。例如各级党委宣传部门联合中国记协、广电协会等传媒结构协会，共同组织开展对相关文件、法律法规的学习。这种学习通常都是自上而下指令式的，优点是教育目的明确，教育内容清晰，组织性强，能够保证学习对象的广泛参与，对整肃行业的不正之风有较好的效果。另要将传媒行业的职业道德教育活动进一步制度化、规范化，还需要从以下几个方面考虑：

第一，加强对传媒从业者的岗前培训工作。当前，许多新闻媒体在选录人员时，大多采用公开考试、择优录取的形式，这样虽说为不少人提供了从事传媒工作的机会，但同时也为传媒业输入了很多非专业性的人员，很多新人在专业学习过程中对于传媒行业的政治性、党性原则无从了解，对从事传媒行业的职业道德要求更没有一个清晰的认识。针对这些非科班出身的新人，媒体单位应该制定严格的上岗培训制度，保证媒体从业者只有在职业道德素质合格后才能够上岗。

第二，加强传媒从业人员诚信教育。无论是媒体机构还是个人，不论是国外还是国内，媒体的诚信问题屡有报道。诚信教育的实施，既要靠制度来保障，又要加强对职业道德素养的日常学习、教育和培养。一方面，建立一个全国统一的职业道德信用记录体系势在必行，只要传媒从业人员在这个行业内流动，就要让这个信用体系伴随着他，供新单位参考，甚至还可以成为其升职、获奖等一系列活动的参考和评价标准。这种信用评价系统能够帮助传媒机构对从业人员有一个比较全面的把握，成为悬在从业人员头上的"达摩克利斯剑"。另一方面，在职业道德教育内容中，除加强法律法规和党性觉悟教育外，还要加大对个人诚信的教育。要让每一个从业者意识到，诚信关系到职业生涯的发展，诚信是职业生涯最为宝贵的财富，诚信是媒体机构和从业者对社会负有责任的道德基石。

第三，加强道德示范性教育。在传媒行业内部，对从业人员进行道德示范教育是职业道德教育的重要手段。传媒行业内部有许多爱岗敬业，有着崇高新闻理想和抱负，并做出杰出贡献的从业人员。国家新闻出版广电总局等传媒业主管政府部门和中国记者协会、广电协会等机构，应在各类重要新闻奖的奖项中，增加一项新闻职业道德风尚奖，奖励常年坚持新闻理想，推动社会变革，引领社会道德风气，对国家、社会和人民做出杰出贡献的传媒从业人员，并在全国传媒行业从业人员中树立典型，形成示范效应。

通过对传媒从业者进行职业道德教育，使他们在从业过程中自觉地学习和掌握传播活动的特点及客观规律，提高自己的道德认知，培养自己的道德情感。在传播活动中恪守道德信念，落实道德责任，时常对自身的道德品行进行自我反省和矫正，提升自我的社会价值，形成自觉的道德意识和高尚的品格。只有这样，我们的媒体才能真正贴近生活、贴近群众、贴近实际，也只有这样，我们的媒体及其从业者才能真正地促使其传播活动对受众、社会及整个人类生活负责。

三、提升社会主体媒介素养

媒介素养源自英文"media literacy"，意思是"媒介认识能力""传媒素养"。二十世纪后半期随着人们开始越来越关注媒介与人类生活的关系，媒介素养也开始受到广泛关注。随着传播技术的发展，人们对媒介素养涵义的界定也不断拓展，但总的来说，媒介素养应当包括三个方面的内容：认识大众传媒、参与大众传媒和使用大众传媒，也就是说，媒介素养是公众接触、解读和使用媒介的素质和修养。从学术研究的角度来看，媒介素养的提出是在以传播效果为中心过渡到以受众为中心的阶段后，人们发现受众才是媒介真正的主人，只有提升受众获取信息、驾驭信息的能力，才能保证媒介功能的发挥。因此，媒介素养最为关注的问题就是人们对媒介的使用能力，很多国家甚至将媒介素养就界定为青少年在媒介社会中的活动能力。受众的媒介素养是完善受众监督反馈机制的基础，也是构建传媒责任伦理的前提条件。

首先，要使媒介开放，让公众有充分的媒介接近权。这是一种相互的责任，公众有责任了解媒体的运作情况，媒体也有责任允许公众接近媒体，并应向大众解释新闻采访与报道的方式。媒介组织的主动开放和支持，对推进媒介素养教育的实施至关重要。公众通过近距离地参观和亲身参与，了解信息的制作运作流程，因此能以更加专业和客观的态度来评价传播者的职业行为和传媒作品的优劣。

其次，通过专业组织形式普及媒介知识。我国的媒介素养教育主要集中在专业领域，包括大专院校新闻传播专业的学生和传媒领域从业者的继续教育。实际上，媒介素养的提高不仅仅是传播业界的事情，更应当是全体社会成员共同的学习要求。

最后，要重视大学生和未成年人的媒介素养教育。大学生是媒介使用最广泛和特殊的群体，尤其是新媒体技术的开发，大学生在接触媒介和使用媒介的频次上是最高的。他们能否正确辨别信息真伪，能否合理利用媒介进行娱乐和学习，能够正确判断一个媒介事件的价值善恶标准，都有赖于媒介素养的提高。另外，未成年人的媒介素养教育也是不容忽视的，有专家认为，当前社会最大的隐性伤害就在于媒体正给未成年人呈现一个不可掌控的世界。未成年人对外部世界的认识还不够成熟，儿童有限的知识水平和认知特点使他们往往觉得媒介呈现给他们的就是一个真实的世界，而事实并非如此。

无论你愿意还是不愿意，都会被卷入媒介化社会浪潮中；无论你参与还是不参与，媒体的强大影响力都会直接或间接地左右你的生活。媒介化社会的社会问题和道德困境既有经久不愈的顽疾，又有雨后春笋的新病，如何趋利避害，化新媒体环境下的风险为国家发展机遇，是中国当前最重要的问题之一，而要解决它需要的是我们更多的勇气、智慧和决心。

第四章 数字时代广播电视技术传媒要素

第一节 DTMB 地面数字电视技术

一、数字电视压缩编码技术

（一）压缩编码的必要性

数字电视广播系统中的数字信号有很多优点，但当模拟信号数字化后其频带大大加宽，一路 6MHz 的普通电视信号数字化后，其数码率将高达 167Mbps，对储存器容量要求很大，占有的带宽将达 80MHz 左右，这样将使数字信号失去实用价值。数字电视广播系统中的压缩编码技术很好地解决了上述困难，压缩后信号所占用的频带极大地低于原模拟信号的频带。因此，较多的应用在有线数字电视系统中的压缩编码技术为用于活动图像压缩的 MPEG 数字压缩技术。

（二）压缩编码类型

数字电视广播系统中压缩技术主要包括用手计算机静止图像压缩的 JPEG，用于会议电视系统的 H.261 压缩编码和用于活动图像压缩的 MPEG 数字压缩技术。

1.JPEG

JPEG 主要用于计算机静止图像的压缩，在用于活动图像时，其算法仅限于帧内，便于编辑：采用 JPEG 标准可以得到不同压缩比的图像，在使图像质量得到保证的情况下，可以从每个像素 24hit 减到每个像素 1bit 甚至更小。

JPEG 标准所根据的算法是基于 DCT（离散余弦变换）和可变长编码 MPEG 的关键技术有变换编码、量化、差分编码、运动补偿、霍夫曼编码和游程编码等。

JPEG 算法的原理是利用单帧内的空间相关性，减少空间冗余度，这种方式称为帧内编码。

为了进一步提高图像压缩比，要设法减少时间冗余度，这种编码方式称为帧间编码。

2.H.261

H.261 是用于会议电视的国际标准，既采用了帧内编码，又采用了帧间编码，因此它的压缩比大致是 JPEG 的三倍。

H.261 做用于音像业务的码率是 Px 64Kbps（P=1，2，……30）。用于电视电话时 P=1 或 2，用于电视会议时 P ＞ 6。这种标准具有最小延迟实时对话的能力。

从编码器中看到，它有一个和解码器一样的过程，解出的图像放在运动补偿预测器中形成过去帧，它的输出和当前帧一起加到"运动估计"，求得的运动矢量一方面经 VLC 送到复用器中去，另一方面加到运动补偿预测器中，使之产生估计帧（对当前帧），它和当前帧相减即求得差值，这个差值经 DCT 和 Q（适配器）、VLC 也送到复用器中去。

在进行帧间编码时，编码器和解码器必须使用相同的预测器，否则两者会脱轨。为了获得重建图像，被量化以后的系数要用一个反量化器和反余弦变换（IDCT）来处理，为防止编码器和解码器慢慢漂移分离，必须对误差的平均值加以严格规定，即使如此，仍然要周期地使用帧内编码，使解码器处于一个已知状态。

运动补偿单元使帧间差最小，从而减少所需传输码率。搜索窗的大小在水平和垂直方向上都是 +/-15 个采样值。通常只对亮度信号做运动估计，但运动补偿不仅作用于亮度，也作用于色度（亮度像素位移的一半）。

被压缩的数据送入缓冲器，然后作可变长度解码，解码器余下的部分相似于编码器的后端，仅有的区别是不再需要运动估计。运动矢量和其他附带的信息是直接从可变长解码器的输出得到的。

在编码器的输出端有缓冲器，这是因为编码过程产生的比特率不是恒定的，它取决于运动序列中各点的图像统计特征。在图像的"简单"部分允许节省一些比特，而在"复杂"的部分要多花一些比特。对于每一个编码图像，比特的数目也允许变更。但是在传输网络中的数据的比特率又必须是恒定的，所以在视频编码器的输出端必须有数据缓冲器来提供平滑的作用。相反地，在解码器要以非恒定的速率来利用接收到的信息，所以也要包含一个解码器的缓冲器。

3.MPEG

MPEG 是为数字音视频制定压缩标准的专家组。MPEG 组织最初得到的授权是制定用于"活动图像"编码的各种标准，随后扩充为"及其伴随的音频"及其组合编码，后来针对不同的应用需求，解除了"用于数字存储媒体"的限制，成为现在制定"活动图像和音频编码"标准的组织。在视频压缩领域 MPEG 成为应用最多的压缩技术。随着互联网和宽带的发展，MPEG 技术越来越多地在各个领域得到应用。

MPEG—1 标准于二十世纪九十年代初期公布，用于传输 1.5Mbps 数据传输率的数字存储媒体运动图像及其伴音的编码。该标准包括五个部分：第一部分说明了如何根据第二部分（视频）以及第三部分（音频）的规定，对音频和视频进行复合编码。第四部分说明了检验解码器或编码器的输出比特流符合前三部分规定的过程。第五部分是一个用完整的 C 语言实现的编码和解码器。

MPEG—2 图像压缩的原理是利用了图像中的两种特性：空间相关性和时间相关性。这两种相关性使得图像中存在大量的冗余信息。如果我们能将这些冗余信息去除，只保留少量非相关信息进行传输，就可以大大节省传输频带。而接收机利用这些非相关信息，按照一定的解码算法，可以在保证一定图像质量的前提下恢复原始图像。

从本质上说，MPEG—2 可以视为是一组 MPEG—1 的最高级编码标准，并设计能向后兼容 MPEG—1，即每一个 MPEG—2 兼容解码器能对有效的 MPEG—1 比特流进行解码。为了满足多种不同应用的需求，MPEG-2 将许多视频编码算法综合于单个句法之中；为获得足够的性能和质量，MPEG—2 还增添了许多新的编码特性。MPEG—2 具备两种压缩编码模式，一是非可分等级的压缩编码模式，二是可分等级的压缩编码模式。

在非可分等级的压缩编码中，与 MPEG—1 一样，MPEG—2 是以通用的混合 DCT 和 DPCM 编码为基础，加入了宏块结构、运动补偿和帧间预测的压缩编码方式。MPEG—2 引进了一些新的运动补偿场预测模式，以便有效地对场图像和帧图像加以压缩编码，如为了支持隔行视频的场图像的场间预测、帧图像的场间预测、用于 P 帧的双基预测和用于场图像的 16×8 预测等针对隔行扫描图像的更有效预测编码模式。另外，MPEG—2 还引入了更高的色信号取样模式。MPEG—1 中使用 4∶1∶1 模式，信号的取样无论在水平方向，还是在垂直方向上都是亮度信号样点数的 1/2。MPEG—2 除了 4∶2∶0 外，还支持 4∶2∶2 和 4∶4∶4 模式，前者色信号的样点数在垂直方向上与亮度信号相同，只在水平方向上是亮度信号的 1/2；后者的色信号的样点数和亮度信号则完全相同。

除了非可分等级的压缩编码模式外，MPEG—2 已经对可分级性方法进行了标准化。可分级压缩编码在不同业务之间能提供互操作性，能满足传输频道或存储媒体对带宽的特殊需求，能较灵活地支持具有不同显示功能的各种接收机。有的接收机既没有能力或者也不要求再现视频的全部清晰度，那么就可以只对分层比特流的子集进行解码，以较低的空间或时间清晰度，或者较低的质量，来显示视频图像。可分级编码灵活支持多种清晰度的这一功能对于 HDTV 跟标准清晰度电视（SDTV）相互配合运作来讲十分重要，保持 HDTV 接收机应跟 SDTV 产品相兼容。只要 HDTV 源进行了可分级压缩编码，就能实现这一兼容性，这就能避免很浪费地将两个单独的比特流分别地传输给 HDTV 和 SDTV 接收机。不同的可分级性方法还可以结合于一个混合编码方案之中，也就是说，将空间可分级性和时间可分级，性方法结合于一个混合层编码方案之中，这样，拥有不同空间清晰度和帧频的各种业务之间的互操作性就能得到支持。将空间可分级性与 SNR 可分级性相结合，就能够获得 HDTV 与 SDTV 业务之间的互操作性，并对频道误差有一定的恢复功能。MPEG—2 句法最多可支持三个不同的可分级层。可分级编码的其他一些重要应用还有视频数据库浏览以及在多媒体环境中视频的多清晰度重放。

MPEG—4 与 MPEG—1 和 MPEG—2 有很大的不同。MPEG—4 不只是具体压缩算法，它是针对数字电视、交互式绘图应用（影音合成内容）、交互式多媒体（WWW、资料撷取与分散）等整合及压缩技术的需求而制定的国际标准。MPEG—4 标准将众多的多媒体应用集成于一个完整的框架内，旨在为多媒体通信及应用环境提供标准的算法及工具，从而建立起一种能被多媒体传输、存储、检索等应用领域普遍采用的统一数据格式。

MPEG—4 采用基于对象的压缩编码，即在编码时将一幅景物分成若干在时间和空间上相互联系的视频音频对象，分别编码后，再经过复用传输到接收端，接收端对不同的对象分别解码，从而组合成所需要的视频和音频。这样既方便我们对不同的对象采用不同的压缩编码方法和表示方法，又有利于不同数据类型间的融合，也可方便地实现对各种对象的操作及编辑。例如，我们可以将一成通人物放在真实的场景中，或者将真人置于一个虚拟的演播室里，还可以在互联网上方便地实现交互，根据自己的需要有选择地组合各种视频音频以及图形文本对象。

MPEG—7 的目标是支持多种音频和视觉的描述，包括自由文本、N 维时空结构、统计信息、客观属性、主观属性、生产属性和组合信息；是根据信息的抽象层次，提供一种描述多媒体材料的方法以便表示不同层次上的用户对信息的需求；是支持数据管理的灵活性、数据资源的全球化和互操作性。最终的目的是把网上的多媒体内容变成文本内容，具有可搜索性。

二、数字电视机顶盒技术

（一）数字电视机顶盒的概念

对于机顶盒（Set-Top-Box），目前没有标准的定义，按文字释义是"置于电视机顶上的盒子"。从广义上说，凡是与电视机相连接的网络终端设备都可称为机顶盒。随着广播电视节目的数字化以及 Internet 的迅速普及，机顶盒的功能也变得越来越强大。它是一种能够让用户在现有模拟电视机上观看数字电视节目，并进行交互式数字化娱乐、教育和商业化活动的设备。如今，集解压缩、Internet 浏览、解密收费、多种接口、交互控制等多项功能为一体的机顶盒已经成为研究、开发的主要方向。

根据传输媒体的不同，数字电视机顶盒又分为数字卫星机顶盒（DVB—S）、地面数字电视机顶盒（DVB—T）和有线数字电视机顶盒（DVB—C）三种，三种机顶盒的硬件结构主要区别在解调部分。应用较为广泛的是数字卫星机顶盒及有线电视数字机顶盒。

（二）数字电视机顶盒的功能

数字电视机顶盒的基本功能是接收数字电视广播节目，同时具有所有广播和交互式多媒体应用功能，包括：

1. 电子节目指南（EPG）

它为用户提供一种容易使用、界面友好、可以快速访问想看节目的方式，用户可以通过该功能看到一个或多个频道甚至所有频道上近期将播放的电视节目。

2. 高速数据广播

它能为用户提供股市行情、票务信息、电子报纸、热门网站等各种信息。

3. 软件在线升级

它可看成是数据广播的应用之一。数据广播服务器按 DVB 数据广播标准将升级软件广播下来，机顶盒能识别该软件的版本号，在版本不同时接收该软件，并对保存在存储器中的软件进行更新。

4. 因特网接入和电子邮件

数字机顶盒可通过内置的电缆调制解调器方便地实现因特网接入功能。用户可以通过机顶盒内置的浏览器上网，发送电子邮件。同时机顶盒也可以提供各种接口。

5. 支持交互式应用

如视频点播、互动游戏等。

6. 有条件接收

有条件接收的核心是加扰和加密，数字机顶盒应具有解扰和解密功能。

（三）数字电视机顶盒的原理与结构

数字电视机顶盒接收各种传输介质来的数字电视和各种数据信息，通过解调、解复用、解码和音视频编码（或者通过相应的数据解析模块），在模拟电视机上观看数字电视节目和各种数据信息。以有线数字电视机顶盒为例，其工作原理如下：有线数字电视机顶盒接收数字电视节目、处理数据业务和完成多种应用的解析。信源在进入有线电视网络前完成两级编码，一是传输用的信道

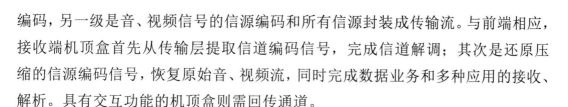

编码，另一级是音、视频信号的信源编码和所有信源封装成传输流。与前端相应，接收端机顶盒首先从传输层提取信道编码信号，完成信道解调；其次是还原压缩的信源编码信号，恢复原始音、视频流，同时完成数据业务和多种应用的接收、解析。具有交互功能的机顶盒则需回传通道。

　　根据接收数字电视广播和互联网信息的要求，一个数字电视机顶盒的硬件结构由信号处理（信道解码和信源解码）、控制和接口几大部分组成。

　　机顶盒从功能上看是计算机和电视机的融合产物，从信号处理和应用操作上看，机顶盒包含以下层次：①物理层和连接层：包括高频调谐器，QPSK、QAM、OFDM、VSB解调，卷积解码，去交织，里德—所罗门解码，解能量扩散。②传输层：包括解复用，它把传输流分成视频、音频和数据包。③节目层：包括MPEG—2视频解码，MPEG/AC-3音频解码。④用户层：包括服务信息，电子节目表，图形用户界面（GUI），浏览器，遥控，有条件接收，数据解码。⑤输出接口：包括模拟音视频接口，数字音视频接口，数据接口，键盘，鼠标等。

　　数字电视机顶盒的工作过程大致如下：高频头接收来自有线网的高频信号，通过OAM解调器完成信道解码，从载波中分离出包含音、视频和其他数据信息的传送流（TS）。传送流中一般包含多个音、视频流及一些数据信息。解复用器则用来区分不同的节目，提取相应的音、视频流和数据流，送入MPEG—2解码器和相应的解析软件，完成数字信息的还原。对于付费电视，条件接收模块对音、视频流实施解扰，并采用含有识别用户和进行记账功能的智能卡，保证合法用户正常收看。MPEG-2解码器完成音、视频信号的解压缩，经视频编码器和音频D/A变换，还原出模拟音、视频信号，在常规彩色电视机上显示高质量图像，并提供多声道立体声节目。

（四）数字电视机顶盒的主要技术

　　信道解码：信源解码、上行数据的调制编码、嵌入式CPU、MPEG—2解压缩、机顶盒软件、显示控制和加解扰技术是数字电视机顶盒的主要技术。

1. 信道解码

　　数字电视机顶盒中的信道解码电路相当于模拟电视机中的高频头和中频放大器。在数字电视机顶盒中，高频头是必须的，不过调谐范围包含卫星频道、地面电视接收频道、有线电视增补频道。根据 DTV 已有的调制方式，信道解码应包括 QPSK、QAM、OFDM，VSB 解调功能。

2. 信源解码

数字电视广播采用 MPEG—2 视频压缩标准，适用多种清晰度图像质量。音频目前则有 AC-3 和 MPEG—2 两种标准。信源解码器必须适应不同编码策略，正确还原原始音、视频数据。

3. 上行数据的调制编码

开展交互式应用，需要考虑上行数据的调制编码问题。普遍采用的有 3 种方式，采用电话线传送上行数据，采用以太网卡传送上行数据和通过有线网络传送上行数据。

4. 嵌入式 CPU

嵌入式 CPU 是数字电视机顶盒的心脏，当数据完成信道解码以后，首先要解复用，把传输流分成视频、音频，使视频、音频和数据分离开，在数字电视机顶盒专用的 CPU 中集成了 32 个以上可编程 PID 滤波器，其中两个用于视频和音频滤波，其余的用于 PSI、SI 和 Private 数据滤波。CPU 是嵌入式操作系统的运行平台，它要和操作系统一起完成网络管理，显示管理、有条件接收管理（IC 卡和 Smart 卡）、图文电视解码、数据解码、OSD、视频信号的上下变换等功能。为了达到这些功能，必须在普通 32～64 位 CPU 上扩展许多新的功能，并不断提高速度，以适应高速网络和三维游戏的要求。

5. 数字电视机顶盒软件

电视数字化后，数字电视技术中软件技术占有更为重要的位置。除了音视频的解码由硬件实现外，包括电视内容的重现、操作界面的实现、数据广播业务的实现，直至机顶盒和个人计算机的互联以及和 Internet 的互联都需要由软件来实现，具体如下：

硬件驱动层软件：驱动程序驱动硬件功能，如射频解调器、传输解复用器、A/v 解码器、OSD、视频编码器等。

嵌入式实时多任务操作系统：嵌入式实时操作系统是相对于桌面计算机操作系统而言的，系统结构紧凑，功能相对简单，资源开发较小，便于固化在存储器中。嵌入式操作系统的作用与 PC 机上的 DOS 和 Windows 相似，用户通过它进行人机对话，完成用户下达的指定。指定接收采用多种方式如：键盘、鼠标、语音、触摸屏、红外遥控器等。

中间件：在开发机顶盒上层应用中常常会面对如下问题：实时多任务操作系统，硬件平台原理细节，复杂的行业标准，繁杂的用户界面以及实用功能等各项跨行业的难题。为了解决上述问题，中间件技术应运而生，并成为数字电视核心技术，称为开放式业务平台。中间件是在数字电视接收机的应用程序和操作系统、硬件平台之间嵌入的一个中间层，定义一组较为完整的、标准的应用程序接口，使应用程序独立于操作系统和硬件平台，从而将应用的开发变得更加简捷，使产品的开放性和可移植性更强。它通常由 Java 虚拟机、网络浏览器、图像与多媒体模块等组成。开放的业务平台上的特点在于产品的开发和生产以一个业务平台为基础，开放的业务平台为每个环节提供独立的运行模式，每个环节拥有自身的利润，能产生多个供应商。只有采用开放式业务平台才能保证机顶盒的扩展性，保证投资的有效回收。

上层应用软件：执行服务商提供的各种服务功能，如：电子节目指南、准视频点播、视频点播、数据广播、IP 电话和可视电话等。

上层应用软件独立于 STB 的硬件，它可以用于各种 STB 硬件平台，消除应用软件对硬件的依赖。

6. 显示控制技术

就电视和计算机显示器而言，CRT 显示是一种成熟的技术，但是用低分辨率的电视机显示文字，尤其是小于 24×24 的小字，问题就变得复杂了。电视机的显像管是大节距的低分辨率管，只适合显示 720×576 或 640×480 的图像，它的偏转系统是固定不变的，是为 525 行 60Hz 或 625 行 50Hz 设计的，而数字电视的显示格式有 18 种以上。上网则要符合 VESA 格式。显然，电视机的显示系统无法适应这么多格式。另外，电视采用低帧频的隔行扫描方式，当显示图形和文字时，亮度信号存在背景闪烁，水平直线存在行间闪烁。如果把逐行扫描的计算机图文转换到电视机上，水平边沿就会仅出现在奇场或偶场，屏显时间接近人眼的视觉暂留，会产生厉害的边缘闪烁现象，因而要用电视机上网，必须要补救电视机显示的缺陷。

根据技术难度和成本，用两种方法进行改进，一种是抗闪烁滤波器，把相邻三行的图像按比例相加成一行，使仅出现在单场的图像重现在每场中，这种方式叫三行滤波法。三行滤波法简单易实现，但降低了图像的清晰度，适用于隔行扫描方式的电视机。另一种方法是把隔行扫描变成逐行扫描，并适当提高帧频，这种方式要成倍地增加扫描的行数和场数，为了使增加的像素不是无中生有，保证活动画面的连续性，必须要做行、场内插运算和运动补偿，必须用专用的芯片和复杂的技术才能实现，这种方式在电视机上显示计算机图文的质量非常好，但必须在有逐行和倍扫描功能的电视机上才能实现。另外把分辨率高于模拟电视机的 HDTV 和 VESA 信号在电视机上播放，只能显示部分画面，必须进行缩小，这就像 PIP 方式，要丢行和丢场。同样为保证图像的连续性，也要进行内插运算。

7. 加解扰技术

加解扰技术用于对数字节目进行加密和解密。其基本原理是采用加扰控制字加密传输的方法，用户端利用 IC 卡解密。在 MPEG 传输流中，与控制字传输相关的有 2 个数据流：授权控制信息（ECMs）和授权管理信息（EMMs）。由业务密钥（SK）加密处理后的控制字在 ECMs 中传送，其中包括节目来源、时间、内容分类和节目价格等节目信息。对控制字加密的业务密钥在授权管理信息中传送，并且业务密钥在传送前要经过用户个人分配密钥（PDK）的加密处理。EMMs 中还包括地址、用户授权信息，如用户可以看的节目或时间段，用户付的收视费等。

用户个人分配密钥存放在用户的智能卡中，在用户端，机顶盒根据 PMT 和 CAT 表中的 CA-descriptcr，获得 EMM 和 ECM 的 PID 值，然后从 TS 流中过滤出 ECMs 和 EMMs，并通过 Smart Card 接口送给 Smart Card。Smart Card 首先读取用户个人分配密钥（PDK），用 PDK 对 EMM 解密，取出 SK，然后利用 SK 对 ECM 进行解密，取出 CW，并将 CW 通过 Smart Card 接口送给解扰引擎，解扰引擎利用 CW 就可以将已加扰的传输流进行解扰。

数字电视机顶盒不仅是用户终端，也是网络终端，它能使模拟电视机从被动接收模拟电视转向交互式数字电视（如视频点播等），并能接入因特网，使用户享受电视、数据、语言等全方位的信息服务。随着数字技术、多媒体技术和网络技术的发展，数字电视机顶盒功能将逐步完善，尤其是单片 PC 技术的发展，将促使数字电视机顶盒内置和整个成本下降，让大多数用户在普通模拟电视机上实现既能娱乐又能上网等多种服务。随着国内宽带网络建设的不断发展，电视数字化进程的加快，电信、有线电视与互联网 3 网合一的日益临近，数字电视机顶盒将在今后人们的智能化生活中起到极其重要的作用。

三、数字电视系统的实时监测

采用基于 QAM 调制标准的数字广播网已在全球许多地方建立起来。在验证网络服务的质量时，需要一套监测系统对错误进行尽可能快的记录和跟踪。为此，监测系统要能做到：①尽快检测到错误并进行记录（最好是在用户察觉到错误之前）；②用简洁明了的方法将故障的严重性和所影响的服务告知电视中心；③找出错误的根源，以便尽快纠正。

（一）监测对象

以 DVB—C 有线网为例，数字电视系统在结构上确比模拟广播系统更为复杂，所要监测的参数也更多。主要应关注一些基本的参数。对系统中的实际设备实施监测是必须的，对于不再有响应的编码器，管理系统要立即捕捉，需要由测量设备来监测。所需的测量设备类型取决于在系统中所处的位置。

1. 基本传输流测试

DVB ETR290 技术规范规定了许多需测参数，提供了一套基本的"健康检查"。但在许多情况下还要有附加测试，包括比特率扰乱的检查及服务是否存在的验证。要在系统多处进行基本传输流测试，特别是在传输流被改动的站点之后。

2. 图像质量测量

图像质量在任何 DVB 系统中都是非常重要的。在许多运营系统中使用监视墙对解码信号进行人工监管。更有效的办法可能是使用视频质量分析仪。已经开发出几项技术对视频质量进行客观测量，这些方法与感受到的主观质量有很好的一致性。

在中央前端，其他能校验的参数还有"对白同期录音"和"解码器缓存填充"。条件访问系统的相关问题，在机顶盒中进行扰频加密和切换，可能导致图像消失或劣化。为了检测这些差错，要对系统所用实际机顶盒输出的图像进行监测。

3. 传输测量

监测传输链，对于检测网络中两个节点之间"原始"数据包的传输来说，非常有用。在传输方面，会产生误码、包丢失或抖动等问题，这将对传输流的所有内容产生随机影响。

在 MPEG 级，可能会观察到数量巨大的各种错误—图像"马赛克"、包丢失、CRC 错误、同步错误，以及最糟糕的情形根本不同步。

如果传输流的分配采用 ATM/SDH 网，就应该对来自系统本身的报警进行监测。如果传输流的分配采用卫星链路，就要对来自接收器端的 OPSK 解调器的射频参数进行监测。在应用前向纠错之前，对误码率实施监测往往很有用。这样，在引入的错误过于严重，以至纠错无能为力之前，可以及时检测出与传输有关的问题。

4. 射频和调制测量

QAM 调制器和射频发送器处理传送链的最后部分，以服务于诸如机顶盒等的接收终端。

发送设备中的错误可以导致信号劣化，增加在解调器中引入的误码率。最终，差错的数量变得很大，以至于前向纠错已无能为力。这便导致接收信号的突然崩溃。为了检测这些问题，应该在有线网的各个接收站点上设置带有 QAM 解调器和射频测量效能的传输流监视器。

（二）监测系统总览

在大型的中央前端，对于编码视频信号，应该使用像"图像质量分析仪"这样的专用设备去捕捉问题。应该对传输链中的设备进行监管。对于 SDH 网络，要监测电信设备，以俘获与较低层协议有关的问题。应该在贯穿系统的合适地方设置具有监测作用的"看门狗"，其性价比高，具有解调能力，能对基本传输流内容进行校验。

在发射场站应该使用传输流监视器，其解调功能和射频测量能力可以对传输信号的劣化做出早期报告。

在数字网络上监测点的数量可能很多。作为一个完整的监测系统，另一个重要性能是收集和展示单个用户界面的所有报警状态。这就需要网络管理系统。

（三）传输流监测特性

需要在 DVB—C 网的关键位置上设置传输流监视器，其实用特性如下。

1. 报警产生与浏览能力

传输流监视器有三项任务：检测错误，报警发生时给出报告；记录报警以便随后跟踪；为操作者提供一套工具，可在任意时间按命令浏览内容、实施测量。正常运行时，第一项最为重要。无论何时到问题，"看门狗"都应能起作用。当电视中心接收到报警或疑点时，便要访问监视器，进一步了解情况。随后，要允许电视中心浏览传输流，并要有一个工具箱可供远程使用，这点很重要。

记录日志文件对于解决发生在电视中心和内容提供商之间事关分清错误责任的争议很有帮助。

2. 持续监测与循环法测试

为减少监测系统的花费，建议在大多数情况下采用循环监测的方法。其原则是使用一些外部开关，让监视器在几个流之间循环作用，比如每隔 1 分钟，从一个流切换到另一个流，进行测试。这种方法的优点是减少了分析仪的数量。不过，也有几个不利因素：如果监测 10 个流，花在每个流上的时间只有 10%，就有可能检测不到那些杂散的错误；系统中有价值的记录文件将变得不连续，无法解决电视中心与内容提供商之间引起的争议；监测系统的复杂性增加了。针对每个流的用户定如必须在每个流之间切换。

最好的方法是对每个传输流实施连续监测。当然，对每个流的监测成本要足够低方可施行。

3. 基本传输流内容测试

测量传输流的内容在传输链的许多环节都非常有用，尤其是在前端被改动时。

DVB ETR290 技术规范对应该执行的一整套基本参数做了详尽说明，通常还需要一些附加条件，理由是：一个根本没有服务信号的空 PAT 传输流可能被视为"良好"，实际上，对于电视中心来说，流的内容可能是灾难；某一特殊成分的比特率可能有明显的跌落，但由于 ETR290 技术规范对比特率无任何限制，有可能监测不到错误。

解决方案是引入基于模板的测试，例如：如果 ID4 服务在系统中不再有信号响应，就产生一个报警。在许多情况下，比特率的测量都很重要。不同的内容提供商必须在单个传输流上分享带宽的情况下，对于来自内容提供商的信号，合同中一般都规定了最大比特率。对于监测系统来说，记录比特率的超限就非常重要。这个记录对于解决电视中心和内容提供商之间的"比特率争议"来说会是有用的。

4. 内部报警记录

报警记录有两种位置：在中央的顶级管理系统和在本地的每个传输流监视器。后者应能在本地记录和存储事件，这将为每一个随时可按命令调用的流提供完整而持续的记录。

通常这两种方法都应使用，这有多方面原因：如果监视器数量过多，朝向顶级系统的通信可能变得非常拥挤。此外，为顶级监管系统提供的简单网络管理协议（SNMP）俘获信息可能丢失，这会产生一个不完整的记录。

5. 射频与调制测量

在现场测量验证发射机运作是否正常，这一点十分重要。ETR290 技术规范指定了一套针对传输的测量。在 DVB—C 系统中，对于生成报警来说，可能最重要的参数是误码率（BER）。

BER 参数应该被持续监测，并能设置生成报警的阈值。这将使电视中心了解信号"离崩溃还有多远"。

6. 监测阈值的适应性

没有两个传输流是等同的；而如果启动所有测试，通常总会生成某种报警。在鉴定一套新系统时，可以报告这些错误。但在实际的系统中，应该使用其他阈值。

传输流监测设备应当是对于特定的流可配置的，以便"量体裁衣"。另一种情形是桌面重复率：如果 PMT 重复率只有 ETR290 设定值的一半，解码器将不予理睬。

针对每个传输流按用户需求定制，其工作量可能很大。因此，对于设备来说，提供完整的调用和下载配置方法十分有用。在设备改变或在传输流之间切换的情形下，操作者可以容易的快速恢复先前的配置。

7. 用户界面

一方面要检测传输流的异常情况；另一方面要将问题向用户表述准确。

假设一个信息单元在传输流中突然丢失，指出错误可有多种方式。一种方法是在ETR290测试中使用常见的"正常／出错"显示，但此时我们无法判断什么服务受到影响。另一种办法是将其与服务相关联。使用后一种方法，操作者能立即看到哪一个服务受到包丢失问题的影响。通过扩展一棵"报警树"，操作者能够"近镜头"观察到问题内部，看到是 PID 257 （PMTPID）代表了所选出服务遭受包丢失。

8. 远程控制

对于传输流监视器来说，远程访问功能往往很关键，因为监测设备可能要监测很远站点的数据流。

TCP/IP 协议是远程控制"既成事实"的标准，监测系统必须支持这一协议。该协议涵盖了光纤网、本地以太网甚至电话拨号网等各种传输媒介。

对于传输流监视器的访问，需要在一个外部终端运行一个客户程序。使用 WEB 浏览器作为客户终端是很有用的，任何与 Modem 相连接的 PC，都可以通过 WEB 浏览器与设备进行通讯。当监测多个设备时，需要一个外部管理系统。在这种情况下，可以用 SNMP 报告来自设备的报警。

9. 远程内容提取

设想这样一种情形：一个安静的夜晚，在网络运营中心，系统报告一切正常，没有错误。突然收到某个区域电视观众的几个电话，投诉在接收 DVB—C 信号时"没有图像"或其他问题。在此情况下，电视中心能够接收区域信号来检查"解码能力"并实施其他的诊断，这是一个很有创意的特征。监测设备能够在此情况下提取内容，并把它通过一个 TCP/1P 网络传回运营中心。

如果 TCP/IP 网络带宽允许，可以传送"原始数据"。如果使用的是一条低带宽链路，则必须将视频内容转换为一个适当的格式。例如，从视频流中提取一些小块的图像，并有规律地发回，以验证是否可以对视频图像正常解码。

（四）顶级监管系统

监测点的数量很大时，通常要使用一个顶级监管系统收集所有报警。

1.基本特征

可监测传输流监视器，也可以监测传输链上的其他设备。总是使用 SNMP 作为状态轮检和报警记录的协议。

顶级监管系统应该有助于操作者快速找到出错的位置。一旦接收到报警，系统应能发送信息到记录仪、E-mail 信箱和移动电话。对报警做出记录，以便事后调用，这是另一个本质特性。

2.报警的相关性

大型监测系统所面临的一个挑战是，如何做到让一个错误只产生一定次数的报警？否则，一个重要事件可能会被其他不太重要的报警所掩盖。

因此，每台设备应具备基本的智能，应免去各环节不重要的检查，以免产生不必要的报警；顶级系统应与报警相关联。

在一个传输链中，当一个信号在几个点受到监测时，可根据需要做出一个方案。如果在传输链的前部有一个传输环节中断，其后所有监视器都将报告错误。

在此情形下，顶级监理系统应与报警相关联，以便找出问题的起源。其他报警应被理解为第一个报警的后果。

DVB—C 有线网通常只在压缩前端需要图像质量分析仪和其他专用设备。至于网络中的其他位置，需要的是灵活、高性价比的传输流监视器。

此外，传输流监视器应能与一个顶级网络监管系统通信，该监管系统除了能收集传输链上其他设备的报警外，还能收集来自大量监测设备的报警。该顶级系统应能对众多的监测设备进行管理，并能将网络图形化地呈现在用户界面上。把注意力集中在重要参数上，电视中心就能够掌握其网络的服务质量。

四、数字电视显示技术

模拟电视过渡到数字高清晰度电视是一个必然的趋势。这就对显示器件提出了要求：能够显示多屏幕图像，无几何畸变，全平面聚焦；显示屏幕不小于50英寸；纯平面屏幕，薄型显示器；图像质量优于CRT；必须是自发光型；彩色再现优于CRT；生产成本低于CRT。

（一）显像管显示器件

CRT又称显像管显示器件。CRT作为当前使用最普遍的显示器件在画面清晰度、亮度、显示速度、对比度、彩色还原质量等方面暂时具有独一无二的优势。

CRT是一种电真空显示器件。它主要由电子枪、偏转系统和荧光屏三部分组成。

CRT技术虽然已趋成熟，但仍在继续发展，如屏幕超大尺寸及全平面化，工作特性向高亮度及对比度综合BCP发展。50英寸的大屏幕CRT点距已达到0.63mm，以支持1920×1080像素的HDTV显示需求。

尽管在各种显示器件中，CRT的性能价格比最好，综合性能也最佳，但是CRT的缺点也是显而易见的。首先CRT固有的物理结构限制了它向更广的显示领域发展；其次CRT不仅体积和耗电量大，辐射问题也一直困惑着使用者。

（二）FED显示器件

FED（场致发射显示器）的原理就是将CRT的电子枪前移，直到荧光粉的背后。这种技术的实现是通过在每个像素后加上很多微小的电子发射器，使其在整个屏幕上布满几千万个的发射器，当接通电源时，电子就直接激发需要发光的荧光粉，使荧光粉发光。FED的最大优点在于使用发射技术，整个显示器件的厚度不到10cm，却具有极佳的可视角度。但FED需要的电量很大，制造过程比设想的困难，尺寸也受到限制。

（三）DLP背投影显示器件

在投影显示设备中，按其投影方式分为正投影和背投影两种。正投影最直接的应用就是投影机。而背投的原理是将投影机安装在机身内的底部，把信号经过反射投射到半透明的屏幕上显像。根据其中使用的投影机种类，背投可以分为LCD背投（液晶显示）和DLP背投（数字光学处理器）两种。

由于LCD背投具有"太阳效应"（即中心亮、边角暗、图像不均匀），很难再有大的发展。而 DLP 背投是才出现的新型显示产品,具有高清晰度的大屏幕显示功能,代表了未来背投技术的发展方向。

DLP 背投显示的核心是在背投原理的基础上加入数字光学处理技术芯片,是投影和显示技术上的一项革命性创新。简单来说,较之以前的 LCD 投影技术,DLP 投影技术抛弃了传统意义上的光学会聚,可以随意变焦点,调整起来十分方便,而且其光学路径相当简单,体积更小。DLP 投影机的核心部件是 DMD 芯片。它是一个覆盖着微小金属镜的芯片,其中包含上百万个组合式反射微镜,每个微镜代表一个像素。这种显示面板的优点之一是响应时间极短。DLP 投影技术也称为反射式投影技术。这种投影机所产生的图像非常明亮,图像色彩准确且精细。

DLP 的特点是只能接收数字信号,同时,任何隔行视频信号也将通过插值处理转换为逐行视频信号,即通过视频处理后,输入的信号就成为红色、绿色和蓝色 3 种信号数据,就能够用数字的方法精确地重现图案的灰度和色彩,在显示效果上,也就没有了聚焦失真和显像管的刺眼感觉。同时,背投屏幕经过特殊设计,更能均匀地显示图像,有效地遏制亮斑效应、色晕、色移现象,实现真正的高亮度、高对比度、宽视角显示。此外,背投式显示系统采用的是封闭的投射光路,完全避免了外界光线的干扰,使显示图像更加艳丽逼真。最后,DLP 背投采用全数字处理,也就没有必要采用高压扫描电路,避免了图像的闪烁,使图像显不更加稳定。

DLP 价格比 LCD 背投昂贵。当仔细观察屏幕上移动的点的时候,尤其是在黑色背景上的自点,会发现采用逐场过滤方式的图像会分解为不同的颜色。在应用中,电机带动色轮旋转时会发出一定的噪音,现在一种新的固态滤色系统可以较好地解决这个问题。

(四)液晶显示器件

液晶显示器件又称 LCD。LCD 具有超薄,超轻,无闪烁,高精度画质,强光下可读性好,不易损坏,耗电量低,无辐射等优点。LCD 的中小型产品主要应用于手机、PDA、摄影机等显示屏,LCD 的中大型产品主要应用于电视和计算机显示器等。LCD 是用有机液体制成的。有机液体具有液体的流动性和晶体的各向异性,其分子按一定的规律整齐排列,当其加上电场时,分子的排列被打乱,改变了它的光学特性，从而可以在屏幕上显示出图像。实际使用的彩色LCD，除了偏振玻璃，还有其他多层的薄膜以及组件，包括极化偏振玻璃、各种极化电极、数据传输电极、有色过滤玻璃层、液晶原料等。

LCD按照控制方式不同可分为被动矩阵驱动型PM—LCD及主动矩阵驱动型AM—LCD两种。

为了提高像素反应速度，最新技术的LCD采用Si TFT液晶显示方式，把原有的非结晶型透明硅电极，在以平常速率600倍的速度下进行移动，大大加快了液晶屏幕的像素反应速度，减少了画面出现的延缓现象，具有比旧式LCD快600倍的像素反应速度。同时利用色滤光镜制作工艺创造出色彩斑斓的画面，即在色滤光镜本体还未制作成型以前，就把构成其主体的材料加以染色，然后再灌膜制造。同其他普通的LCD显示屏相比，用这种工艺制造出来的LCD无论从解析度、色彩特性还是从使用寿命来说，都具有非常优异的性能。

作为显示器件顶尖产品的LCD与CRT相比，没有辐射，对人体健康无损害；完全平面，无闪烁，无失真；可视面积大，又薄又轻；款式新颖多样；抗干扰能力强。但是LCD的价格在显示器件家族中可谓"高高在上"；其次是可视偏转角度过小，现在的LCD可视偏转角度虽然达到140°左右，对于个人使用来说是够了，但如果几个人同时观看，失真的问题就显现出来了；再次是响应时间。响应时间是指LCD各像素点对输入信号反应的速度，它是LCD的一个特殊指标，响应时间短，显示运动画面时就不会产生影像拖尾的现象。LCD的响应时间与以前相比已经有了很大的突破，一般为30ms左右；最后是液晶的坏像素问题，LCD的每一个像素都十分细小，常常会造成个别像素损坏的现象，这是无法维修的，只有更换整个显示屏，而更换的价格往往十分昂贵。

（五）等离子显示器件

等离子显示器件PDP。 PDP与CRT和LCD相比较，它具有分辨率高、屏幕大、超薄、色彩丰富鲜艳的优势。仅从图像显示上看，PDP显示有亮度高、色彩还原性好、灰度丰富、对迅速变化的画面响应速度快等优点。

其工作原理是：密封在两块平板玻璃中的气体通电后，其电子得到足够的能量被电离而脱离原子。这种脱离了原子的电子具有较大的动能，以较高的速度在封装的气体中运动，在运动过程中撞击其他中性粒子而使更多的中性粒子电离。在大量中性粒子不断电离的同时，两个带电粒子会复合成中性粒子，这时，电子的能量以紫外光的形式释放，投射到涂有按照红、绿、蓝柱状排列的荧光材料的面板背面。荧光材料被激发后的光线传过屏幕显示出各种影像。由于 PDP 的结构简单，可采用厚膜技术，容易实现大画面，而且比 LCD 视角广、亮度高、彩色鲜明、没有几何失真。

PDP 可分为交流电型 PDP（AC—PDP）和直流电型 PDP（DC—PDP）两种。彩色交流 PDP 技术已成熟，以彩色 AC—PDP 作为显示器件的电视已实现商品化。彩色 DC—PDP 技术也日臻成熟。与 AC—PDP 相比，DC—PDP 在寿命、亮度、工作效率等方面均逊于 AC—PDP，其屏结构也较 AC—PDP 复杂，因而成本也高于前者，所以使用范围不如前者广泛。

PDP 的主要缺点是功耗大、亮度和光效低、在工作时会发生像素间串扰等。另外，它的使用寿命较短，其额定寿命一般为 10000h，即连续使用 13 个月左右后其亮度就会因为荧光粉的老化而降低一半。新的设计虽然可以使它的寿命接近 CRT，增加到 20000～30000h，但是这种显示技术并不节电，并且价格昂贵。另外，PDP 的彩色再现能力逊于 CRT。

尽管如此，PDP 在大屏幕显示领域中的优越性和应用潜力吸引了世界上许多知名的厂商投入大量的人力、物力与财力去研制、开发、生产 PDP 产品，使 PDP 的性能不断提高其发展的方向是改进彩色、灰度，延长寿命，降低材料和制造成本，推动规模化生产，进一步降低电路与显示板价格。

PDP 本身卓越的显示效果也决定了它未来能够迅速发展起来，成为大尺寸 CRT 的强有力竞争者，但成为未来主流显示产品还需要较长的一段时间。

（六）有机 EL 显示器件

有机 EL 显示器件（有机电致发光显示器）又称为 OLED（有机发光二极管）。

有机 EL 显示器件自二十世纪八十年代末期以来得到了迅速的发展，其发光原理是：当通过阳极和阴极把直流电压施加到有机发光层时，空穴从阳极注入，电子从阴极注入，有机发光层伴随着空穴和电子在有机发光层内重新互相结合并产生能量而发出可见光。

有机 EL 显示器件是利用有机高分子和小分子材料发光的，不仅柔软性好可以弯曲，是一种全固态器件，而且它是一种自发光器件，亮度高，发光效率高，采用直流低压驱动，功耗较低，其响应速度也相当快，可以达到 LCD 的 1000 倍以上。

有机 EL 显示器件具有很多优点，其中最重要的一点是疵点对质量的影响很小，因此用于保持超净环境的成本将大大降低，如果在制造成本上的优势得以体现，这种技术将可以和大尺寸的 LCD 和 PDP 在超薄电视市场进行竞争。

具有这些优点的有机 EL 显示器件正在移动设备（如汽车视频系统和移动电话）上开始应用。作为未来的显示器件，许多人对有机 EL 显示器件寄予厚望。

第二节 数字音频广播 CDR 技术

数字广播已经不是传统意义上的纯音频广播，他不仅可以传送声音，还可以传送图像和文字，因此它涵盖了音频广播和多媒体广播。

一、数字音频广播制式

DAB，DAB+，是 Digital Audio Broadcasting 的缩写，中文意为数字音频广播，主要用于欧洲的广播系统。

DRM，DRM+，是 Digital Radio Mondiale 的缩写，中文意为数字调制广播，当初主要想应用于中、短波广播中，北美，欧洲都用，现在也有可能用于 FM 广播。

HD Radio—IBOC，主要用于北美的广播系统。

ISDB-T，只有日本采用。

其他类型，如 FMeXtra，Compatible AM—Digital（CAM—D）等。

粗略地分，DAB 是 30MHz 以上的广播，DRM 是 30MHz 以下的广播。它们使用不同频段的频率资源，发展与应用没有任何冲突。

具体来说，DAB 的工作频率范围是 47MHz ～ 3GHz，地面广播最佳的工作频段是现今已被 FM 广播占用的 87 ～ 108 MHz 频段。等到 DAB 发展到一定的程度，模拟 FM 广播退役以后，目前地面大多数 DAB 电台都要搬迁到 87 ～ 108 MHz 的频段工作。DRM 的工作频段与现今的模拟 AM 长、中、短波广播完全相同。

二、CDR 技术

二十一世纪初，国家新闻出版广电总局组织相关单位开展自主知识产权的调频数字音频广播系统 CDR/dFM 研究。

CDR 作为我国广播电视数字化过程的一个重要组成部分，是广播数字化的发展方向，迄今为止已申请国家发明专利 20 余项并研究制定了相关标准。如：信道传输标准 GY/T 268.1-2013、复用标准 GY/T 268.2—2013.DRA+、编码器、复用器、激励器、发射机、测试接收机标准 GDJ 058—2014—GDJ 063.2014 等。

（一）CDR 系统的主要特点

①系统传输方案针对调频和中波调幅进行了优化，有多种传输模式。②频谱配置结构灵活。HD Radic 是把数字技术放在调频或调幅两边，CDR：是很灵活的，可以找到很好的频点。③设定三种不同传输模式的应用场景。大面积的单频网覆盖，一个发射机可以覆盖几十公里的范围；高速移动接收，如时速 300 公里以上高铁上的接收；高数据率传输，可以在频点上传输更高的数据量。④采用更高效的信道编码算法（LDPC）。⑤支持逐步演进的系统架构。⑥信源编码算法（DRA）具有自主知识产权。

（二）CDR 系统发射端的组成

CDR 系统发射端有信源、信源编码、信道编码、OFDM 调制、逻辑成帧、子帧分配、物理成帧、射频调制和放大等几部分组成。

第三节 国家应急广播系统

应急广播系统是指当发生重大自然灾害、突发事件、公共卫生与社会安全等突发公共危机时，造成或者可能造成重大人员伤亡、财产损失、生态环境破坏与严重社会危害，危及公共安全时，可提供一种迅速、快捷的信息传输通道，可使人民群众的生命财产损失降到最低限度的电子和网络系统。

一、应急广播体系建设的目标和原则

我国的应急广播体系目前还没有统一的建设模式，部分地区的应急广播系统也是由各地方政府自行建设，缺少统一的协调和管理。所以，目前建设的应急广播体系应该本着统筹多种广播技术手段，构建覆盖广泛，手段多样，上下贯通，统一联动，快速高效，安全可靠的国家应急广播体系，实现应急广播分类型、分级别、分区域、分人群的有效传播。下面，具体地介绍几个原则：①注重顶层设计，以实现全国联网，减少重复投资。②立足现状，适度超前，让今天的投资明天同样可以发挥作用。③综合规划，协调推进，充分发挥各种手段的作用。④平战结合，提前部署，建立较为合理的运营管理系统，实现效益的最大化。

二、应急广播体系的技术思路

（一）制作播发

制作和生产应急广播节目和信息，发布应急广播指令。

（二）调度分发

产生应急广播节目信息，生成资源调度方案，发送至传输覆盖网。

（三）传输覆盖

接收验证，适配封装，自动切换，播出插入。

（四）终端接收

接收应急广播的音频节目和应急广播的文本信息。

三、国家应急广播平台的组成

国家层面的主要有两个平台——信息制作平台、调度控制平台，以及一个覆盖全国的传输覆盖网。每个平台下面由更多的子平台有机地组合而成，包括传输覆盖网也是如此。

关于应急广播的技术流程。在这个系统中最高层是国家应急部门。它通过国家应急发布平台、国家应急广播中心以卫星平台直播、各地广播电台（电视台）转播以及手机电视的方式将信息发布到各受众。

各级地方也应该建立符合相应级别和要求的应急广播平台，与上一级地方应急广播平台或是国家应急广播平台相衔接。在应急情况下，地面应急广播平台可将本辖区制作的应急广播节目、应急信息和调度控制指令，送往上一级应急广播平台，可申请上一级应急广播平台使用可覆盖本辖区的相关应急广播设施进行应急信息发布，启动权限由国家应急广播条例规定。

国家和地方各级应急广播平台应急信息的发布方案有中短波、调频广播应急发布方案；数字音频广播（DAB）应急发布方案；移动多媒体广播（CMMB）应急发布方案。

第四节 大数据技术

大数据技术能够同时获取、处理、编辑、存储和展示文字、声音、影像、图形等不同媒体，同时它具有多样性、集成性和交互性等特点。由于传媒业所要应用和处理的信息量越来越大，呈几何级数增长之势；尤其对于电视传媒，其海量信息的存储处理和对时效性的要求，将使多媒体大数据技术在其中扮演重要的角色。

一、大数据的基本概念

（一）什么是大数据

大数据又称数据库。当人们从不同的角度来描述这一概念时有不同的定义。例如，称数据库是一个"记录保存系统"（该定义强调了数据库是若干记录的集合）。又如称数据库是人们为解决特定的任务，以一定的组织方式存储在一起的相关的数据的集合（该定义侧重于数据的组织）。也有形象地称数据库是一个数据仓库。一般地说，数据库是按照数据结构来组织、存储和管理数据的仓库。

数据库是存储在一起的相关数据的集合，这些数据是结构化的，无有害的或不必要的冗余，并为多种应用服务；数据的存储独立于使用它的程序；对数据库插入新数据，修改和检索原有数据均能按一种公用的和可控制的方式进行。当某个系统中存在结构上完全分开的若干个数据库时，则该系统包含一个"数据库集合。

（二）数据库结构与数据库种类

所谓数据结构是指数据的组织形式或数据之间的联系。如果用 D 表示数据，用 R 表示数据对象之间存在的关系集合，则将 DS=（D，R）称为数据结构。例如，设有一个电话号码簿，它记录了 n 个人的名字和相应的电话号码。为了方便地查找某人的电话号码，将人名和号码按字典顺序排列，并在名字的后面跟随着对应的电话号码。这样，若要查找某人的电话号码（假定他的名字的第一个字母是 Y），那么只需查找以 Y 开头的那些名字就可以了。该例中，数据的集合 D 就是人名和电话号码，它们之间的联系 R 就是按字典顺序的排列，其相应的数据结构就是 DS=（D，R），即一个数组。

数据库通常分为层次式数据库、网络式数据库和关系式数据库三种。而不同的数据库是按不同的数据结构来联系和组织的。

二、多媒体数据库

多媒体数据库在数据对象、数据类型、数据结构、数据模型、应用对象事及处理方式上都与传统数据库有较大差异，它存储处理的是现实世界中复杂的多媒体表现形式，包括动态的视频；它面向应用，强调媒体间的独立性，重视媒体对象的物理表现和交互方式。

（一）多媒体数据模型

多媒体数据模型主要采用文件系统管理方式、扩充关系数据库的方式和面向对象数据库的方式。

1. 文件系统管理方式

多媒体资料是以文件的形式在计算机上存储的，所以用各种操作系统的文件管理功能就可以实现存储管理。Windows 的文件管理器或资源管理器不仅能实现文件的存储管理，而且还能实现有些图文资料的修改，演播一些影像资料。为了方便用户浏览多媒体资料，出现很多的图形、图像浏览工具软件。有些在操作系统下的浏览软件还和资源管理器结合起来，如 ACDSee 工具软件不仅可浏览 BMP、GIF. JPEG、PCX、Photo-CD.PNG、TGA、TIFF 和 WMF 格式的图像，而且还具备资源管理器的查询、删除、复制等功能。如多功能影像处理及管理软件 Image Pals 提供了电子相簿（Album）、影像编辑（Image Editor）和屏幕捕捉（Screen Capture）等功能，此外还具有视窗及 CD 浏览器等。电子相簿（Album）是一个很具特色的应用程序，能对文件进行迅速、可视性的管理。文件系统方式存储简单，当多媒体资料较少时，浏览查询还能接受，但演播的资料格式受到限制，最主要的是当多媒体资料的数量和种类相当多时，查询和演播就不方便了。

2. 扩充关系数据库的方式

数据库的出现是为了解决文件管理数据的不足，同样，为了解决管理海量的多媒体数据，人们很容易地会想到使用数据库。传统的关系数据模型建立在严格的关系代数的基础上的，解决了数据管理的许多问题，基于关系模型的数据库管理系统仍然是主流技术。但是平坦化的数据类型不适于表达复杂的多媒体信息，文本、声音、图像这些非格式化的数据是关系模型无法处理的；简单化的关系也会破坏媒体实体的复杂联系，丰富的语义性超过了关系模型的表示能力。出于保护原有投资和市场的考虑，全球几家大的数据库公司都已将原有的关系数据库产品加以扩充，使之在一定程度上能支持多媒体的应用。用关系数据库存储多媒体资料的方法一般是以下几种：①用专用字段存放全部多媒体文件。②多媒体资料分段存放在不同的字段中，播放时再重新构建。③文件系统与数据库相结合，多媒体资料以文件系统存放，用关系数据库存放媒体类型、应用程序名、媒体属性、关键词等。

3. 面向对象数据库的方式

关系数据库在事物管理方面获得了巨大的成功，它主要是处理格式化的数据及文本信息。由于多媒体信息是非格式化的数据，多媒体数据具有对象复杂、存储分散和时空同步等特点，所以尽管关系数据库非常简单有效，但用其管理多媒体资料仍不太尽如人意。

而面向对象数据库是指对象的集合、对象的行为、状态和联系是以面向数据模型来定义的。面向对象的概念是新一代数据库应用所需的强有力的数据模型的良好基础。面向对象的方法最适合于描述复杂对象，通过引入封装、继承、对象、类等概念，可以有效地描述各种对象及其内部结构和联系。

多媒体资料可以自然地用面向对象方法描述，面向对象数据库的复杂对象管理能力正好对处理非格式多媒体数据有益；根据对象的标识符的导航存取能力有利于对相关信息的快速存取；封装和面向对象编程概念又为高效软件的开发提供了支持。面向对象数据库方法是将面向对象程序设计语言与数据库技术有机地结合起来，是开发多媒体数据库系统的主要方向。

为高效管理多媒体数据，基于关系数据库的应用系统逐渐演变到多媒体数据库管理系统用面向对象的概念扩充关系数据库。用面向对象的高级语言扩展基本关系类型，使其支持复杂对象，并对关系模型提供的操作加以扩充，利用关系数据库的优势管理多媒体资料。

（二）数据的压缩和解压缩

用于多媒体信息，如声音、图像的压缩标准国际上有：JPEG，是由国际标准化组织（ISO）和国际电报电话咨询委员会（CCITT）联合制定的，适合于连续色调、多级灰度、彩色或单色静止图像的国际标准；MPEG，是 ISO/IEC 委员会的第 11172 号标准草案，包括 MPEG 视频、MPEG 音频和 MPEG 系统三部分。MPEG 要考虑到音频和视频的同步，联合压缩后产生一个电视质量的视频和音频、压缩形式的位速为 1.5Mbps 的单一流；P×64，是 CCITT 的 H.261 号建议，P 为可变参数，取值范围是 1 ～ 30 该标准的目标是可视电话和电视会议，它可以覆盖整个 ISDN（综合业务数字网）信道。当 P=1 或 2 时，只支持每秒帧数较少的视频电话，P×6 时可支持电视会议；P×64 标准和 MPEG 标准的数据压缩技术有许多共同之处，但 P×64 标准是为适应各种通道容量的传输，而 MPEG 标准是用狭窄的频带实现高质量的图像画面和高保真的声音传送。

（三）多媒体数据的存储管理和存取方法

如何有效地按照多媒体数据的特性去存取多媒体数据呢？利用常规关系数据库管理系统来管理多媒体数据已经不能适应了，基于内容的多媒体信息检索研究应运而生。它支持其他多媒体信息技术，如超媒体技术、虚拟现实技术、多媒体通信网络技术等。多媒体内容的处理分为三大部分：内容获取、内容描述和内容操纵。也可将其看成是内容处理的三个步骤，即先对原始媒体进行处理，提取内容，然后用标准形式对它们进行描述，以支持各种内容的操纵。

1. 内容获取

通过对各种内容的分析和处理而获得媒体内容的过程。多媒体数据具有时空特性，内容的一个重要成分是空间和时间结构。内容的结构化就是分割出图像对象、视频的时间结构、运动对象以及这些对象之间的关系。特征抽取就是提取显著的区分特征和人的视觉、听觉方面的感知特征来表示媒体和媒体对象的性质。

2. 内容描述

描述在以上过程中获取的内容。MPEG—7 专家组正在制定多媒体内容描述标准。该标准主要采用描述子和描述模式来分别描述媒体的特性及其关系。

3. 内容操纵

针对内容的用户操作和应用。有许多这方面的名词和术语。查询是面向用户的术语，多用于数据库操作。检索是在索引支持下的快速信息获取方式。搜索常用于 Internet 的搜索引擎，含有搜寻的意思，又有在大规模信息库中搜寻信息的含义。

摘要对多媒体中的时基媒体（如视频和音频）是一种特殊的操作。我们熟知文献摘要的含义，在内容技术支持下，也可以对视频和音频媒体进行摘要，获得一目了然的全局视图和概要。同样，用户可以通过浏览操作，线性或非线性地存取结构化的内容。另外，基于内容的技术不仅仅用在多媒体信息的检索和搜索方面，检索仅仅是信息存取的一个方面。过滤就是与检索相反的一种信息存取方式。用过滤技术可以实现个人化的信息服务。

三、其他数据库新技术

（一）分布式数据库技术

分布式数据库系统是在集中式数据库系统的基础上发展起来的，是数据库技术与计算机网络技术的产物。分布式数据库系统是具有管理分布数据库功能的计算机系统。一个分布式数据库是由分布于计算机网络上的多个逻辑相关的数据库组成的集合，网络中的每个结（一般在系统中的每一台计算机称为结点 node）具有独立处理的能力（称为本地自治），可执行局部应用，同时，每个结点通过网络通信系统也能执行全局应用。所谓局部应用即仅对本结点的数据库执行某些应用。所谓全局应用（或分布应用）是指对两个以上结点的数据库执行某些应用。支持全局应用的系统才能称为分布式数据库系统。对用户来说，一个分布式数据库系统从逻辑上看如同集中式数据库系统一样，用户可在任何一个场地执行全局应用。分布式数据库具有如下特点：①本地自治；不依靠一个中心站点。②能连续操作；它也是数据库技术的一个发展方向。

（二）主动数据库

数据库技术和人工智能技术相结合产生了主动数据库。它是相对传统数据库的被动性而言的，能根据应用系统的当前状况，主动适时地做出反应，执行某些操作向用户提供相关信息。

主动数据库强调主动性、快速性和智能性，其主要目标是提供对紧急情况的及时反应能力，同时提高数据库管理系统的模块化程度。通常采用的方法是在数据库系统中嵌入 ECA（事件—条件—动作）规则，设置触发器，在某一事件发生时引发数据库管理系统检测数据库当前状态，只要条件满足，就触发规定动作的执行。

第五节　虚拟现实技术

虚拟现实技术是二十世纪末兴起的一门崭新的综合性信息技术。由于它生成的环境是类似现实的、逼真的，人机交互和谐友好，将改观传统的人机交互现状，成为新一代高级的用户界面。虚拟现实有着广泛的应用领域和交叉领域。尤其是在大众传媒中有着重要的应用。

一、虚拟现实技术的概念

虚拟现实技术，简称 VR 技术，是由美国 VPL 公司创建人拉尼尔在二十世纪八十年代初提出的，也称灵境技术或人工环境。

虚拟现实是计算机和用户之间的一种理想化的人机界面形式，与传统南人操作计算机模式相比，虚拟现实系统让用户置身于一个虚拟的真实环境当中，为用户带来了身临其境的想象空间，用户通过传感设备对该虚拟环境中的物体进行操作，充分体验到了人—机之间的交互性。

作为科技发展的顶尖技术之一，虚拟现实融合了计算机图形技术、计算机仿真技术、人工智能、传感技术、显示技术、网络等多种技术发展成果于一体，是一种由计算机生成的高技术模拟系统。借助于计算机技术及硬件设备，实现人们可以通过视觉、听觉、嗅觉以及触觉等多维信息通道获取信息的下一代高级用户界面。

二、虚拟现实技术的主要特征

（一）交互性

交互性是指用户对模拟环境内物体的可操作程度和从环境得到反馈的自然程度（包括实时性）。虚拟现实系统是一个开放的动态系统，用户可以采用控制和监控手段对系统进行操作。

使用者通过使用专门输入和输出设备，用人类的自然技能实现对模拟环境的考察与操作。虚拟现实系统中的人机交互是一种近乎自然的交互，使用者不仅可以利用电脑键盘、鼠标进行交互，而且能够通过特殊头盔、数据手套等传感设备进行交互。计算机能根据使用者的头、手、眼、语言及身体的运动，来调整系统呈现的图像及声音。使用者通过自身的语言、身体运动或动作等自然技能，就能对虚拟环境中的对象进行考察或操作。虚拟现实与通常CAD系统所产生的模型是不一样的，它不是一个静态的世界，而是一个开放的环境，它可以对用户的输入（如手势，语言命令）做出响应。例如用户可以用手去直接抓取和移动模拟环境中的物体，不仅有抓东西的感觉，还能感到物体的重量；用户可以在现实中一样拿起一把虚拟的火炬，并在虚拟环境中打开开关点燃它等。虚拟现实技术将从根本上改变人与计算机系统的交互方式。

（二）沉浸感

沉浸感是虚拟现实最主要的技术特征，它是指参与者在纯自然的状态下，借助交互设备和自身的感、知觉系统，对虚拟环境的投入程度。虚拟现实是通过计算机生成一个非常逼真的足以"迷惑"人类感知的虚幻世界，导致用户产生了类似于现实世界的存在意识或幻觉。人们不仅可以通过视觉和听觉，还可以通过嗅觉和触觉多维地感受到虚拟世界中所发生的一切，它们看上去是真的、听起来是真的、动起来也是真的。使用者与虚拟环境中的各种对象的相互作用，就如同在现实世界中的一样。这种感觉是如此的逼真，以至于人们能全方位地沉浸其中。当然，这也正是虚拟现实技术追求的终极目标：力图使用户全身心地投入到计算机所创建的三维虚拟环境中，成为虚拟环境中的一个部分，处于身临其境的感觉状态，而不仅仅是旁观者。

（三）构想性

构想性是指借助虚拟现实技术，使抽象概念具象化的程度。强调虚拟现实技术应具有广阔的可想象空间，可拓宽人类认知范围，不仅可再现真实存在的环境，也可以随意构想客观不存在的甚至是不可能发生的环境。虚拟现实不仅仅是一个媒体，一个高级用户界面，它是为解决许多方面的现实问题而由开发者设计出来的应用软件，它以夸大的形式反映了设计者的思想，比如在建造一座现代化的大厦之前，要对其结构做细致的构思。然而许多量化的设计图纸的读者只能是极少数的内行人，而虚拟现实则可以用别样方式同样反映出设计者的构思，只不过它的功能远比那些呆板的图纸生动和强大得多。所以某些国外学者称虚拟现实为放大人们心灵的工具，或人工现实。

（四）多感知性

多感知是指虚拟现实系统能提供的感觉通道和获取信息的广度和深度。虚拟现实旨在提供多维感觉通道和类似现实的全面的信息，除了一般计算机技术所具有的视觉感知之外，还有听觉感知、力觉感知、触觉感知、运动感知，甚至包括味觉感知、嗅觉感知等，从而达到身临其境的感受。理想的虚拟现实技术应该具有一切人所具有的感知功能。由于相关技术，特别是传感技术的限制，目前虚拟现实技术所具有的感知功能仅限于视觉、听觉、力觉、触觉、运动等几种。

三、虚拟现实系统的组成

虚拟现实系统的组成部件包括了计算机处理器、应用软件、输入输出设备。但不同类型的虚拟现实系统采用的设备是不一样的，这里我们所指的虚拟现实系统都是沉浸式系统：一般来说，一个完整的虚拟现实系统由虚拟环境、以高性能计算机为核心的虚拟环境处理器、以头盔显示器为核心的视觉系统、以语音识别及声音合成与声音定位为核心的听觉系统、以方位跟踪器及数据手套和数据衣为主体的身体方位姿态跟踪设备，以及味觉、嗅觉、触觉与力觉反馈系统等功能单元构成。

（一）虚拟环境处理器

虚拟环境处理器是虚拟现实系统的核心部件，用于完成虚拟世界的产生和处理功能。输入设备将用户输入的信息传递给虚拟现实系统，并允许用户在虚拟环境中改变自己的位置、视线方向和视野，也允许改变虚拟环境中虚拟物体的位置和方向，而输出设备是由虚拟系统把虚拟环境综合产生的各种感官信息输出给用户，使用户产生一种身临其境的逼真感。

（二）头盔显示器

我们平常在娱乐场所或者展会上看到的虚拟现实系统一般都采用了三维立体眼镜。三维眼镜是用于观看立体游戏、立体电影、仿真效果的计算机装置，是基于页交换模式的立体眼镜，分有线和无线两种，是较为流行和经济适用的虚拟现实观察设备。然而，在应用要求较高的沉浸式系统中，三维眼镜的效果往往不能满足需求，我们一般采用应用较为广泛的头盔显示器，头盔显示器又称数据头盔或数字头盔，是用于跟踪头部运动的虚拟现实头套。我们知道，在传统的计算机图形技术中，视觉方向的改变是通过移动鼠标或键盘来实现的，用户的视觉系统和运动感知系统是分离的，而利用头部跟踪来改变图像的视角，用户的视觉系统和运动感知系统之间就可以联系起来，感觉更逼真。另一个优点是，用户不仅可以通过双目立体视觉去认识环境，而且可以通过头部的运动去观察环境。头盔还可单独连接主机，以接受来自主机的立体或非立体图形信号。

（三）方位跟踪器

方位跟踪器主要用来测量用户的头部或者身体的某个部位的空间位置和角度，一般与其他虚拟现实设备结合使用，如：头盔、立体眼镜、数据手套等，用户在空间上能够自由移动、旋转。有六自由度和三自由度两种产品。

（四）数据手套

数据手套是一种多模式的输入设备，通过软件编程，将用户的动作转换为计算机输入信号，如可进行虚拟场景中物体的抓取、移动、旋转等动作，也可以利用它的多模式性，用作一种控制场景漫游的工具。数据手套是 VR 系统常用的人机交互设备，它可测量出手的位置和形状从而实现环境中的虚拟手及其对虚拟物体的操纵。通过手指上的弯曲、扭曲传感器和手掌上的弯度、弧度传感器，确定手及关节的位置和方向。数据手套由很轻的弹性材料构成，该弹性材料紧贴在手上，同时附着许多位置、方向传感器和光纤导线，以检测手的运动。光纤可以测量每个手指的弯曲和伸展，而通过光电转换，手指的动作信息可以被计算机识别。

四、虚拟现实系统关键技术

如此神奇的虚拟现实技术的实现是由多种综合性技术来完成的，从系统组成上来看，虚拟现实系统包括检测模块、反馈模块、传感器模块以及建模模块，在系统中，采用的主要技术有：高性能的计算处理技术、模型构建技术、实时三维图形生成技术、立体显示和传感跟踪技术、系统集成技术等。

（一）高性能的计算处理技术

虚拟现实是以计算机技术为核心的现代高新科技，计算机处理技术的高低成为虚拟现实系统性能好坏的决定因素。具有高计算速度、强处理能力、大存储容量和强联网特性等特征的高性能计算处理技术主要包括以下内容：①服务于实物虚化和虚物实化的数据转换和数据预处理；②实时、逼真图形图像生成与显示技术；③多种声音的合成与声音空间化技术；④多维信息数据的融合、数据转换、数据压缩、数据标准化以及数据库的生成；⑤模式识别，如命令识别、语音识别，以及手势和人的面部表情信息的检测、合成和识别；⑥高级计算模型的研究，如专家系统、自组织神经网、遗传算法等；⑦分布式与并行计算，以及高速、大规模的远程网络技术。

（二）模型构建技术

基本模型的构建是应用计算机技术生成虚拟世界的基础，它将真实世界的对象物体在相应的三维虚拟世界中重构，并根据系统需求保存部分物理属性。模型构建首先要建立对象物体的几何模型，确定其空间位置和几何元素的属性。例如，通过 CAD/CAM 或二维图纸构建产品或建筑的三维几何模型；通过 GIS 数据和卫星、遥感或航拍照片构造大型虚拟战场。当几何模型和物理模型很难准确地刻画出真实世界中存在的某些特别对象或现象时，可根据具体的需要采用一些特别的模型构建方法。例如，可以对气象数据进行建模生成虚拟环境的气象情况采用动态环境建模技术，获取与实际环境一样的三维数据，并根据这些三维数据建立所需的虚拟环境模型。同时，我们也可以采用 CAD 技术或非接触式视觉建模技术获取三维数据，两种技术的有效结合，能大大提高获取数据的效率，这项技术也是虚拟环境生成的基础技术。

（三）实时三维图形生成技术

如果有足够准确的模型，又有足够的时间，我们就可以利用计算机生成不同光照条件下各种物体的精确图像，但是这里的关键是实时。实时三维图形生成技术是图像生成的关键，因此，对图像的帧速率要求较高，最好高于 30 帧／秒才能保证高质量的实时图像。例如在飞行模拟系统中，图像的刷新相当重要，同时对图像质量的要求也很高，再加上非常复杂的虚拟环境，问题就变得相当困难。

（四）立体显示和传感跟踪技术

虚拟现实的交互功能主要依靠立体显示和传感器技术来实现：用户通过传感装置可以直接对虚拟环境进行操作，并得到实时的三维显示和反馈信息（如触觉、力觉反馈等）。空间跟踪主要是通过 HMD（头盔显示器）、数据手套、数据衣等交互设备上的空间传感器，确定用户的头、手、躯体或其他操作物在虚拟环境中的位置和方向。声音跟踪利用不同声源的声音到达某一特定地点的时间差、相位差、声压差等进行虚拟环境的声音跟踪。视觉跟踪使用从视频摄像机到平面阵列、周围光或者跟踪光在图像投影平面不同时刻和不同位置上的投影，计算被跟踪对象的位置和方向。

（五）系统集成技术

虚拟现实系统的形成采用了大量的感知信息和模型，其中的技术更是纷繁复杂，如何将这些先进复杂的技术有机整合起来，这同样是一个难题，因而，系统的集成技术就显得至关重要。集成技术包括信息同步技术、模型标定技术、数据转换技术、数据管理模型和识别技术等。

五、虚拟现实技术在传媒中的作用

（一）规避现场危险，延伸感觉器官，弥补缺失信息

虚拟现实技术在信息传播过程中可以重构有潜在危险的新闻现场，让受众在虚拟的战争、火灾、水灾、地震、雪崩以及火山喷发等新闻现场切身感受到全息的信息，不仅能看到现场的形色与动态，能和听到现场的声音，还能嗅到现场的气味，能触到现场的质感与分量等。

（二）打破时空限制，建立娱乐社区，增强交互功能

虚拟现实提供的是全息的信息感知，媒体可以借助虚拟社区打破时空限制，建立虚拟社区。在这个社区中，不同物理空间的参与者可以通过交互系统，作为虚拟社区的一员，与其他参与者处于"同一个时空"，大家可以在虚拟的环境中"围坐在圆桌旁"讨论共同的话题，或者参与者在"主持人"的组织下，同时参与一种游戏比赛，如参与者可以在虚拟的环境中进入方程式赛车，与其他的参与者共同驰骋在赛道上，体验比赛过程直到比赛结束。

（三）重构事物原型，夸张表现世界，提供直观体验

对事物进行直观体验，建立直接经验需求在虚拟现实中是很容易实现的：通过交互系统，我们可以超越时空进入虚拟现实的侏罗纪驱车遨游；与恐龙打交道，远可闻其声，近可观其形，甚至可以"走近"性情温和的恐龙，触摸它的肌肤，感觉它的体温，了解它的气味等。对于宏观世界的认识，我们可以乘着虚拟的宇宙飞船进入逼真的虚拟太空，可以像阿波罗号一样来一次完美的登月旅行，也可以在缩小了时空的宇宙中向木星靠近。当然，我们也可以进入放大了的微观世界，在血液循环系统中畅游，甚至可以选择进入红细胞，去探求其中的奥秘。虚拟现实技术可以缩短时间，也需要几十年甚至上百年才能观察

的变化过程在很短的时间内呈现出来。例如，生物中的孟德尔遗传定律，用果蝇做实验往往要几个月的时间，而虚拟技术在短短的十几分钟内就可以实现。所有这一切无法亲历的世界却被虚拟现实带到了我们身边，把直观的感受给了我们，把直接的经验奉献给我们，这就是虚拟现实在教育类信息传播中的最重要的贡献。

（四）重现历史事件，再现历史人物，参与历史进程

无所不能的虚拟现实会把我们带入任何历史时代，我们可以和远古的大禹一起翻山越岭去治水，体验治水的艰辛；我们可以在太平盛世的大唐，登上宝殿，与唐王李世民分享大唐文明；我们还可以面对大清的慈禧太后，与她争辩中国的历史前程；我们还可以和历史伟人毛泽东并肩战斗，促膝畅谈国运，畅谈国际国内政治；我们可以参加抗日战争，游历历史古战场。历史唯物主义认为，历史就是历史，是无法改变的。但是，我们渴求了解历史的最好方法就是亲历和参与，在漫漫的历史进程中，我们可以作为某个历史阶段的一员参与其中，在虚拟的历史阶段，体验特定阶段的文明和特征，真切感受历史文明的进程。

（五）建构故事情节，塑造人物角色，再造影视样式

基于虚拟现实的影视剧完全就是生活本身，原因在于虚拟现实只是建构了故事环境，包括灯光、场景、道具和服饰等等，剧情中的角色由参与者本人担任，每个参与者（不是演员）带着角色进入虚拟场景中，看似在演戏，其实是在经历酣畅淋漓的情感游戏和生活本身。有了虚拟现实的影视剧，我们也可以进入《007》的剧情，任意替换角色，任意选配搭档，共同完成007所应负有的任务。虚拟现实技术介入影视领域，将会彻底改变影视样式，让影视从银幕走向生活。

（六）搭建购物平台，综合多种业务，创新个性服务

基于虚拟现实的交易平台可以提供逼真的市场空间，终端的客户可以借用交互系统进入虚拟的市场环境，亲自"动手"选择商品，并且可以触摸它的质感、品尝它的口感，一切就像在现实的市场中购物一样。虽然购得的物品依然需要在现实环境中由物流的商家负责配送，但就购物的前端过程而言，顾客受到完善的、人性的和个别化服务。基于虚拟现实的交易平台不只是提供"商场购物"，

还可以提供多种业务，只要是现实空间存在的交易，都可以移到虚拟现实中进行。虚拟现实不仅提供了实实在在的交易，更重要的是它提供了一种创新的个性化全程服务。凡是进入虚拟现实交易系统的客户，都可以受到"服务员"的引导和完善的服务，只要硬件系统允许，虚拟现实的服务员便可以实现一对一的服务。虚拟现实带给我们的将是全新的交易服务体验。

第五章 数字化与中国传媒业

第一节 数字化的新模式

传媒业的数字化包括新媒体的崛起,传统媒体的数字化,传媒机构的数字化,以及传播和接收活动的数字化。

数字媒体被称为新媒体,包括网络媒体、互动电视（通过有线电视网）、移动电视（主要装载在交通工具上）、手机、光盘、硬盘录像、电子阅读器等。目前分众媒体、聚众媒体、移动媒体等市场尚小,被称为缝隙市场里的缝隙媒体。Web 2.0 带来巨大的潜能,使众多点对点的或自媒体（个人点对面传播）的新形式方兴未艾。

有的传统媒体采用了数字技术,但其基本形态和性能并没有质的改变。如用数字技术制作和传输广播电视节目,在传统接收机上播放出来；如模拟电视机采用了数字技术,能自动搜台等。这些仍不属于新媒体。而当广播电视进入了互联网或宽频有线电视网,受众可以自主点播、下载、保存,就有新媒体的性质了。

数字化使大众传播在传播时间上更快、空间上更广、内容上更多、形式上更丰富、使用上更便捷,并带来传播上和经营上的许多新模式。

一、传播新模式

这可以从传播过程及其中的五个基本要素即传者、内容、媒介、受传者和传播方式,来考察数字化带来的传播新模式。

从传播过程看,数字化使许多传播的起点已经不是传者或信息源,而是受传者。

从传者看,数字化改变了大众传播的传者。过去大众传播的传者一般为专业化的媒体组织，数字化大大扩大了传者的范围。网络服务商、移动通信运营商都可成为大众传播的传者。Web 2.0时代的普通人也能利用网络或手机媒体，通过博客、个人网站等自媒体,通过许多主要由普通公民供稿的"公民新闻"网站，进行点对面的传播，成为大众传播的传者。

从内容看，数字化使信息和观点多元化、全面化，民情民意、不同意见、舆论监督等内容大大增加。传统媒体的议程设置也深受影响。许多记者编辑经常从各种网站、博客等上寻找报道和评论的线索。已有不少社会性议题是先在网络上火爆，然后传统媒体才进行报道。有些弱小、边缘媒介的内容，也通过网络而进入其他媒介和全社会的视野。

从传播媒介看，数字化不仅带来网络媒体、手机媒体的风行，还带来各种媒体的融合，带来人际传播、群体传播、大众传播媒介的融合，乃至万物互联、万物皆媒。

从受传者看，数字化赋予其空前的传播自由度和主动权，乃至随时可成为传者。

从传播方式看，数字化使大众传播可以由单向传播变为双向互动，由点对面变为点对点，还使广播电视传播可以由传者安排的、按规定时间和先后顺序播放的线性传播，变为受众自己选择的、打破时间和顺序限制的非线性传播，受众可轻易地跳过不需要、不喜欢的节目和广告。

传受双方的随时互动使传播可及时调整。现在国外许多电视剧是边播边拍，播后马上收集观众对剧中情节、人物等的意见，以改进后面的拍摄，并可把受众最新关注的时事等内容编进去。

点对点的传播可开发出多种新的传播服务。如根据各个受传者不同的需要，提供专供信息、广播电视点播等。

非线性的传播加上数字化传播的无限容量、渠道和时空，使传播的主动权由传者向受众转移。以往在新闻传播中的"（境）内外有别""延迟报道""部分报道"等方式，在数字化时代已日益过时,取而代之的应是及时和充分，争取"先入为主"效应。宣传、广告传播也要改变强灌硬塞，尽可能采取让受众自愿获取、欣然接受的方式，以免被受众筛选掉。

移动传播更是带来传播方式的全新变化。

二、移动传播方式的特点

（一）随时随地，从而实时化、高频化

移动终端可方便地进行实时、随时更新的传播，多角度、多层面传播。传者和受传者高频率地进行传播活动，但过高频率地抢发新闻会使内容缺乏完整性和深度性，甚至丧失核对新闻的时间；用户过于频繁地刷屏也会浪费时间。

（二）多级化、分享化

移动传播的内容往往被不断转发，形成多级传播和扩散。在这过程中，往往还被加上各种评论，甚至被删改。多级传播的动机往往是分享。

移动新闻分享主要通过微博和微信，前者是弱关系传播，后者是强关系传播，分享的心理动因主要是经验分享、社交、地位寻求，通过转发新闻，在朋友间产生一种类似意见领袖的地位，尤其是当自己成为第一个转发某条新闻的人并且之后朋友纷纷转发时，会获得成就感和满足感。

这种分享具有较强的时效性、互动性、自主选择性，分享的对象往往是熟人，分享者的评论一般还会增强人们的阅读意愿。

但这种分享往往有违新闻的真实性、客观性和严肃性，并容易产生"回音壁"（或曰"回音室"）效应些意见相近的声音不断重复，还会以夸张、扭曲的方式重复。

（三）互动化、个性化

移动传播的互动化可分为三种：一是人际互动化，包括评论、分享、点赞，以及用户与内容生产者之间的直接互动。二是人与内容本身的互动，形成"互动新闻"—利用虚拟现实（VR）、增强现实（AR）等技术，多形式、多媒体地展现新闻内容，给予新闻受众多感官的刺激，让用户自己探索、自己讲故事、自己思考、自己得出结论，乃至提供有关新内容。三是数据互动化。社交化同时，用户可从几乎无限多的渠道，选择最符合自己需求的内容，从而大大提高传播的效率和效果。然而也会带来信息范围受限、内容片面等问题，如"信息茧房"和"意见回音壁"问题。

（四）群体化、社交化

许多移动传播在群体中进行，如微信群、微信朋友圈。群成员之间许多是熟人，具有熟人之间传播的特征和效果。

满足社交需求成为许多人参与新闻传播的重要原因。腾讯新闻之所以获得大量用户，一定程度上也有赖于社交平台 QQ、微信奠定的用户基础。其他各类移动传播媒介也力图通过社交化提升信息传播的速度与广度，一方面，与既有平台合作，如今日头条、ZAKER、一点资讯等都支持将内容分享至微信、微博、QQ 等平台；另一方面，在自有平台上打造内容社区提升社交性。于是传播意图的社交化与内容的社交化相互支持和加强。

（五）碎片化，草根化

移动传播让用户可经常利用碎片时间，同时许多整块时间也被碎片化了——不断被移动终端打断、切碎。与之相应的传播也往往是断断续续、零零碎碎的。

碎片化也表现在传播内容上，短小零碎的信息可在移动终端随时出现，许多完整的内容也是由种种片段凑成的，那些片段往往还是来自不同的提供者。越来越多的移动内容产品把这种碎片化考虑在内，尽可能短小、分段，这反过来又加剧了用户的碎片化接收习惯。

碎片内容提供了丰富的信息，填补了碎片时间，但也造成了碎片信息泛滥，使人们的注意力分散，难以进入深度阅读。

人们的知识和思维也被碎片化改造了。碎片、娱乐内容挤占了深度阅读和思考的时间，久而久之，思维也趋于宽泛有余而深入不足。

过度沉溺于碎片、表层、浅阅读内容，还会使受众不知不觉地满足于被动的知识积累，懒于思考，乃至降低社会参与度、行动力。

碎片化还表现在传播主体上，传者和受众不再只是一个个整体，越来越多地成为碎片式的群体或个体。

人际关系也大大增加了广度、减少了深度，人与人之间遥远的距离不是"我在长江头，君在长江尾"，而是我在你身边，你在手机里。

因此，需促进碎片内容的集聚、碎片平台的交互与整合，用户也需清醒认识碎片化的问题，自觉降低其负面影响。

移动传播使人人都能成为传者，许多普通公众也能随时随地发出新闻和评论，反映基层民情、草根意见和愿望。

三、盈利新模式

所谓盈利模式，就是有关利润的来源、生成过程、产出方式和相应管理控制的系统化方法，比如通过低价销售报刊得到更多读者，进而赢得更多的广告收入。

利润来源不仅与终端产品和服务有关，还与技术、渠道、顾客、资本、声誉、品牌等相关。盈利模式有产品为中心模式、客户为中心模式、竞争为导向模式（主要以差异化、核心竞争力获得盈利）、关系为导向模式（与各种利益相关者合作共赢，包括客户、代理商、金融机构、品牌共享者、战略联盟伙伴）。

数字化不仅创造了网络、手机等新媒体及其盈利模式，而且给所有媒体都带来了新的盈利模式，包括传统媒体与各种新媒体的结合，对信息进行深度加工和整合，产生种种新的媒介和其他服务产品—如提供定制信息和数据库、研究报告和专门咨询，提供受众情况统计、传播效果测评，还包括更好地建立客户关系，满足客户的其他各种需求（如购物、交流等）。

以中国计算机报社为例，一方面充分发挥平面媒体在公信力和影响力，在重大题材、深度报道，携带、管理及视觉效果等方面的优势；另一方面又充分利用网络、手机等新技术、新渠道在读者互动、内容创造及传播速度等方面的优势。以《中国计算机报》品牌为中心，建立报纸—网站—移动服务供应商—数字内容与数码产品相结合等多种渠道的集成传播平台，并采用读者行为追踪分析、数据库管理、专业搜索等技术手段。从单纯的内容传播服务拓展到数据库直投、专家型研究、广告效果评估等多元化服务；从单纯的广告经营拓展到活动、培训、咨询、无线服务供应商等多种经营。总之，通过报刊网络化、传媒数字化，建立起新型的收入持续增长模式。

如通过网站提高传播的时效性，要求记者在得到新闻的第一时间直接把报道发给本报网站；开设记者编辑的博客板块，在其中发布新闻和评论，与读者共同讨论，或请读者提供新闻线索；在网站上发布音频和视频信息，既可像传统广播电视那样线性地播出，又可让受众自由点击、非线性地播出，还可下载保存；开发各种针对特定人群的电子刊物，使广告更有效。报社还延揽那些已在网上获得较高人气的写手们，如各种博客精英，请他们参与网上或报纸工作。

在社交媒体时代，人际关系成了大众传播的"基础设施"。网站等新媒体建设中至少有三种关系：人与产品的关系、人与网站的关系、人与人的关系。过去网站经营的思路是为用户提供好的产品，通过人与产品的关系来培养用户与网站的关系，再通过网络社区等方式发展用户与用户的关系。而在社交媒体时代，也许这种思路反过来会更顺，就是首先需要为用户之间的关系培育提供好的土壤，当用户之间的关系稳固后，用户对网站的依赖和品牌忠诚度也就会顺理成章地建立，与网站所提供的内容及其他产品之间的关系也就更容易建立了。这种思路是通过关系的营造去培育产品的竞争力，即"关系为王"，如腾讯公司的微信。专业媒体要在社会化媒体时代立足，就需要充分认识人际关系在信息传播中的重要作用，并适应以人际传播为基础的新的传播模式。

第二节　网络媒体

网络媒体是基于互联网的媒体，不是互联网本身，就像广播电视媒体不是收音机和电视机。网络媒体是互联网上进行大众传播的部分，但又与其他传播融合在一起。

网络媒体兼容报刊和广播电视的图文声像功能，或直接把传统媒体包容在里面，同时又有大容量、超时空、多媒体，便于搜索、储存、反馈等多重特点，成为最主要的媒体。

一、问题和趋势

优点与缺点往往形影相随，网络媒体也是如此。

无限容量带来信息泛滥，有价值的信息和意见往往难以得到足够的关注；综合性会令使用者分心，闲聊、娱乐过度，甚至陷入网瘾；扩散性使不该传播的内容也迅速流传；虚拟与自由促使有害内容的传播；网络社区小群体容易形成意见回音壁。

网络媒体还有其他相对劣势，包括：①费用高。上网费和购买、维护设备的费用比消费任何一种传统媒体的代价都高。②操作复杂。这也甚于使用任何传统媒体。③长时间、近距离地使用电脑和手机，有损视力乃至身体健康。

随着科技、经济和网络媒体的发展，以上优势会逐渐扩大，劣势会大幅度缩小。如上网费用占个人收入的比例不断降低，上网操作不断简化。

传播技术正在走向 Web 4.0、N.0 时代；使网络传播的速度更快，声像质量更高，音频和视频内容更多。同时，网络终端更加移动化，走向手机 5G 时代。不易携带、影响使用者健康等问题，也都在日益缩小减弱。

传播活动的重心向用户端转移，负面影响也日益得到认识和重视。

这些都使网络媒体趋于更加随时、随地和随意。同时，网络媒体还有最优化和多样化的趋势。网民能方便地从网上找到最优的媒介和内容，不能做到最好的只能重新定位，另寻目标市场，形成差异化、多样化格局。

二、盈利模式

网络媒体如不能盈利便无法继续生存和发展，许多网站曾因此而关闭。网站的盈利模式包括但不限于以下几种。

（一）收费信息

这又包含四种方式：把新闻等信息内容打包向其他网站或媒体销售；用户付费才能浏览某些网页；用户付费进入数据库查询；提供网上专供信息。

最后一种是向政府和企事业单位等提供定制的，专业性很强、有一定实用性的电子文本，也可配以印刷本。订购者付费获得网络通行证后收阅。比如分别针对金融、房产、汽车、建材、化工、环保等行业，定期推出的参考文本，人民网、新华网都有这项业务。如人民网的一种最新政策信息电子读本，销售势头很不错。

（二）网络广告

从二十一世纪起，网络广告形态进行了很多创新。流媒体及多媒体网页制作技术将传统的网络广告发展到了视频点播技术。互动设计也是提高网络广告效果的重点，可由网民欣赏不同风格的主题曲，在网上投票选出自己最喜爱的曲子，这有别于以往强迫观看的方式。

（三）娱乐服务

如在线游戏和观看、下载影视片。在线游戏的赢利主要靠销售各类游戏卡。不少网站还在全国织就了一张很大的销售网，通过各地游戏专卖店销售，并开通了网银、邮汇、电汇等支付途径。内容上，各大网站仍侧重于做国外游戏的代理，国产游戏不足20%。可见中国游戏市场的发展空间非常大，一款畅销的游戏出现，就会立刻带来滚滚财源。

（四）机构合作

如给政府部门或企事业单位办网站、微博、公众号，进行网上直播。文字、图片、音像资料都可在第一时间上网。网上直播不需要电视直播昂贵的设备和庞大的直播队伍，收费也较低，还可直接与受众进行现场交流。直播的内容又可随时调阅，反复收看，或下载保存。也可与政府或企事业单位联合开办网上服务业务。

（五）多种线下经营

网络媒体也可进行与媒体业务相关或无关的多种经营。如可以提供网络广告制作、域名注册、主机托管、空间租赁，乃至办网店等。

（六）图片库、稿件辛迪加

国内外已有许多通过网络展示和销售图片的网站，它们也被称为图片库，如中国新闻社主办的中国新闻图片网，如国务院新闻办公室图片库。它们都是在网站上，将用户和图片作者整合进可视化的采编、制作、展示、销售平台。客户有传媒机构、广告公司和工商企业等。它们可通过互联网浏览、检索、下载和使用数字化图片。

辛迪加是外语的音译，原意为"组合"，经济学中指同一行业的少数大企业，通过签订统一销售或采购协定而形成的垄断组织，用以获取垄断利润。而稿件辛迪加实际相当于特稿社，类似于图片库。特稿、深度报道、专栏作家稿件，都可通过稿件辛迪加供各种传媒机构购买。这种稿件可以是面向大众市场的，也可以是面向小众市场的。

（七）把传统媒体内容变成网络媒体的财富来源

新闻媒体的负责人常常担心把传统媒体中的内容放到网上，会影响传统媒体的商业价值。而事实上，大多数传统媒体网站的浏览者，并不是该传统媒体的经常受众。失之东隅，收之桑榆，可在网上增加新的受众和相应的经济、社会效益。

（八）网上远程教育

通过计算机网络、多媒体与远程通信技术，可实现跨时空的全新教学方式。中国现代远程教育工程的目标是形成开放式教育网络，构建终身教育体系和学习化社会。中小学已有网校，向学生提供重点中学的同步教学和复习内容，还可以根据学生的要求进行辅导。网上教师都是一线的优秀教师，对家长和学生很有吸引力。

第三节 手机媒体

手机可吸收报刊、广播电视和网络媒体的精华内容，又可随时、随地、随身、随意地接收和发布信息，正成为人们最经常使用的主流媒体，并在很大程度上改变和整合其他媒体、传媒机构和传媒产业，以及个人、组织、社会的生活方式、工作方式、运行方式。

一、手机成为媒体

手机作为大众传播的接收端和发送端而成为第五媒体。智能手机不仅是人的延伸，而且是媒体的延伸，使各种媒体都能通过手机随时随地、随心随意地传播，使媒体的服务延伸到各个角落。手机衍生出大量的社会化媒体和社交媒体，因而成为人们最经常使用的媒体。

手机把大众传播与人际传播、群体传播、组织传播融合在一起，带来人际、群体、组织、大众传播媒介的融合，以及传媒业与通信、信息技术行业的融合，乃至与商业、贸易、金融等行业的融合。

新闻机构纷纷将内容进行分类、浓缩，制作成适合手机传播的形式，以短信、手机报、软件等途径扩大传播范围。微博使每部拥有上网功能的手机都可成为大众传播工具。微信等即时通信工具又让人们可通过网络快速发送语音、文字、图片和视频，走红程度很快超过了微博。

现在人们可随时通过手机获取和发布消息，上传图片、视频，其中有些内容又被其他媒体采用，广为传播。其他媒体的许多内容则被手机转发，进入二级、多级传播。新闻报道也在更多地采用"手机+网络""实时+滚动""业余+专业""微博微信+报道"等形式。

二、手机媒体产业链

手机媒体产业链打破了传统媒体的地区和行业分割，并创造了网络提供者、内容提供者和销售渠道提供者共同经营媒体的新型产业链。

移动通信产业由4个独立的产业链组成，分别是移动通信系统、移动通信终端、移动数据产业和无限局域网（WLAN）通信产业。

移动通信系统是手机媒体产业的基础。移动通信终端产业链指的是手机设备的生产、供应、销售、售后服务等价值环节。移动数据产业是手机媒体产业的母体，手机媒体产业是移动数据产业的组成部分。目前中国手机媒体产业的存在形式是移动增值服务，即移动数据服务。只有当拥有原创内容和展示窗口的手机网站出现之后，才形成真正意义上的手机媒体产业。

手机媒体的客户分为个人用户和企业用户。为了使客户获得满意的服务，必须同时有技术和内容的保证，相应衍生出技术运营和内容生产两个产业。在国家政策和标准化组织提供的行业标准之下，技术运营商和内容生产商共同促进整个产业的发展。

移动内容提供商（ICP）提供各种有偿信息，收集人们感兴趣的信息，将它们制作成适合在手机平台上发布的格式，出售给服务提供商。服务提供商（SP）是内容提供商和移动运营商之间的代理厂商。随着移动运营商和内容提供商之间合作的日益深入，SP将在这个产业链中消失。

第四节 新媒体素养

一、新媒体素养的必需

世界上只有好处而没有坏处的事物很少。新媒体更为复杂，它对人类传播的积极作用正日益展现出来，而其消极影响也日益引起人们的关注，如问题信息、问题邮件。

怎样才能既充分发挥其积极作用，又防止其消极影响？可以举出很多措施，如发展网络事业、加强网络管理等。然而措施也会有两种结果。关键是人，所有事物和措施，都得看什么人创造、掌握、维护和使用。尤其是既复杂又与人关系密切的事物。比如法律的作用，取决于制定者、执行者和遵守者，新媒体也是如此。

随着新媒体逐步走向主流，人们对新媒体的素养也日益重要起来。这种素养既有助于充分发挥和利用新媒体的积极作用，又能防止新媒体的消极影响。如果许多人缺乏使用新媒体的能力，只是沉迷于新媒体的娱乐功能，对新媒体中的内容良莠不分，长期受其副作用的毒害，没有良好的社会舆论对新媒体进行监督和引导，那么新媒体的发展势必会受到很大的制约。

二、新媒体素养的内涵

与传媒有关的基本素养是新媒体素养的基础，有关传统媒体的素养也与新媒体素养直接相关。新媒体对传统媒体具有很大的包容性，报刊的一部分、广播电视的大部分，将以新媒体为载体或直接以新媒体的方式出现，如电子报刊和网络广播电视。

新媒体素养还有其特殊的内涵。对此也可从认识、利用和参与来把握。

（一）对新媒体的认识

1. 认识新媒体本身

首先是了解关于新媒体的基本知识，如计算机和网络的基本知识，还要了解新媒体的性质和特点，其中有大众传媒的共性，又有其特性。

新媒体有"多、快、好、便"的长处："多"：容量大、内容丰富全面。不仅单个网站的容量大，如人民网的内容远远多于《人民日报》，而且通过超文本链接，使内容的深度和广度可以无限地延伸。

"快"：迅速及时。传者可通过互联网迅速采集和传递信息、图片等。受众可随时获得网上的内容，打破了书报刊印刷和发行时间的限制，电影和广播电视放映和播出时间的限制。

"好"：一方面信号的质量高。数字化的信号处理、传输和接收，其保真度远远高于传统的方式。数字化信号的优化也可轻易地达到几乎理想的程度。另一方面可容纳文字、图像、声音、影像，并通过图像变形、受众参与等，创造出许多前所未有的新形式。

"便"：传送和接收、保存和处理方便。随时可以传送和接收就带来了很大的方便，空间上可轻易地跨地域、跨国界、跨文化，利用卫星可到达全球任何地方，打破了传统的地缘政治、地缘经济、地缘文化的限制。数字接收终端的小型化和多功能化，把众多便利集于一身。数字化信息还可方便地进行搜索、复制、保存、统计、处理。

新媒体也有其短处，以网络媒体为代表，短处包括费用高、操作复杂、声像质量不高、安全隐患、健康损害。

2. 认识新媒体对传播的影响

①使大众传播更全面。一方面让人们更接近客观事实，让人们获取许多难以获得的信息，另一方面让优质信息得到更广泛、更充分的利用，并使有些弱小、边缘媒介的内容，也能通过网络进入全社会的视野。②使大众传播更广泛、更深远。其积极意义不言自明，但也会产生副作用。不仅有害信息也会如此传播，即使是一般的信息也会产生意外的后果。一条负面的新闻，当事人也许犯的错误并不大，但是经过网络无限的传播，众多媒体及网民便群起而攻之，杀伤力极大。一点小错误有可能被成倍地变大，由此而造成的社会压力远远超过当事人所犯的错误。③使大众传播更自由和交互。④使大众传播更有针对性。主要通过个性化的甚至点对点的传播实现。⑤产生许多新问题。新媒体易产生版权、

隐私权、内容控制、信息鸿沟等方面的许多新问题。

同时，手机还大大改变了人际传播和群体传播，并带来了许多新的机遇和问题。

3. 认识新媒体的影响

新媒体将大大改变人们的认知、交往方式，改变社会的信息传播交流方式，以及相应的人际关系、生产关系、社会关系。

（1）社会方面

新媒体传播方便、交流自由等特点，形成新的反映舆论、交流观点的公共空间，增加公众维护自身权益和参政议政的机会，打破传统媒体的话语垄断权、信息发布和控制权，同时提高政治的开放度和透明度。

中国的传媒事业坚持为人民服务、为社会主义服务，传播一切有益于物质文明、精神文明和政治文明建设的内容，在媒介中突出正面宣传的主旋律，呈现出"多种媒介，一种声音"的特点。与此同时，人民内部也要百花齐放、百家争鸣，充分反映各种情况和意见，充分发展人们的个性和创造力。新媒体的广泛使用，使这两个方面都得到了加强，尤其是后一方面，出现了前所未有的"一种媒介，多种声音"的状况。

新媒体的开放性、平等性特点，还削弱了以往的地域重要性，并为边缘群体去除了某些障碍，提供了建立社会联系和参与社会公共生活的新机会。

新媒体对经济的影响也是明显的。新媒体本身有很大的经济价值，还大大促进了全社会的经济发展，通过促进信息传播、资金流动、物资流通、市场交易、企业管理、人才交流，提升世界经济的全球化水平。

但是，新媒体的积极作用也会受到很大的限制，同时还会产生一些负面作用。

对新媒体实施社会管理和控制的难度较大，传播自由在新媒体领域较容易被滥用。新媒体使地域内交流转向共同兴趣和偏好基础上的交流，这又容易造成小群体意见的趋同甚至走向极端。

管理者可以对有些网站和关键词实行屏蔽，也可以要求搜索引擎这样做。传统媒体在新媒体领域具有强大的、独特的优势。人们的注意力是有限的，经常浏览的网站大多也就十几个，许多信息、"声音"虽然上了网，仍不能被社会注意到。因此，信息控制、话语新权仍然存在。

（2）文化方面

新媒体文化有离散性特征。新媒体构成隔离性极强、自由度极大的虚拟空间。这有助于构筑和保持文化多元，加强人们的自主性，同时又对社会文化和个人意识，思维方式、工作方式、交往方式和生活方式，乃至社会文化整体，产生很大的影响。

东方文化与西方文化、传统文化与现代文化、精英文化与大众文化、主流文化与非主流文化，都可有自己的网络空间。它们之间是平等的，不存在所谓上下、高低、先后关系，彼此相对独立、互不侵犯，充分体现了文化领域中相互尊重、相互理解的和谐关系。

同时，网络使用者可以选择一种隐身或匿名方式，也可以变换不同身份或角色，在抹去地位、年龄、性别、相貌的情境下，大胆地表达、交流，享用资源。持各种文化观的人可以和平共处，自由发表意见。在网络上排斥或限制其他类别的信息、对某种文化进行封杀或压制，比在传统媒体上困难得多。

新媒体在很大程度上改变了传媒的格局，还影响了传统媒体的内容。已有不少社会性议题是先在网络上火爆，然后才引起传统媒体的重视。

（3）对个人的影响方面

新媒体可大大开拓个人的传播和交流空间，是人的延伸。新媒体可使人与人、人与社会的交往更为频繁，联系更为紧密。一方面提高人的生活质量和发展水平，另一方面提高人的活动效率和自我价值实现程度。

相对于传统媒介，网络使个人在传播中和信息的获取和发出中，能够比过去主动。这有助于提高人们的信息生活质量，形成人们的独立自主性格，同时又对个人的素养，包括个人的格调品味、分析判断能力、自我控制能力，以及写作、计算机操作等能力，提出了新的要求。

新媒体对个人也会产生很大的负面作用。新媒体构成的虚拟世界会使许多人疏离真实世界，降低在现实中的行动能力，有些人还由此形成说谎的习惯。

（二）对新媒体的利用和参与

人们参与传统媒体的机会不是很多，而新媒体则不同。人人可以成为新媒体的传者，上网发帖子、建博客等。同时也可通过电子邮件参与网上调查等，方便地给新媒体机构提供情况、意见、建议或其他反馈信息。

作为管理控制者，应以积极的态度和科学的管理充分发挥新媒体的积极作用，同时也尽可能防止其负面影响。对于利用新媒体进行违法和犯罪，要加强打击力度。

作为内容发布者，从媒体机构到个人网站、博客、网上论坛等作者，都要清醒地认识到网络媒体的社会影响，尤其是青少年，要负责任地进行网上传播，包括确保信息真实准确、意见客观公正、内容健康有益，不侵权，正确引导舆论。

作为一般机构和个人，一是要尽可能充分地取其利而避其害。如善于选择质量高、信誉好的网站，对陌生的网站或网页，能根据其内容质量，以及打开网页的速度、文字的错误率等"硬指标"，主办者、参与者等"软指标"，做出大致的评判，并善于分辨网上信息的优劣。同时对网络安全问题有一定的防范意识和能力。还需要具备一定的自我控制能力，不陷入各种聊天、游戏等内容而浪费时间、贻害身心。

二是要注意社会效应。在新媒体面前，人人可以轻易地成为传者，上网发帖子、建个人网站等。这就需要有一定程度的媒介传者素养，包括一定的道德水准和社会责任心，利用好传者的权利，履行好传者的义务。一般机构和个人传者与传媒机构的权利和义务虽然不完全一样，但在许多方面则是相通的。在具备一定程度的知晓权、创制权、传播权、著作权的同时，也要遵守法规和其他规章制度，遵守社会公德和传者道德，尊重受传者的权益，承担社会责任。例如，力求信息真实准确、客观公正，不以无聊信息损害他人。

三、新媒体素养的提升

各级干部，尤其是对传媒事业产生直接影响者需要提升新媒体素养。这种提升不仅能使他们更好地利用新媒体，还能使他们积极地支持新媒体发展，科学地开发、利用和管理新媒体。

同时要提升媒介工作者的新媒体素养。他们对大众传媒（包括新媒体）的影响是最直接的。而且其他公众的传媒素养也主要来自传媒的"言传身教"，在正规的传媒素养教育还没有普遍兴起的地方尤为如此。虽然媒介工作者已具备较多的传媒知识，但对传媒的认识仍不足，时代的发展又使大众传播不断出现新情况、新问题，对传媒的认识也要及时更新，与时俱进，而且新媒体对媒介工作者来说也是新事物，也要有一个学习、认识、掌握的过程。不论是新闻采访，还是收集、核实新闻写作和评论的资料，不论是利用新媒体扩大传播效应，还是开发和占领新媒体市场，都需要有相应的新媒体素养。

还要提高其他普通公民的新媒体素养，他们是新媒体的使用主体，是媒介管理者和传媒人的后备军，他们中的许多人还是新媒体的传者，能通过新媒体对他人和社会产生影响。现在许多人对新媒体还不知不会，对他们的辅导更有消除信息鸿沟、优化新媒体环境、提高全社会信息化程度的作用。

尤其要提高青少年的新媒体素养。他们的信息分辨能力、是非判断能力和自我控制能力较弱，新媒体的形式和内容又远比传统媒体新颖、多样和复杂，青少年对新媒体的副作用，对新媒体中良莠不齐的内容缺乏足够的认识和防范。不仅大量中学生染上了"网瘾"而不能自拔，许多大学生还把大量时间用在了网络聊天、游戏上，影响了学业和身心健康。

除了社会要关心青少年，家庭更要如此。为此，家长需具备一定的新媒体素养。

第六章 传媒产业发展动因

第一节 技术动因

传媒产业的发展受到内外各种动因的影响，而其中对于产业本身来说，最为重要的推动因素主要在技术、经济、受众需求。从传媒发展的历史来看，技术总是伴随着社会的变革，它能在观念上通过总结与反思超越当前现实，为传媒的未来提供制作蓝图。再者，传媒服务于经济社会发展，同时也依赖于经济的助力，离不开可支配的各种资源和生产要素的运筹、谋划和优化配置。其受众需求的多样化，对传媒产品提出了更高的要求，也使得传媒资本的布局和技术的发展导向成为传统媒体的一种颠覆式的变革。国家政策变化的新趋势可以成为传媒产业的发展良机，如何把握国家的政策、法律，对传媒产业的发展具有战略性的意义。

一、传媒产业因技术而迭代

近代人类经历了农业时代、工业时代、信息时代三次大规模变革。进入信息时代后，技术创新对于任何社会子系统的演化推进作用更加凸显。反映在传媒生态圈内，"传媒 + 技术"表现为媒体的"智能化"和"泛在化"。

技术层面上，移动互联网、物联网、大数据、人工智能、VR/AR 等技术，正在推动新一轮传媒业生态的重构，机器、数据、"云"也在逐渐涌现，而这样的时代也意味着专业媒体与媒体人的价值重塑。在信息终端方面，可穿戴设备、智能家居、智能汽车将为未来人们的信息消费带来全新的模式。

作为技术动因之一的网络与数字技术为传媒产业带来新的机遇，并使此发展成为"互联网经济"中独特的组成部分。人工智能给传媒产业带来的变革，未曾止步于机器人写稿、智能编辑分发新闻，新闻源开采、新闻专题策划等，物联网技术的发展，将"万物皆媒"从概念转向实际，谷歌眼镜、可穿戴设备等都将媒体延伸变为现实。可以说，任何一种新的媒体的诞生都是技术力量催成的。

与此同时，网络与数字的迅速崛起打破了原来由西方大型传媒集团主导的世界传播秩序，世界传播体系正在进行解构后的重新建构，互联网的发展及移动互联网和下一代互联网的不断创新，使得这种体系重构的过程变成一种变动的"新常态"。传媒体系与网络空间交织不断深入，传统媒体和传媒集团的式微之态，与社交媒体的井喷式发展形成鲜明对比。

二、"技术决定论"与"驯化理论"

技术是推动传媒产业发展的最主要动因，新闻传播学的重要奠基人加拿大麦克卢汉被看成技术决定论的主要支持者，该理论最早是在《工程师与价格系统》一书中提出的，其核心观点认为，技术是自主的，有其特定规律和自身确定性；技术变迁导致社会变迁。

"技术决定"理论认为：传播在人类文化结构和人类心智中居于首位，传播技术和符号对文化产生深远的宏观或微观影响。媒介技术对社会和人的发展起决定作用，甚至决定了人类的生活方式。从二十世纪初的"火星人入侵"、拟态环境再到信息茧房，新的技术正不断朝着沉浸、虚拟、高度娱乐化的趋势发展。

"驯化理论"是与"技术决定论"相反的理论之一，该理论源起于二十世纪八十年代检讨科技与社会关系的研究背景，它重视人的主动性，并认为使用者消费科技的细节蕴有丰富意义。传媒技术必须进入家居，成为家居这个日常生活场景的有机组成部分。驯化理论认为，科技的意义并非由生产者单方决定，消费者可以通过对科技的使用和诠释而创造出特殊的认同，展现属于消费者的权利。

"技术决定论"又分为强技术决定论和温和的技术决定论。强技术决定论的主要学术流派是奥格本学派，该学派认为，技术是决定社会发展的唯一且最重要的因素，认为技术只需累积到某一程度，整个社会文明就会随之被驱动，发明、革新自然而然成为水到渠成的事。

诸如法国技术哲学家、著名的人文主义技术哲学集大成者埃吕尔这样的学者，并不认为技术完全不受社会制约就能独立存在；相反，他们认为技术的历史就是人类行动的历史，技术在政治、经济、文化等多重社会因素制约下对社会变迁起作用。换句话说，技术与社会之间的关系是相互的，技术既产生于社会，又反作用于社会。这种规避极端式思维，把技术上升至高于社会存在层面的、为技术与社会建立起互生互动关系的思想被称为"温和技术决定论"。

在媒介研究领域，持"技术决定论"观点尤其是继承"强技术决定论"的学者，最有影响力的要数多伦多学派的英尼斯和他的学生麦克卢汉，而学者麦奎尔将其媒介理论称为"传播技术决定论"。他们认为，媒介技术的变迁与社会文明变迁之间存在同步关系，传播技术革命直接导致了社会文明的发展。英尼斯在《传播的偏向》中，一直强调媒介对文明以及社会的影响，例如通过研究埃及文明中莎草纸对石头以及象形文字媒介的挑战，他认为媒介影响文字与思想的传播，进而导致了社会的变革。

而作为学生的麦克卢汉，提出的"媒介即信息""媒介是人体的延伸""地球村"等媒介形态理论概念，也被众多学者认为烙上了浓厚的"强技术决定论"色彩。作为传播学学科奠基人之一的施拉姆认为，麦克卢汉，正如他的老师哈罗德·英尼斯一样，是个技术决定论者。他同英尼斯一样，把西方近代史解释为建基于印刷文字传播上的偏颇与知识垄断的历史。这主要是基于麦克卢汉认为技术引起了工业革命、技术导致了市场经济的诞生、技术造成了个人主义的兴起，乃至激发整个民族国家、民主制度、科学观念与实践的发展。

媒介研究领域中的"温和派立场"认为，技术首先要从属于社会发展，才能推动社会进步，如提出创新扩散理论的著名传播学者罗杰斯认为，媒介技术在社会变迁中起着关键作用，书写的发明、十五世纪印刷术的发明、十九世纪中叶开始的电讯传播以及二十世纪四十年代因大型计算机的发明而开启的互动传播时代是人类社会重要的转折点。新技术的"互动性""个人化程度以及小众化本质"及"不受时间限制的异步性"将给社会传播体系带来革命性的影响。

媒介技术伴随着社会的变革，它能在观念上通过总结与反思超越当前现实，为传媒未来制作蓝图。所有的高新技术，必然通过传媒而进入人类社会，发生功效，与媒体用户需求密不可分。正如麦奎尔所说：经过证明任何传播技术发展的历史，结果都能够激励发明的步伐与物质方面的潜力。

三、传媒产业融合

诸如印刷、出版、广播、电视、电影、网络、手机等媒介技术对于整个传媒产业起着重大作用。媒介技术的发展对传播学者拉斯韦尔所提出的"5W"中的各个因素，即传播的主体（传者与受者）、信息、渠道与效果产生了重大的影响。现实中，各种新技术之间、技术主体之间、技术资本与管理之间等都在呈现或大或小的融合趋势，这就是一种传媒产业融合。在此媒介融合的时代背景下，打造一种以技术聚合为特征的融媒体形态，是媒介形态演进的需要，也是新兴媒介技术时代发展的必然趋势。融媒体传播的时代性趋势，决定了传受关系、技术驱动等融媒体传播特征的存在。如今我们所处的时代，有诸多学者称之为"智媒时代"，"智"字的意义则在于为不断涌现的新技术增添更多与人、与社会互动交融、渗透沉浸的可能性，新技术被前所未有地打上"人类智慧"的烙印。持续变革的媒介技术主要有以下几种。

（一）物联网（IOT）

物联网即"物物相连的互联网"，是在互联网基础之上延伸和扩展的一种网络；用户端延伸和扩展到任何物品与物品之间，进行信息交换与通信。在这个网络中，有三种互联关系：物品与物品，人与物品以及人与人，实质上更是服务于人与人之间的信息交互。

（二）现实增强（AR）

现实增强技术是将真实世界与虚拟世界集成在一起的技术。它通过电脑技术，将真实环境与虚拟物体叠加到同一个画面中，真实和虚拟的两种信息相互补充，具有实时交互的特点。

（三）虚拟现实（VR）

虚拟现实技术是一种可以创建和体验虚拟世界的计算机仿真系统，它提供一种多源信息融合的、交互式的三维动态视景和实体行为的系统仿真，使用户沉浸于环境中，带来一种身临其境之感。

虚拟现实被认为有沉浸感、交互性、想象性三个基本特征。所谓沉浸感，是指让人沉浸到虚拟的空间之中，脱离现有的真实环境，获得与真实世界相同或相似的感知，并产生"身临其境"的感受。所谓交互性，是指通过硬件和软件设备进行人机交互，VR用眼球识别、语音、手势乃至脑电波等多种传感器，与多维信息的环境交互，并逐渐趋同于同真实世界的交互。所谓想象性，是指在虚拟世界中，用户根据所获取的多种信息和自身在系统中的行为，在逻辑判断、推理和联想等思维过程中，对其未来进展进行想象的能力。

（四）人工智能（AI）

与自然智能（NI）相对应，机器成为能根据环境处理信息的"智能主体"，具备人类的认知、学习、分析、解决问题的智能，因此也称为机器智能（MI）。

四、科技媒体平台公司

独立科技媒体作为报道创业、投资信息以及互联网资讯，为创业者和投资人提供服务的平台，近年来得到飞速的发展。Facebook 土线内容平台 Instant Articles 让用户不再需要跳转到媒体网站去阅读新闻，而且此工具对图片和视频进行优化，内容加载速度极快，让用户在 Facebook 里就能得到极致的阅读体验。

五、智能传媒

现有的人工智能研究较大程度上依赖计算机科学。以模拟人类思维互动、智能仿生为呈现方式，又有高速运算、无限深度学习等优势，对传媒产业的价值链、生产方式、商业逻辑等都带来了颠覆性的冲击。它可分为逻辑智能、感知智能和认知智能三个阶段。

逻辑智能阶段依赖存储和搜索能力，通过学习人类经验数据库并构建模型，搭建其计算逻辑，代表成果是 IBM 的深蓝。感知智能阶段依靠深度学习工具建立对交互对象的感知，从而计算出智能主体本身的行为。认知智能阶段智能主体自身已内化为感知和情感的生发者，拥有与人一样的情感、思维和想象力。目前人们较为熟悉的人工智能研究领域如语言识别、图像识别、围棋对弈、无人驾驶等，都属于前两个阶段，认知智能研究还有待发力。

传媒产业在从灵感起源到成品面世、效果评估的各个环节，已形成一条较为固化的产业链，包括上游的内容制作公司、中游的出版发行公司、化的方式均衡发力于各部分。

（一）内容：节点化、嵌套式生成，多维信息制作体系

人工智能技术对新闻内容生产现有的结构化推进作用可分为以下几类：

1. 辅助人类内容制作者信息生产全过程，提高信息效率

借助智能信息"现场云"系统，记者只需一台手机，即可实现一键素材采集与同步回传，后方编辑部可与之配合，实时进行在线新闻编辑和播发，新闻报道时效性明显提升。

2. 机器研习内容融创规律，组建基础数据库

智能写稿助手 DreamWriter，在财经和体育赛事报道中崭露头角。机器人写稿作品语言流畅，引经据典，写作效率也比传统记者原创提升良多。

3. 以智能语音贯通人机，以一元化轻体验取代手脑并行方式

语音识别是人工智能最早使用深度学习并且迅速取得突破的领域之一，使用语音智能识别工具进行信息输出，可大大提高记者的工作效率，实现双手解放和内容生产人力成本的下压。

4. 信息反向筛查，打造立体产、发传输网

后真相时代，新闻真实性问题上升到新闻传播价值链中前所未有的高度。利用智能设备进行新闻信息核实成为新的利益连接点。

以人工智能的智能化特征重组内容生产行业，以持续学习、人机协同实现人机交互，和信息传播维度的扩充，是人工智能应用于传媒产业的原因。

（二）分发：分众定制，信息初筛共促集约化

人工智能技术主要体现在借助高速运转的算法机制和多平台、多矩阵的沟通互联形成资源优化和效率提升，打造流量工厂。人工智能对传媒产业分发过程的影响可归纳为以下几类：

1. 个性化分发助力用户个人数字画像

国内的个性化信息推荐平台依靠数据爬虫和矩阵筛选搭建信息分配与筛选

模型，通过个人的浏览偏好选择性推送信息，形成信息和用户的双向闭环互动。人在浏览信息时，信息也在观察人。个人的信息题材选择倾向、界面浏览时间、最后浏览位置等都记录在分发平台大脑中，以选择性地突出和弱化某类信息，长效吸引用户注意力，提高用户黏性。

2.智慧审校系统强化把关，信息筛查机制严密集约

信息过溢带来了审美疲劳和审核工作压力的加大，利用人工智能识别技术可减轻人工把关的压力。在信息传输的第一道关卡进行初筛，提升社区信息安全性和稳定性。图像识别、深度学习技术为提升信息筛查便捷程度提供了技术支持，如腾讯SNG（社交网络事业群）的优图团队聚焦图像识别领域，推出了图片识别功能；抖音平台通过比对大量多样化标注训练样本的相似性，提升机器审核的敏感度，减少人工编辑的工作量。就目前状况而言，智能编辑完全取代人工编辑尚未实现，但智能编辑的前置把关作用不可缺位。

3.无边界式学习成长，产业集约扩大化与资源浪费最小化

微软曾突破出版和人工智能的次元壁，通过打造智能语音儿童故事专栏和与当当云阅读的升级合作，学习经典童话故事、语音输出，借助场景化打造等方式，实现了人工智能和数字出版的联姻。

（三）呈现：技术共融与群智并生

人工智能对信息呈现平台的重构，往往与大数据、云计算、物联网等形成耦合作用，良性的互动能扩大信息到达率，深化受众对传播本意的理解程度，提升协商解码的概率。各类信息呈现平台在人工智能推动下的变革有以下特征：

1.万物皆媒，平台柔性应产业需求而变

人机交互、自然语言处理、机器学习、语音识别和语音合成、计算机视觉是微软研究院成立时最早的五个研究方向，也是今天人工智能的几个最重要的分支。与可穿戴设备的碰撞带来了移动场景的扩大、生理信息的收集，并因此促成了人工智能仿生学维度的延伸；与传感器技术交叉接入信息分析初始阶段节点，有助于形成容量更大、结果更真实的用户画像。

2. 仿真物理情景投射与再造，扩大虚拟环境体量

人工智能技术对人类能力的模拟逐步推向深入，也将人类依靠外部环境和社会交往形成的情境打破、重建。对人类生理信息的收集、辨别和机器模拟人类思维的研究，将加深人类和机器的交互行为深度，构建仿真物理情景，拉大现实物理环境和仿真物理环境的间隔，形成的"两个世界"。

第二节 经济动因

传媒经济环境对传媒的影响是直接的。传媒以其传播信息、引导舆论等功能为经济社会发展服务，同时传媒自身的发展也依赖于经济的发展。研究表明，传媒产业增长总是与经济的增长紧密相连的。

经济繁荣、物力雄厚，是传媒发展不可少的条件。如果经济低迷、百业萧条，传媒业很难一枝独秀。全球金融危机，不仅给全世界的金融业和实体经济带来了危机，也给各国的传媒业带来了彻骨寒流。这就是有力证明。

传媒的产业身份赋予其经济价值，经济价值则意味着传媒产业的资本进入，以及无形内容、有形物质产品的输出。因此，传媒产业的资金积累成为其价值链上的关键一环。传媒产业的运作，离不开可支配的各种资源和生产要素的运筹、谋划和优化配置，运营的目标是实现最大效力的收益，实现投资人和运作人等群体的价值回收。资本运营是使传媒产业价值焕发的外部作用力，如今传媒产业的外部作用力的渗透并不罕见。通过价值成本的流动、兼并、重组、参股、控股、交易、转让、租赁等途径，资本得以进入传媒业进行运作。

以时间属性、技术属性和控制方式的不同划分，可将我国的传媒产业分为传统传媒产业（如报刊、广播、电视等）和新兴传媒产业（尤其以商业主导的传媒公司为代表）。就第一类传媒而言，由于其传播话题的严肃性和身份归属的历史沉淀，其在资本运营方面仍属于严肃派，最突出的特点是外来资本渗透率低，渗透审核周期长。当前此类传媒的资本运营方式可分为三类：

第一类，合作经营，以投资的形式出现。也可利用资金买断某个时期内的广告经营权，再有就是资源置换，即传媒企业与其他企业进行相应的资源置换，实现优势互补。

第二类，证券市场融资。一是借壳上市，即资本运营方式。

第三类，金融机构借款。传统传媒产业与其他行业一样，也会通过借款方式壮大自身的资本实力。一般采取固定期限支付利息的形式，受政策的制约较少，成为多数传统传媒产业的最简化选择。

新兴媒体资本进入的途径更加多元，达到的实际效果和取得的口碑则呈现两极趋势。新兴商业媒体的资本来源更加复杂。自有资本、其他企业资金注入、股票市场融资都不少见，国家和地方级补贴也是重要的资金来源。商业传媒机构的经济价值更见诸其营利规模和多样化的营利手法上。狭义的商业传媒的主要商品是以新闻为代表的信息的生产、制作、传播；广义的商业传媒更是以其自由资源为桥梁，搭建起不同群体之间的资源交换渠道并以此获利。新兴商业传媒机构的生产成品纷繁多样，严肃类的新闻深度报道、精华知识课程，娱乐类的短视频、直播、网络综艺、网络自制剧等均有呈现。

第三节 受众需求

在传媒商业化的发展路径中，受众的需求成为驱动传媒产业发生变革的内在动因。

早在二十世纪七十年代，心理学家卡茨就提出了使用与满足理论，他认为，受众是基于特定的心理需求而使用媒介，从而使其需求得到满足的过程，受众不是被动的、一无所知的，而是主动地寻求信息。受众在传播过程中的作用被肯定，通过各种反馈机制，受众的需求也极大地影响了媒介的发展。

尤其是在以网络与数字技术为主导的信息时代，一定意义上的媒体消费者，其需求越来越多样化，对传媒产品提出了更高的要求。在这个过程中，媒体消费者的主体意识不断提高，倾向于在浩如烟海的媒体产品中寻求适合自己的、有针对性的服务。分众化趋势越来越明显，延伸出无数个细分媒体市场，个性化定制服务的需求显著。在此过程中，还涌现出大批以 UGC 模式出现的网络红人，他们被赋予更多的身份特性，即社交媒体生态圈层中的意见领袖、头部流量、带货能手等。网络红人将流量卖给媒体主，媒体主则通过吸引受众的注意力，再将其售给广告主，广告主再投资网络红人和媒体主。

相应地，为了适应网红力量对于创新内容和生产的需求，直播、AI、VR/AR技术也在进行深入延展，由此，消费以及消费模式、消费类型的变化在改变着传媒资本的布局和技术的发展导向。

"受众"来源于英文"audience"，在传播过程中往往代表着信息接收者一方—受众身份，经历了从"大众"到"市场消费者"再到"权利主体"的变化。

一、受众信息选择

与传统媒体一对多的传播方式不同，"多对多"（多个受众之间根据同一议题生产内容以面向更多的受众）甚至"多对一"（如微博中的@方式，多个受众将特定信息向一个受众进行传播）。

网络媒体中的受众，其信息选择可遵从以下几个特征：目的性、易用性、习惯性、积累性、经济性和社会性。"受众会出于各种各样的目的进行信息选择，海量信息的冗杂增大了受众进行逻辑检索与选择判断的成本，也加重了受众面对繁重信息时的压力，因此"简单易用"成为受众选择信息的前提与压力疏解方式。受众会更倾向于选择自己更熟悉、更能提升自己的信息。

二、内容需求从严肃正统到泛娱乐

一方面，人们更愿意接触为其提供消遣和情感满足的信息内容（如幽默段子、娱乐八卦等），需求呈现泛娱乐化之态；另一方面，即使是主流媒体发布的重大新闻，人们也更倾向于选择更为直观、报道风格更轻松的内容。

三、从深度报道到"临场"效应

多种信息获取渠道，日趋严重的碎片化阅读习惯导致人们急需高密度的信息刺激—信息的"量"正在取代"质"，受众需要在更短的时间内获得更多的信息。因此，读图、资讯短视频应运而生。以直播、VR等更具临场感的信息发布形式使得用户获得了更为真实的临场感体验。

四、从沉默受众到发声者

互联网时代，媒体评论区为反馈者提供了互动的平台；"弹幕"则通过实时发送等方式，为用户营造了前所未有的交互感。无论是微软小冰还是谷歌开发的新闻聊天机器人 chatbot，都传递着这样一个未来媒体的发展趋势：能够做好智能交互的媒体，就成了受众的"朋友"，就会获得更多用户的青睐。

第四节　传媒产业的发展

传媒产业在不同历史时期形成了差异化的产业发展模式。以我国为例，改革开放后，原有的国有控制型传媒产业模式调整为国有制为主体、注入私有资本的传媒改革。资本参与到传媒产品的生产过程中，将国、私并行内化为传媒产业的固定化模式，通过内生和外源性力量的交互，使传媒产业焕发新的活力，打破原有的"喉舌"格局。

通过传媒产业相关企业的改制上市或借壳上市，或通过其他形式绕过政策壁垒到资本市场筹集资金，为引进社会资本、国际资本投资带来可能。

以资本为纽带而不是以行政隶属关系为纽带的真正意义上的跨地区、跨行业、跨媒体的综合文化产业集团成为中国文化产业体制改革的真正组织形式。中国的传媒产业也不例外。

面对各类新兴媒体的诞生，日益壮大的信息供给和网民强烈的自我表达需求，传媒产业发展模式又在政府和社会资本的推动下破而再立，实现了传播内容、传播主体、所有权、生产要素、技术、功能等方面的融合。传统媒体通过"传媒+"的方式，创造了新型的产业链。

新兴媒体中的"新"与"旧"是相对的，因此人们对于新兴媒体的分类标准随着时间推移也发生改变。有线电视在诞生之初，相较于电影、广播属于新媒体；在互联网快速发展的今天，电脑、智能手机以及可穿戴设备等是新兴媒体，有线电视则被称为传统媒体。

在人工智能、物联网、VR、AR 等新技术的推动下，媒体出现智能化趋向。其特征包括万物皆媒、人机合一和自我进化。自我进化即以媒体自身内部的模式和结构按照其规律向前演进，以指数化的进化速度满足人们的传媒需求。

一、分享性

以互联网为基础，新兴媒体的本质是连接，连接的起点是电脑、移动设备、人与物等各种终端，而连接的重点无限。数量巨大、黏性超强的新兴媒体传播的分享性，是其首要特质。

分享等同于共享，是一种点对点式、平面化的信息传播，消解了等级化、层级分明的传播体制，每个人都是独立的传播节点，可在无限时间和无尽空间中实现信息和资源的一手交换。与传统大众传播时代不同，独白式的一对多的大众传播被对话式的人际传播和组织传播所取代。新兴媒体分享的边界由单一的、虚拟化的信息扩散到资源的共享，"共享经济时代"充分诠释了以移动设备为载体的新兴媒体传播的共享性。

当前，媒体融合了网络、移动手机、社交媒体甚至在线游戏；就新闻层面而言，跳出传统采编的"非结构化"内容进入人们生活，并通过连续的人际互动和无处不在的信息来源塑造了新的模式。

传统的"受众"被进化为"媒体用户"，数字化和互动性的特征改变了传统媒体线性传播的特点，以非线性传播的方式颠覆了人们在大众传播时代被动接收信息的位置；依托于互联网技术的快速发展，以及随时随地可接入网络的便捷性和低成本，媒体彻底打破了以往信息传递在时间和空间上的限制，拥有即时与快捷的特征；海量信息的开放与共享，使用户可以迅速找到自己需要的内容，没有距离因素的干扰，只要条件允许，网民可以在第一时间获取各类公开资源；而媒体的匿名性使每个人在网络空间都可以拥有自己的虚拟属性，不同于现实，可以靠一个 IP 地址或 ID 号来代表自己等。

未来的媒体利用区块链技术，实现去中心化，用户可以更自由地表达观点，而区块链的不可篡改性，使未来媒体的言论记录在分布式账本系统中，公开透明，造谣可追溯追责，减少舆论误导众人的弊端。

二、社群性

新兴媒体的集群效应可类比产业的集群化，可以共享同种资源。拥有同目标群体相同的产业，产生聚集效应，可多次、深度利用与再开发资源，并在资源的碰撞中生出新的产业和关系。

其社群性特征的产生动机、持续动力和潜在结果是拥有共同利益诉求的个人，以点连线、由线成面，通过信息、情感、资源等交互达成某种协议，在协议的规制下进行内部活动，形成个人力量所不能及的巨大潜力。

三、协作性

新兴媒体的社群性特征使人"聚集"起来，在聚集效应下，社群成员的协作促进了社群活力的焕发和新生资源的萌芽、成长。这是新兴媒体协作性的一种表现。

新兴媒体的协作性特征就其本质而言，是自媒体数量越来越多，每个个体都是一个媒体，个体与个体的联系更加密切，个体间协同合作更加自由、便利，空间更广，小而精、生产优质内容的媒体数量增加。不只是社群成员，只要是新兴媒体的用户，都可以参与到协作的过程中。

新兴媒体的协作不只是经济利益驱动的结果，这种新生协作，带有"利他性"和"自我满足心态"的虚拟社群特征。所以，如果较少有个人利益的参与，新兴媒体的协作性缺乏强有力的整合力量和外部规约，仅依靠协作成员的自发力量，则很难获得长期且稳定的协作。

四、精准性

新兴媒体的精确性往往伴随着大量的数据基础。大数据可追踪、可交互等特质使得新兴媒体能够及时跟进种种动态，进行分析与匹配，并依托用户画像进行商业逻辑设计，体现了新兴媒体的精确性特质。

在和商业的产业联姻中，新兴媒体作为技术手段，得到数量更大、精确度更高的用户数据。根据商业机构自身预设的用户定位与实际用户状况的比对分析，商业机构能对方案偏差有更加合理的把握。这种数据化的反馈效率更高，更加精确地指向了商业机构的未来归属。

第七章 传媒产业发展的制度选择

第一节 文化体制改革的总体目标设计

中国传媒体制改革肇始于二十世纪七十年代末期《人民日报》等八家中央级报刊联合要求实行"企业化管理"，体制和机制始终是中国传媒改革的重点和关键。传统计划经济体制下习惯性地依赖政府的发展模式，抑制了传媒业的积极性和创造力。在市场经济条件下，传统传媒体制的种种弊端必须通过制度改革来革除。传媒业自身也在不断地对政府规制实行突破：第一是城市群的快速发展冲击垂直格局；第二是基于区域经济实力的创新打破横向格局，传媒业随着自身的产业化和市场化进程其传媒业的空间重构的需求也越来越强烈。事业单位属性和企业化管理的双轨制并行格局在不断实践的过程中逐步孕育和刻画出了媒介的双重属性和双轨制特点，也培育了一个充满矛盾的"典型二元结构的运行模式"。事业化和企业化这两者的对立也不可避免地带来媒体在双轨制体制中产业发展的诸多困扰。

为进一步深化文化体制改革，克服传媒发展中的体制瓶颈和促进传媒业健康发展，《国务院办公厅关于印发文化体制改革试点中支持文化产业发展和经营性文化事业单位转制为企业的两个规定的通知》规定，党报、党刊、广播电视台等主要新闻媒体，以及广告、印刷、发行等大型出版机构在剥离了广告业务之后可以转化为国有企业或者国家控股的有限责任公司；电视剧和娱乐节目制作单位、出版物发行单位、印刷单位、放映单位、演出公司以及一般艺术表演团体等可转化为多元化投资的股份有限公司。"公益性文化事业"和"经营性文化产业"的划分对于中国传媒业现有的"事业单位，企业化管理"体制来说是一次深刻的体制创新，以"采编与经营两分开、事业与企业两分开、管办两分开"等为主要内容的改革标志着传媒"两分开"体制改革的正式启动。

一、从经济的初步崛起走向文化再造

（一）经济崛起是大国崛起的起点

经济崛起是大国崛起的起点，也是大国崛起的必经之路。二十世纪七十年代末期提出将党和国家的工作中心转移到社会主义现代化建设上来，党和政府制定了一系列的国民经济发展计划，进行了大刀阔斧的经济改革。二十世纪九十年代初期通过了《关于建立社会主义市场经济体制的若干决定》，标志着社会主义市场经济体制改革的正式开启。不可否认，以经济建设为中心，发展社会主义市场经济的改革策略有效地促进了国民经济的快速发展，提高了人民生活水平，为经济社会发展作出了重大贡献。这是一个重大的历史转折点，预示着中国社会从此迈入市场经济时代，是中国社会经济崛起之路的起点。

当代经济学家认为，经济繁荣昌盛的基础是经济的持续增长，在经济下滑的条件背景下谈经济发展是没有意义的。经济发展并不仅仅取决于快速的经济增长，还与合理的经济结构、社会的进步等紧密联系。经济增长是衡量经济崛起的一个重要指标，但不是唯一的指标。经济增长通常指的是经济总量的扩大，而经济崛起所包括的内容远比单纯的经济增长要多。如果一个国家和地区的生产总值规模扩大了，但其经济结构不合理甚至有恶化趋势，经济运行的质量低，综合实力和人民生活水平没有实质性提高，没有真正实现社会财富的有效积累，这样的经济增长不仅不能促进经济的转型，而且还会带来资源的浪费、环境的破坏，严重影响到人类生产和发展的条件，将不可避免地影响经济长远发展。

在不断的改革尝试和实践体验过程中，党和政府意识到，以经济增长为单一发展目标的发展理念是不科学且存在严重问题的。历经长时间的经济改革给中国带来了经济腾飞和突破，与此同时一些社会问题也相应呈现出来。

从多元化、全方位的角度来塑造一个经济兴盛、民主完善健全、文化昌盛繁荣、人民生活水平稳步提升的小康社会。在经济崛起背景下全面建设小康社会是一个具有中国特色的社会主义经济、政治、文化、社会全方面发展目标，而且是与推动中国社会的现代化进程相统一的目标。新的目标的确立和科学发展观的提出，意味着中国社会的经济转型内涵发生了重要变化，这个变化的实质就是从单纯注重经济的增长转变到注重国民经济的持续健康发展。而强调国家经济的可持续发展就是既要重视增长数量，更要追求改善发展质量。

（二）大国崛起之文化再造

对于一个国家而言，发展经济是强国的必须，而要想发展好经济，民族意识的觉醒是不可缺少的，换言之，一个民族的文化重铸，是大国崛起的战略支点。文化是一个民族特有的历史创造积累和精神记忆；文化是民族的灵魂，它的再造即是一个民族灵魂的重铸，而文化重铸的核心归于两点：核心价值观与文化建设。

文化是民族的心脏。一个没有文化的民族，只是一个空壳，无论它的外表看来是多么的强壮。中国曾是一个文化繁荣的国度，在中华民族发展史上，也曾有过文化强国的辉煌范例，汉唐盛世即是。中国共产党一直重视文化建设。在社会转型、经济崛起过程中，价值迷失和文化困惑确也时有发生。将文化建设确立为国家的重大发展战略，这是中国大国崛起的必由之路，是中国大国崛起的战略选择。中国大国崛起的文化再造，似乎比经济崛起更为艰难。中国大国崛起的文化重铸，重中之重在于建立为全社会所共同认同、与现代社会相适应、与大国形象相匹配的社会主义价值体系和核心价值观。

世界大国发展中，中国应尽量做到经济的文化化和文化的经济化，国家崛起的重要经验在于实现经济建设与文化建设的共同发展。如果中国产品没有品牌、没有文化含量，反而造成了过度的资源消耗和环境污染，这将是中国作为一个制造大国的悲哀。中国的文化产业高度分散、弱小，文化产品缺乏厚重的文化承载，没有更好地实现文化产品与文化产业的经济化。

推动社会主义核心价值体系的建设，努力提升公民综合素质，弘扬优秀思想品质；同时大力发展文化产业，使其同服务业一样成为国民经济的支柱产业，努力扩大中华文化的国际影响力；在中国文化产业格局形成公有制为主体、多种所有制共同发展的产业图景基础上，积极优化管理体制和推动文化产品的多样化发展，以民族文化为精髓，吸收部分国外文化，融合促进中华传统文化走向世界。

文化产业是国民经济的支柱，这不仅从文化上、更是从经济上推进了大国崛起的战略。此战略的实施与目标的达成，必须实现：文化产业的规模化发展；

文化产品必须成为民族精神的承载物，而不是某种特定意识的宣传品。

（三）文化再造之传媒产业

传媒作为社会的一种独特的子系统以及传媒文化作为社会文化大系统的一个不可分割的有机组成部分，与社会其他子系统和多个场域发生着错综复杂的关联。中国传媒产业发展是在大的社会转型背景下与经济、政治、文化体制改革相互交叉融合在一起的，而中国传媒产业经过多年的发展也与中国大国崛起的文化再造息息相关。其一，就媒介的母文化而言，文化的奠基与弘扬是一个民族活力、创新力和凝聚力的重要体现方式。大众传媒的受关注度及其巨大的全球影响力，被称为一个国家的软实力，是一个国家综合国力的主要构成要素，在构成文化的各个部类中，大众传媒起到顶梁柱作用，是一个塑造国家形象和展示民族精神的重要部门。其二，传媒文化作为信息、知识、科技以及人的综合素质等元素的集合体，具有强大的生产力、建设力和渗透力，是与人类及人类社会共生的一种现象。在社会生产和社会分工的推动下，媒介传播作为精神生产的文化活动与社会经济日益融合，并通过商品化、工业化、信息化等方式进行精神产品和文化服务的生产、再生产、交换和传播，进而逐渐成长为文化产业。传媒产业是诸种文化产业中凝聚着巨额资本、具有极强的产业孵化和资本增值功能以及可持续发展活力的大产业。

二、"两分开"：文化体制改革的核心要义

改革开放年多来的成功实践提高了人民群众的物质生活水平，改善了人们的生活质量，物质生活的相对富裕使人们的消费力和购买力也逐渐增强，人民群众精神文化需求迅速增长，人们的文化消费伴随着鉴赏水平的不断提高而呈现出多层次、多形式和多样性等特点。这一现实既为中国当前的传媒文化发展带来了巨大的机遇、资源与活力，同时也凸显了整个传媒产品与传媒文化服务供需之间的现实矛盾。

受市场环境与经济发展过程中某些急功近利的思维和行为的消极影响，传媒产业的产出貌似丰富多样了，但基于简单复制和重复生产的行为不仅造成了社会文化资源的大量闲置和浪费，传媒文化市场中真正兼容思想性、艺术性、

观赏性、教育性、娱乐性等特性的文化精品力作却不多。加之国外传媒文化产品的大量涌入形成了对本土传媒产业市场生存空间的挤占和侵蚀，导致国内传媒文化与传媒产业在同国外文化产品狭路相逢的发展过程中为片面逐利而使得侵权盗版现象屡禁不绝，落后的文化亦趁机沉渣泛起。传媒产品的生产和媒介文化服务的提供在数量、质量及其传播时效性等诸多方面仍不能满足人民群众的文化消费需要。整个社会文化和传媒文化的发展出现了与人民群众日益增长的物质生活和精神文化需求不相适应的被动局面。

随着市场经济体制的逐步建立和完善，有一系列的制度障碍在宏观管理系统、微观操作机制和文化市场体系中阻碍着传媒业的发展，这导致中国媒体行业在事业领域和产业领域两方面都面临诸多的困难和挑战，进一步影响了传媒业的繁荣与创新。从某种程度来看，媒介文化在整个社会改革和发展体系中发挥的作用呈现出了不足。多数时候政府和社会精英却常常拘泥于某些传统观点，没有及时引导媒体行业采取相应的产业政策和宏观调控措施。这不仅阻碍了传媒业的全面创新，也影响了中国经济社会的蓬勃发展。而中国传媒当下发展的最大障碍，学界和实务界一致的意见是体制性障碍，所以传媒必须进行体制改革。

相应的媒介制度体系改革能在一定程度上解放和提高媒介生产力，更贴近广大人民群众日益增长的物质和精神文化需求；只有进行传媒体制改革，才能促进中国传媒事业和传媒产业的市场竞争力、渗透力和影响力的综合改善，使中国的传媒文化建设主动适应经济全球化、政治多极化、文化多元化和世界一体化的新形势的要求；只有进行传媒体制改革，才能为中国传媒业的整体改革向纵深拓展提供有力的理论借鉴、实践指导以及良好的文化环境和智力支持。为此，以文化体制改革为先导，致力于打破传统传媒体制性的弊端和障碍、促进中国传媒业健康可持续发展的现代传媒体制改革势在必行。

在社会主义市场经济发展环境以及文化体制改革背景下进行传媒体制的改革和创新，既有利于协调在社会改革、发展和社会利益分配过程中各种矛盾和冲突，又有利于巩固经济体制改革和政治体制改革的成果，确保各项改革的顺利推进。相关职能机构通过在不同时期发布相关的政策文件对文化体制改革进行引领和逐步推进，因此，深入了解相关政策文件能让研究者对文化体制改革的总体设计有一个更清晰的认识和更准确地把握。

文化资源配置由政府主导转向市场主导，同时确定在世界贸易组织的谈判框架内开放国内文化市场，这表明中国传媒改革已经进入到体制的实质变革层面。两年后，根据中央授权，新华社先后播发了三份与文化相关的政策文件，包括中宣部等6部委联合发布的《关于加强文化产品进口管理的办法》、5部委联合发布的《关于文化领域引起外资的若干意见》以及国务院发布的《关于非公有资本进入文化产业的若干规定》。这也是第一次由官方文件明确基于政治层面在文化领域给予非公有制经济组成部分适当的主体地位。中共中央首次针对文化体制改革问题制定了重要战略部署。意见指出针对文化体制应区别对待、分类指导，比如应加大公益性文化事业的投入、提升服务质量，同时针对经营性文化产业应该不断升级创新、增强自身的实力。相关政策文件的出台表明产权归属、文化市场主体等多方面得到重点支持，并将产业格局导向以公有制为主体、多种所有制并存的状态，并在此基础上培育具备自主创新能力和竞争力的企业集团。

二十一世纪初国务院又发布了《文化产业振兴规划》，进一步明确落实非公有资本和国外资本投资中国文化产业的有关规定，为建立良好的投资氛围提供了积极的政策支持，包括规划中提出的积极吸引国外资本参与特定的文化产业领域股份制改造或投资，以及优化混合所有制结构等。这些文件的出台一定程度上破除了中国文化产业发展的障碍，使得其市场化进程得到进一步加快。

坚定不移地走中国特色社会主义文化发展道路，加快建设文化强国，大力发展公益性文化事业和文化产业。文化改革迫在眉睫，文化繁荣需有关各方共同努力推动。在进一步深化改革开放的基础上，推动文化产业成为国民经济支柱产业之一，保障公民基本文化权益，促进全国文化领域的多元化格局形成。

在党中央、国务院的高度重视和大力推动下，文化领域的深刻变革正在进行，文化事业与文化产业将逐步得以区分。在培育文化市场主体、明晰产权分属的目标驱动下，中国文化体制改革工作开始逐步渗透到了传媒业的核心层面—产权制度。因此，这次的文化体制改革必将重塑中国传媒产业，改变文化领域发展格局。公益性文化事业与经营性文化产业区分的提出正是为了让它们各司其职，按照符合自身规律的方式合理发展，最终实现文化的全面繁荣。

因此，文化体制改革具有十分明确的导向，"两分开"这一文化体制改革的核心目标就是"社会主义文化事业与文化产业的大发展、大繁荣"。

第二节 混合型体制下中国传媒产业的发展困境

早在二十世纪七十年代末期，中国传媒产业便开始尝试"事业性单位实行企业化管理"的改革方针路线，当传媒行业面临窘境时，政策资源和制度资源往往会如期而来。而如今，混合型的传媒体制可以被认为是一种典型的制度资源，用制度政策取代资本投入。在不动摇中国新闻事业的根本属性的前提下，实现传媒体制的市场化改革，虽然为传媒行业发展提供了新的空间，但同时亦为产业化进程留下了较为顽固的阻碍和困难。从运营模式和核算制度来看，"事业单位"和"企业管理"之间有着巨大差异，甚至二者有着相当的对立面：事业单位的属性表明，国家财政拨款是媒体主要的流动资金来源，事业单位型媒体没有成本核算、不需要支付利润和纳税，但需要履行纯粹的社会公共机构职能；而"企业管理"则要求以营利为目的，参与主体遵循市场的基本经济规律，积极控制成本、扩大收益，并依法缴纳各种税金和开展分红。由此可见，中国传媒业的混合型体制对传媒改革的出发点考量和整体规划设计并非十分清晰明确。

必须看到"混合型"体制对于产业化初级阶段的中国传媒发展无疑起着一种政策性保护的作用与功能，正是在这样一个政策保护下，国有媒体才能在垄断市场中迅速成长。与经济改革类似，中国传媒改革在这一时期表现为鲜明的"增量改革"特色。在经济学家眼里，"增量改革"是指在二十世纪七十年代末期到九十年代中期这段时间的改革，在改革的初期，经历了努力扩大企业自主权失败以及国有经济停滞等一系列阻碍之后，政府采取了一些修护经济的措施，将非国有经济视为新的增长点。这种改革策略就是"增量改革"。中国传媒改革的路径与经济改革有相似之处，但在推进进度上要比经济改革滞后，中国传媒改革首先进行的也是"增量改革"。

"事业单位，企业化管理"的混合型体制，突破了计划经济时代的旧体制结构，在一定程度上解放了传媒的生产力，使传媒开始走向产业化的道路，并取得了相对迅速的发展。但混合型体制自身有着不可避免的二元结构矛盾，当产业化不断向高级阶段发展时，这种矛盾就更加突出，它也给媒体深入发展设置了重重阻碍，使媒体产业化陷入困境。传媒产业在混合型体制的束缚下，越来越感到产业前进的阻碍："事业单位"使传媒必须实行社会效益最大化，只要是事业单位，传媒就具备公共服务性，就必须以实现社会效益为己任。所有的报纸必须遵循为人民和社会服务的原则，还需要承担宣传、舆论、监督等社会职能。把维护稳定、引导舆论的社会效益放在创收增利的经济效益之上。同时，"企业化管理"又使传媒必须遵循市场经营规则。盈利成为传媒企业化管理的直接目标，如何提高资本运营效率，在最大空间内促进资本的保值升值实现利润最大化是企业经营的首要目标。与此相应，激活内部竞争环境成为企业化管理的本质。

"事业单位，企业化管理"是中国传媒改革道路上的第一次突破，它直接带来了中国传媒发展历史上十余年辉煌的增量式发展。高速增长的广告经营额、不断提升的发行量、日益丰富的传媒数量和类型，是二十世纪七十年代末期到九十年代中期传媒发展奠定的数量基础。与此同时，混合型体制改革后，中国传媒经过十余年的发展，之前形成的"事业单位，企业化管理"体系存在很多不兼容性，这也成为制约传媒业可持续发展的重要影响因素，混合型体制下中国传媒业发展面临重重困难。究竟是制度安排与制度选择本身的问题，还是制度实施的问题。这是一个问题的两个方面，一个既有联系又有区别的两方面，制度实施中的问题是可以被克服和纠正的，如果是制度安排与选择本身的错误，这将会是一个需要重新进行选择和采用新制度才可以避免的问题。

一、混合型体制的制度障碍

在改革开放大潮下，"事业单位，企业化管理"的提出主要为解决传媒"双重属性"—政治属性和产业属性，力图将中国传媒产业发展从单一的事业性质和行政化管理束缚中解放出来，使传媒的职能由意识的单一宣传工具转变为满足多样化的社会需求，让传媒作为参与主体的运营方式由依靠政府拨款和资源调度转向市场化运营。"事业单位，企业化管理"是对中国传媒产业的纯粹事业模式的有效颠覆和极具意义的突破，使得它的产业化属性逐步形成，为传媒产业的市场化变革提供了一定的制度保障。但从另一方面来看，这仅仅是传媒业自身在经济、文化等多个宏观层面制度改革背景下的自我修复，某种程度上属于"拆东补西"，并未触及制约中国传媒产业发展的核心机制。随着社会经济改革步入深水区，传媒产业发展必然会迎来新一轮剧烈变革，政策、技术、运营、法律等多方面的综合影响必然导致纯粹的"事业单位，企业化管理"目标体制的效果十分有限，甚至会由于过度空泛导致中国传媒业发展遭到束缚。

（一）二元矛盾性

发展带来了诸多障碍。从功能上来看，作为事业单位的传媒市场主体兼有国家赋予的职能，包括政治宣传、舆论监督、维稳协调等，并且资金来源依赖财政拨款；另一方面，作为市场参与者的文化企业具备市场化的特征，有较为充分的空间进行生产经营活动，通过自主经营的方式来谋求市场利益。在这种情况下，中国传媒参与主体既非纯粹的事业单位，亦非具备完备市场属性的企业，这种"夹生"的状态令传媒市场主体一方面难以找准自身定位，另一方面有着相当脱离监管的空间。简而言之，这种模糊不清的边界让传媒市场参与主体及其构成的整个传媒行业都处在一种天然的混沌状态，灰色地带范围十分庞大，这既不利于媒介功能的完全实现，也极其不利于全面彻底的监管，使得中国传媒发展与既有体制之间的博弈长期存在。

双重任务的完成给中国传媒带来巨大的压力，成为传媒发展面临的最大现实困境：体制上的二元结构矛盾成为传媒不能回避的问题。把传媒管理体制定位为"事业单位性质，企业化管理"，领导体制定为"党委领导和法人治理结构相结合"，在其设置初衷上主要是强调兼有意识主管和国有资本出资人的双重身份。同时，它也促进了传媒市场的产生及符合市场经济导向的经营机制的形成。"事业单位性质，企业化管理"的体制选择，在计划经济体制下，二者的价值取向和运作规律不矛盾；而在市场经济体制下，二者的价值取向和运作机制就产生了矛盾。由此，传媒双重职责的行使步履艰难。事业体制定位产生弊端的同时，市场主体定位也模糊不清。传媒业的发展陷入了一个身份不明的悖论。如果说是企业法人，媒体显然缺乏在市场上独立运作的能力，也缺乏独自承担责任的能力。如果说是事业法人，它又是一个法律实体，以营利为目的。

混乱的身份必然会计传媒业在深入发展过程中陷入迷惘和不知所措，身份不明直接影响着媒体的责任和权利。

（二）垂直性

职能属性、运营模式、产权归属与资金运转等方面的模糊长期以来无形中制约着中国传媒产业的发展。"事业单位，企业化管理"的战略思路和目标体制的隐性前提是保障传媒产业的事业属性，在这一前提背景下才允许传媒领域的参与者实行企业化运作方式和市场化竞争路线，因此"企业化管理"不可避免浮于表面，进而造成产业化始终无法全面、彻底地在传媒领域实现。事实上，现有针对传媒集团的审核并非依据市场准则，如依据营收能力、发展潜力等市场评估指标，而是纯粹的行政审批：这意味着进入传媒资本市场的主体完全由政府职能机关把控，民营资本和自由资本持有者的参与空间和市场地位无可避免地被压缩。行政权力机构在传媒市场中既充当制定规则的管理者，同时亦作为具备监管职能的"裁判"和参与经营活动的"竞争者"，这必然会为传媒行业的市场化发展带来结构性障碍，也极其不利于行业准则和行业规范的制定，亦不利于内容市场的健康发展。虽然文化体制改革在制度政策层面正在有条不紊地进行，但由权力机构、管理机构集中制定的高行业壁垒和后续产生的一系列附加属性令众多中小传媒集团被扼杀在摇篮之中，兼具官商双重属性的传媒市场参与者事实上避免遭受了诸多市场化的竞争压力，进而各个传媒巨头集团划分整个传媒市场格局，形成"九龙治水，各管一摊"的状态①在市场化进程中，事实上作为行政机关和权力机关的监管机构除了履行必要的监管职能外，不应当直接或间接地参与市场主体的竞争之中—每一个经济领域亦应当如此。行业规则的制定者、竞争活动和市场的监督管理者，以及各个参与主体和责任人，三个部分应当相互独立、各司其职，这应当是中国传媒产业下一步甚至是未来长期努力的重点目标所在。

在当前内容生态环境下，中国传媒资源无法通过市场来实现优化配置，受政府职能机构对传媒进行管制的影响，传媒内容生产者和运营者面临着比想象中更困难的生存空间。与此同时，条块限制令中国传媒在社会主义市场经济中作为独立主体和企业法人的身份地位十分模糊，亦令传媒行业中跨平台、跨组织的资源配置和多样化经营方式受到限制，如具备内容优势或传播运作优势的文化集团无法继续向外扩张，对该主体和业务生态造成了诸多显性和隐性的限制，这几乎是整个传媒行业的一个突出现状。

（三）行政性

在双重体制下，"事业控制产业"的管理体制大幅度妨碍了中国传媒产业化的发展进程。虽然"事业单位，企业化管理"对媒体市场化经营活动合法性进行了验证和确认，但党报党刊等媒体的地位并未动摇，党和政府对传媒的领导也主要表现在意识的监管（诸如审查制度）和行政管制上（诸如许可证制度和文化分级制以及较高经济门槛等）。问题在于既有的混合型体制使得大多媒体在传媒产业进一步发展的问题上并没有更多的决策权利。虽然中国媒体对企业进行了一定程度的股份制重组，但媒体生产管理部门并没有真正实现所有权的多元化和股权结构的适度分散，这就是一个非常典型的现象。

作为一种公共机构，中国的媒体必须毫无例外地在党性原则下工作，无条件地接受党政机关的直接领导，无条件地完成宣传任务。这使得中国的传媒业成为一个"准行政部门"。而"企业化管理"要求传媒建立起面向市场的运营机制和盈利模式，以获得一个开放的市场环境。市场将取代权力在传媒经营以及资源配置中发挥决定性作用，市场配置成为传媒的主动要求。但是，社会效益的最大化又使传媒不能依循单纯的市场导向，政府行政力量的介入一直伴随传媒产业发展全过程。

随着市场化进程的不断深入发展，中国传媒产业已经逐步开始实现资本市场的市场化改革之路，并取得了较为显著的成效。但基于历史等诸多因素考量，传媒之于中国的特殊地位令传媒发展之路上无可避免地依赖政策制度和它们的执行主体—政府官方机构，这必然导致纯粹的市场化竞争和遵循市场规律的运营生产模式显得十分遥远，更具体来看，规模化的传媒市场发展目标亦由于无法跨区域、跨媒体、跨平台的资源使用和调度而难以实现。

虽然"事业单位，企业化管理"的战略思路拉开了中国传媒产业混合型体制改革的序幕，并从客观上促进了内容产业的产业化进程之路，但是随着这一战略目标不断落实推进，研究者发现混合型体制的预期目标出现了偏差和阻力，造成这种偏差和阻力的原因从根本上来说即是传媒集团本身的属性模糊，而追究造成属性模糊的原因则是传媒产业之于中国社会经济的特殊地位和在权力机构中的特殊认知，完全、开放的市场化始终是一种无形的威胁。它是某种特殊的精神传达渠道，同时也是连接受众与信息源的错综复杂的介质网络，因此，尽管面临诸多压力和挑战，针对传媒行业的制度变革和政策调整始终有着极其重要的意义。

二、中国传媒产业的发展"失速"

国家宏观经济战略的确立和国家经济的复苏，为中国传媒产业的启动和发展创造了必要条件。中国传媒的市场规模不断扩大。从二十世纪八十年代开始，全国报纸的种数开始成倍地增长，新闻从业人员的总数也相应成倍地增长，广告产业迅速勃兴。在媒体发展方面，中国从二十世纪八十年代中期到九十年代中期的 11 年，相当于英国二十世纪四十年代末期到九十年代初期的 42 年。从二十一世纪初期起，中国传媒业进入了大变革，处于调整和转型时期。

二十世纪七十年代末期以来，市场经济体制改革的深化和国民经济的快速发展使中国传媒业得以快速发展壮大。近几十年来，中国传媒业一直处于"渐进式"改革发展阶段。但是，边缘突破的增量空间毕竟是有限的，在经历了高速增长期之后，中国传媒产业进入一个平缓发展期。现实的状况表明：发展速度放缓，微观活力不足，中国传媒业正经历着十多年来最严重的衰退，其发展正处于"停滞"状态。

中国的传媒业正处于一个历史的"拐点"上，一方面，中国传媒业进一步发展存在着巨大的增量空间和可能；另一方面，目前的发展事实表明，如果传媒业仅仅按照现有的发展框架、发展模式和发展逻辑继续画延长线的话，这个发展的空间就不能实际地为我们所占有。从长远看，中国传媒产业的结构和功能性调整势在必行。"媒介产业化"是媒介从单纯的文化、精神生产事业沿着经营和理性的轨迹向企业状态过渡的一种现象。媒介经营发展到一定阶段，必然向独立的企业法人过渡，并以市场平等、竞争的原则建构内外关系，从而形成经济学意义上的"同类企业的集合体"—媒介产业。对经济利益的渴求是每一个参与市场竞争的企业的天然属性，媒介产业组织也不例外。对于传媒组织而言，经济利益对于任何一个国家的任何一家传媒来说都是其生存之本。因为经济基础决定上层建筑，只有谋其生存，才能求其发展。尤其是作为"社会公器"的大众传媒被"断奶"之后需要自谋生路，在摆脱了刚性政府依赖的同时却面临着生存的难题，出于生存的压力产生了对资本的渴求。因此，传媒产业所具有的"产业属性"决定了其必须追求经济利益，以保证自身的生存发展和产业化扩张，也只有这样，才能不断增强自身实力，获得稳固的市场地位，从而提升市场竞争力。

三、中国传媒产业发展的"低水平"倾向

中国传媒的产业化发展，主要采取的是以行政为主导的资源配置方式，这一方式引发了产业化过程中的权利再分配，从而造成大量的资源耗散，极大影响了预期规模效益的达成，诸多传媒经营主体甚至出现经济效益下滑的现象。在中国传媒混合型体制的影响下，传媒产业的市场竞争往往局限于一定区域内，导致其产业发展表现出"低水平"倾向：即市场集中度低、产业竞争力弱小以及产业区域分割严重。

（一）产业低集中度

产业集中度指的是特定产业的生产经营集中程度。一般用该产业中最大的、主要的企业所拥有的生产要素或其产销量占整个行业的比重来表示，是反映该产业市场结构的关键变量。一般来说，集中度高即表明该产业中少数大厂商拥有较大的经济支配能力，或者具备了一定程度的垄断能力。常用的市场集中度指标主要有两种：一种是行业集中率（CBn），也叫市场绝对集中率；另一种是赫尔芬道尔－赫希曼指数（HHI）。

中国传媒业中传媒数量众多，但各个传媒所占有的市场份额偏低，市场中竞争主体多呈原子型分布，处于一种较高的分散状态，市场集中度明显很低。

（二）产业竞争力弱小

产业竞争力是一个国家或地区产业对于该国或该地区资源禀赋结构（比较优势）和市场环境的反映和调整能力。对于传媒产业而言，其竞争力"是传媒长期以来形成的具有价值性、稀缺性、难以模仿性特点的传媒特性；是经过时

间磨炼而形成的品牌和权威性"。

（三）传媒产业区域分割严重

中国传媒产业的分布状态可以概括为"块"状和"条"状的格局，也有学者将传媒产业的这种分布状态描述为"井"形。这是由于在混合型体制之下，中国传媒仍属于事业单位的性质，从纵向上来说，要接受国家行政系统组织的管理；从横向上，还要接受各级地方党委和政府的管理，因此造成了传媒产业发展的这种行政管理格局。具体而言，"条"是指传媒产业内部包括报纸、广播、电视、互联网等在内的各个行业的"归口管理"，这是行业行政主管机构所造成的市场分割。在当前传媒产业的四大支柱性行业中，报纸接受国家新闻出版署的管理，广播与电视则接受广播电视总局的管理，网络则归属于国务院新闻办公室网络新闻管理局的行政管理。传媒产业布局的"纵向"分布正是由传媒产业的这种分属管理造成的。在行政管理格局的影响下，新闻管理职权只限于同级政府管辖区内，因而媒体的活动自然也就只能在同级政府管理的行政区域内进行。更为尴尬的问题是，传媒产业内部的这种"归口管理""分属管理"，使得不同行政管理部门负责同一传媒产品的生产、经营的不同环节，这导致传媒产业无法形成有效的联动机制，即使具备一定实力的传媒，想要进行跨媒体、跨地区、跨行业的扩张也很困难。

传媒产业"块"状布局中的"块"，则是指传媒产业由于行政区域的划分而形成的市场分割。"党和政府的喉舌"是中国长期以来对传媒属性的一个基本认定。因此，除中央媒体外，其余的各种媒体都被纳入属地管理之内，传媒产业所创造的利润很大程度上都成为地方政府一种重要的财政来源。传媒产业既具有意识属性，又具有经济产业属性，为了对传媒产业实施有效控制，其归属地的政府部门往往会对其进行垄断。正因为如此，各个行政区域严格限制传媒的地区进入壁垒，形成了一种地方保护主义，使得传媒资源无法在全国范围内形成畅通的流通渠道，不能实现传媒资源的有效配置。

同时，中国传媒产业区域发展很不平衡，呈现出明显的东部中部西部不平衡，城市与农村不平衡，中心大城市与中小城市不平衡的状态。传媒产业的区域发展不平衡与区域的政治、经济、文化的差异是相关联的，而中国传媒产业实行的"条""块"分割的行政管理模式也是造成这种不平衡的关键原因。中国传媒产业发展水平呈现出东、中、西阶梯式递减的明显特征。

从业界实践来看，各大传媒逐渐认识到，现行的"事业单位，企业化管理"体制使他们在市场化实践中遭遇了诸多障碍。在新的环境下，市场竞争愈发激烈，最初建立的双轨运行机制已经不再适用。竞争的要素和内涵也随着中国传媒竞争方式的变化而发生改变。传媒间的竞争由粗放经营转向集约化经营，传媒之间不再仅仅追求经济规模和市场规模进行扩张，而更多在利润模式、效益模式、成长策略和竞争战略上进行优化竞争。

传媒发展方向是逐步成长为市场主体。但是，事业属性的传媒依然是以行政级别进行划分，中央级、省市级、地县级传媒层级分明，等级明确；此外，经营业务又要以平等的市场地位进行竞争，这两种取向在同一传媒结构内部无法形成有机统一的动力机制，会造成市场的平等性和事业行政等级性的矛盾。现有体制下，市场的公平原则无从发挥作用，传媒自身更难以在市场上获得突破式效益，所以确立其积极市场主体地位的道路更显艰辛。

在中国传媒产业制度演进过程中，几次重大产业制度的实施，对传媒产业发展起到了重要的作用，可以说中国传媒产业发展过程与中国传媒产业制度演进过程是一致的。这个过程，是典型的高效率制度替代低效率制度的过程。同时，这个过程也出现了制度僵化的现象。这一现象给中国传媒产业发展带来了巨大的负面影响，并形成了若干制度性阻梗，这些制度性阻梗，如果不能得到有效的化解，将有可能因"制度僵化症"而使传媒产业制度演进步入"锁定轨迹"的危险境地。

改革本身就是打破之前的利益格局，对利益进行重新分配和安排。渐进式改革对旧有利益格局是分阶段进行打破的，进程慢、时间跨度大，新的利益安排与旧的利益格局始终需要共存，从而形成了过渡性的利益格局。在这种非均衡体系中一些既得利益集团也应运而生，他们将制度变迁拖入长期非均衡状态，是制度演进和改革的严重阻力。

在社会主义市场经济体制环境下中国传媒"事业单位，企业化管理"的特殊运营方式使传媒经营陷入了重重困境：社会效益和经营目标的矛盾，政府评价、公众评价和广告客户评价的矛盾，政府所有和资产增值的矛盾，宣传、新闻和信息的矛盾，集权与分权的矛盾等。双重体制矛盾的难以调和使传媒产业发展处境尴尬。中国传媒产业化最初就是由"事业单位，企业化管理"的混合体制直接催生的，正是这一混合体制，使传媒开始走上产业发展和独立的道路。但传媒产业不断发展，市场行为不断深入，双轨体制又成为传媒进一步发展的障碍，传媒在这一体制约束下越来越举步维艰。传媒要获得进一步发展，就需要在体制上有进一步的突破和尝试，因此，突破混合型体制成为传媒体制改革的直接任务。

第三节 中国传媒体制改革"两分开"的制度安排

文化体制改革试点工作的全面铺开和各项相关政策的相继出台，意味着传媒的发展际遇了文化体制改革这个宏大背景，事业性文化单位与经营性文化单位的"两分开"目标的明确提出，为传媒体制的第三次改革提供了可行的框架：中国传媒应该在文化体制改革的总体设计下，实现公益性传媒与经营性传媒的分离。

一、从边缘突破到体制内回归

二十世纪七十年代末期"事业单位，企业化管理"混合体制的确立，并没有打破原有公有制经济的制度框架，而是在既有体制内的组织结构调整。对于政府而言，传媒是一个重要的舆论和宣传阵地。因此，在推行传媒改革时，首要目标依然是保证传媒政治功能的发挥，其政治属性不能因为资源补给政策的某些调整而被削弱。因此，在最初的传媒改革中，政府一直进行的是有限放权。

二十世纪七十年代末期，以《人民日报》为首的八家中央新闻单位向财政部递交报告，要求进行"事业单位，企业化管理"的改革尝试，目的是改变当时入不敷出的财政状况。财政部批准了该报告，并将具体方法明确为"企业经营，独立核算，盈余留用""包干上缴，节余留用"。财政部制定《关于报社试行企业基金的实施办法》，将这一做法向全国推广，中国报业开始迅速走入市场。到八十年代中期，多数中央和省级新闻单位均实行"事业单位，企业化管理"

的制度。到1九十年代初期，地市级报社也有一半以上实行这一做法，进行经济独立核算，广播电视之后也进行了这一改革。

二十世纪七十年代末期，上海电视台屏幕上映出了"上海电视台即日起受理广告业务"的字样，随即在黄金时间播出了中国电视史上第一则商业广告—"参桂补酒"广告。电视广告创收逐渐成为电视媒体生存发展的主要经济支撑。

二十世纪八十年代中期，《洛阳日报》率先尝试"自办发行"，冲破了计划经济体制之下邮发合一的报纸发行模式，开创了中国报业发行的新局面。此后越来越多的报社走上"自办发行"之路；"自办发行"开始成为市场化报纸的主要发行方式。

二十世纪八十年代中后期，《广州日报》在全国省市报纸范围内率先将报纸扩为对开8版，报纸定价提高到每月3元。这次扩版的直接效果是广告收入的提升，广告收入成倍增长。

从二十世纪七十年代末期到九十年代初期，各项改革措施在报业领域展开。在市场利益的诱致下，传媒寻利行为十分主动。初期报业的市场探索，使中国传媒在初期的产业化道路上具备了基本的经营环境，积聚最初的市场资源。这一阶段的制度变迁，主要发生于传媒的经营机制层面。在传媒内部，形成最初的企业化运作，而在传媒外部，市场化产业发展也初具雏形。

在前期市场经营基本积累的基础上，传媒进一步加快改革步伐，这一时期，传媒的市场探索更加活跃。"采编与经营"最初的剥离也出现了。采编运作模式的变化背后，实际是经营环节的进一步强化和整体传媒市场化程度的提高。在这样的背景下，传媒产业开始进行业务核心层面的市场探索。采编和经营的剥离，使传媒改革由经营分配环节进一步深入到核心业务环节。这时，多元经营不再是所谓的"副业经营"，而是传媒实现资源损耗后的补给与增值的主要途径。报纸双重销售模式的建立，特别是都市报的市场勃兴，使报业真正进入到"报业经营"的产业发展阶段。

这一阶段的传媒产业制度变迁，表现为典型的"有限放权让利"，通过放权实现让利，即在经营管理、财务管理、干部管理、组织管理给予传媒一定的自主权。这样的放权让利，在传媒内部实现了一定程度上的有效激励。同时，市场利益诱致传媒产生利润动机，从而具备了一定的活力和放权具有鲜明的行政特点，政府通过掌握传媒主要管理人员的任免权来实现对传媒的控制；在坚持行政管理来保证体制不变的同时，也提供了另外一种可能性，即让市场关系在体制管理体系边缘建立起来的。这种表现为"边缘突破"的市场竞争，造成之后政府与传媒博弈关系的复杂性。

从二十世纪七十年代末期到九十年代初期传媒经营分配环节的体制改革，再从九十年代初期到二十一世纪初期文化体制改革之前的采编经营双轨运行，中国传媒产业发展完成了基本生产要素的积累，实现了最初中国传媒市场资源的有效配置。这些由传媒自发形成的自下而上的改革，符合传媒业的现状和特点，推动了传媒业的发展和壮大，并直接导致国家相关宏观政策的确立，进一步推进中国传媒体制改革不断深入。二十一世纪之前的传媒经营改革采取的是一种边缘突破方法，是自下而上的带有明显渐进的、改良的、调整的色彩，不是一种真正意义上的革新，是一种在现有政策体制默许下传媒自发的试探性尝试。从二十世纪九十年代中后期开始，中国传媒体制改革逐渐偏向基本框架由政府主导型的改革回归。

二十一世纪初期，中央启动了文化体制改革试点工作，正式拉开了深化文化体制改革的序幕。8家新闻单位进入了试点。这一改制，核心是"采编与经营的剥离，事业与企业两分开"，通过"两分开"，逐步实现面向市场的报纸和业务的企业化、公司化治理，建立起既能够保证党的领导，又符合现代企业制度本质要求的报业集团治理结构。

二十世纪八十年代后期以来，改革开放促使人们增大对信息的需求，这一需求的增长带来了传媒市场的再次复苏，生存压力与发展动力双驱动使得传媒开始积极抢夺广告市场，从而展开了激烈的竞争。

但是传媒特有的"双重属性"又给传媒市场主体性的确立带来了诸多不确定性。基于发展传媒产业需要，"事业单位，企业化管理"体制需要赋予并保障传媒的市场主体地位，只是政策决策者对如何处理"双重属性"的分权还没有很大的把握，因此出于安全的考量，不能轻"产业"权责划分不清的情况下，传媒发展的目标规划与路径设计都可能面临新的问题。中国传媒在严格的体制框架中，以渐进的方式进入市场，走边缘突破之路，逐渐释放传媒产业功能。在初期做大蛋糕扩展规模的"增量改革"阶段，中国传媒在各种力量的影响之下，实现了边缘突破，但这种改革方式所产生的正效应是非持续性的。这种变化模式命名为"体制改造"，这种改革受到具体时间和空间情境所形成的控制，也受制于传媒改革主体"临场发挥"的能力，因此这种具有高度不确定性的改革只是"有限创新"。而"有限创新"产生的"体制改造"不确定性较高。这种改革从微观上看是自觉自发的行为，但整体上看却是一种自下而上的改革。这种改革都是零碎而缺乏系统性的改革，往往是微观层面如头痛医头、脚疼医脚，缺乏整体宏观的全面性。

从个体来看，改革显得活力十足，但是从系统和整体上看，这是一种缺乏整体设计的、无序的改革。在中国媒体改革需要"合力"推动之际，这两催生了媒体活力，又导致改革的随意性，即产生"双刃"效应。一元的产权结构，在相当程度上已经束缚了传媒的进一步发展和新一轮扩张，这也是"事业单位，企业化管理"体制给中国传媒造成的另一发展障碍。

二、从诱致性制度变迁到强制性制度变迁

制度的形成是不同利益集团间相互博弈的结果，集团间打破媒介制度现有守恒状态，诱发了制度变迁。从制度演进来观察，制度的初始选择不同，演进的路径和结果也不同。"不同的初始选择决定制度演进过程中的分叉现象和确定现象。"二十世纪七十年代末期以来，媒介制度变迁因为利益多元化，博弈也趋于复杂，参与博弈主要利益集团包括政府、媒介和公众等，博弈的力量此消彼长，形势复杂。

制度变迁分两种，诱致性与强制性。中国的传媒制度演进是经历了诱致性制度变迁向强制性制度变迁转变的过程。

（一）市场诱致下的传媒不断寻利

诱致因素使得创新集团获取了最大利润，这说明在既有制度安排中还存在外部利润。"市场规模的不断扩大、生产技术不断发展都可能引起外部利润的增加。

二十世纪七十年代末期，8大报社为解决财政供给问题，联合提出"事业单位，企业化管理"报告。资源需求是传媒产业化的初始诱因之一，另一个诱因则来自于广告市场的重新开放。在市场激励的推动下，媒体开始了强有力的产业实践。媒体积极主动的市场探索，使得中国传媒行业的变化表现出市场诱因下不断推进并不断演变的市场化特征。这些"市场因素"与"推动力"，成为中国传媒业持续发展的"历史起点"。在市场的诱致下，媒体积极"寻利"。"寻利"活动是中国媒体初期的产业化实践中在市场发展的早期阶段作为一个创新群体对新的社会和经济利益的追求。但是，同样是这些历史节点，又导致了传媒在变迁过程中由"寻利"走向"寻租"。传媒逐渐在博弈中获得额外利益并成为特殊利益集团，在与政府的合谋中，往往形成利用非经济手段来维护既得的经济利益或是对既得利益进行再分配的"寻租

确立"事业单位，企业化管理"体制，保留原有的"一元体制"的情况下，改革媒介的经营制度，由此启动了中国传媒制度的渐进式改革。从改革的层次来看，首先是广告与发行改革，如开始启动广告经营；然后进行采编改革，如扩版、创办子报；再到制度创新，如多元经营、集团化改革，媒介资本运作等。中国传媒改革进入一个连续的、渐进的、不均衡的发展历程。第一阶段是强制性企业化阶段，这一阶段由政府主导；第二阶段是市场利益推动的诱致性阶段，这一阶段以传媒主导，政府负责制定规制。

这一阶段传媒制度演进表现出自发性、赢利性和渐进性特征，即"一群人在响应由制度不均衡引致的获利机会所进行的自发性变迁"。传媒在市场诱致下不断的"寻利"实践，使中国传媒产业制度变迁具有了另一个重要特点：在政府主导的强制性变迁的同时，主要由传媒担当实践主体的又一诱致性制度变迁同时发生。

（二）政府强有力干预传媒体制改革

从传媒制度变迁的两个阶段来看，在推动传媒产业制度变迁过程中的实践主体是政府。改革初期，巨大的财政压力迫使政府在保证有效调控前提下给予传媒在经营上一定的自主权，混合型体制由此而来，这也决定了中国传媒在最初的产业发展取向和产业发展路径。这一阶段，政府强力干预传媒产业发展，

主要是为了克服起步阶段的初始障碍和制度供给不足，充分利用后发优势实现快速发展。

过渡时期，政府以行政手段完成传媒"集团化"的制度安排，迅速实现了用较低成本来实现制度的创新。在诱致性制度变迁中，需要花费较多的制度创新成本。因为往往一项制度安排要得到一致意见需要创新者花费较多精力来组织；作为政府的制度创新，集团化为后来产权改革提供了直接的现实平台。中国传媒产业制度变迁的核心阶段"产权改革"则以政府政策的形式予以明确提出。"文化体制改革"思路的确立，"两分开"制度变迁路线的确定，以及此后借助各种传媒进行广泛的宣传和灌输，使得中国传媒产业制度演进的关键阶段得以在一个相对稳定的环境下进行。

与一般产业不同的是，在传媒产业发展上，政府的逻辑起点是对意识管理。因此，从初始至今，政府一直没有把传媒看成是单纯的经济组织。在传媒产业制度演进历程中，则是以"利益"为实质的复杂博弈关系，常常是自下而上的诱致性变革与自上而下的强制性变革相伴而生。

从中国传媒产业制度变迁的历程来看，在制度演进的每一个时点，政府大多以强有力的姿态干预了产业发展。中国传媒产业制度变迁有明显的政府主导痕迹，即"政府制定变革的基本方向和标准"。作为制度制定者，政府通过法律、法规和政策实施制度的供给；其次，政府通过建立制度规章来制约微观主体的制度创新；再者，政府选择性放宽制度准入，推动了诱致性制度的发生。政府最终成为中国媒体产业制度演变的第一推动力，中国传媒产业制度演进具有典型的由诱致性变迁向强制性变迁转变的特点。

中国传媒产业制度变迁始于混合型体制的确立。但是，这一制度变迁的发朝，首先来自于创新集团，即传媒自下而上的大胆改革实践。比如诸多市场实践，恢复广告、自办发行、增张扩版、都市报勃兴、吸引社会资本等，都可以看出传媒的主动尝试。在这一过程中，传媒扮演了制度创新自下而上的催化者角色，很大程度上促成了后来的制度化安排。

当一项制度改变达到某一临界点后，政府对于制度安排就显得极为重要。传媒产业制度演进中，基础性的制度安排，通常是由政府自上而下推行的。在传媒实践中，通常需要大量经费和多元主体"一致同意"的制度安排，都需要借助于政府力量。

在传媒产业制度演进的第一阶段，诱致性变迁成为主要的变迁方式。传媒大量的市场实践，并没有在最初获得明确的政府许可，甚至是在政府媒产业发展中的特有现象。政府以默许、鼓励和批准的方式，促进新制度产生，或以限制、干涉和禁止的方式来取缔新制度产生。这种方式也是属于产业制度变迁的初始状态。对于传媒来说，市场的需求使得传媒有了对利润的渴求。获利可能性最大、成本最小的寻利行为是传媒愿意接受的。所以，传媒选择了不打破既有体制框架下的市场边缘实践行为，最初只进行广告经营环境的市场探索就是例证。对利润的渴求，使传媒逐步开始进行采编业务核心层面的改革。但是，初始状态产生的惯性使传媒依然选择不触及体制实质的改良式实践。

对于政府而言，逻辑起点是对意识管理。因此，政府显然无意主动改变对其有利的制度。同时，财政负担又使政府以调整体制内政策的方式，鼓励传媒的经营行为。传媒的经营探索只要不超出规制，政府就以默许的方式允许其继续。当这种探索证明可以较小的成本获得更多的利益时，同时创新集团的行为又被更多利益主体效仿，那么政府就以正式制度的方式予以许可。市场实践在先，制度许可在后成为传媒产业制度变迁过程中利益主体博弈关系的主要特点之一。往往通过这样的方式，传媒的自发创新和政府的规制调整不断互动，传媒的新制度得以最终确立。

初期中国传媒产业制度变迁的特定背景是：一方面，传媒产业的经济结构高度不稳定；另一方面，传媒体制框架还在逐步形成。经过集团化的过渡期，到了第二阶段，制度创新可以直接由政府自上而下去推动。由于政府的强制制度安排取代了个人自愿合作安排，从而很好地实施制度供给，并凭借其强制力，通过税收等手段克服过程中的寻利"搭便车"现象。

诱致性体制安排和强制性体制安排各有其局限性。诱致性制度变迁作为一种自发的制度变迁，会面临"搭便车"问题；强制性制度变迁则面临的是政府的强制化管控与集团利益的挑战。通过诱致性制度安排和强制性制度安排的互补和平衡，在很大程度上实现"制度互补"。

这种互补有两方面的含义：一是诱致与强制相互弥补制度供给不足；另一含义是，制度是有差异性及特殊性的，有的制度安排只能由相关的对应的行为主体去执行。

"两分开"的传媒制度安排是政府的主体行为，并强制干预制度变迁的实施。作为核心制度，需要诱致性制度的配合。考察过去多年中国传媒产业制度变迁，可以看到，这种制度演进是连续选择多个互补体系的渐进过程。不同制度之间不仅存在互补和竞争关系，而且会在进程中寻找低成本的交易替代变革路径。

突破传媒体制"两分开"改革困境，可采用"对多种互补新制度不断选择"路径，由诱致性制度变迁过渡到强制性制度变迁。这两种制度路径的互补，才能使新制度最终产生效率。

实践证明，"事业单位，企业化管理""集团化""两分开"的制度安排，最终推动者都离不开中央政府，即使传媒自发进行的自下而上的改革，其最终成功也取决于能够获得党和政府的支持。

三、从部分剥离走向整体体转制

制度演化理论认为，制度系统之间既有互斥关系，又有耦合关系。而现实的"拟分离制度系统"既非可分离系统，也非非分离系统。媒介制度系统有三个次级制度系统，即媒介宏观管理制度、采编制度、经营制度，这三者就具有较强耦合性，同时也具有可分离性。这一特征可能引发不同层次制度的演进进程，这也是媒介制度演进规律之一。

出于"以尽可能小的交易成本获得尽可能多的利润"，在各项新制度实施后，媒体改革反映了从局部逐步向全面进步的方向发展。中国经济体制改革的"试错"方式已经逐渐被传媒体制改革所采纳。改革初期，会选择条件好的地区来检验新制度安排，以尽快积累丰富经验，便于了解新制度安排并对其进行推广。"试错"中，试点媒体获得了优惠政策与更多自主权，并可大胆进行试点改革工作，为制度创新创造可行条件。在逐渐成熟逐渐丰富的经验基础上，政府才逐步放开对其他地区的限制，推动各方面的体制变革。因此，中国传媒产业制度的演变已经从局部发展到整体。

直至二十一世纪初，传媒产业化制度变迁进入整体性推进阶段。从部分剥离走向整体转制，是中国传媒体制改革的实现路径，即从传媒运行机制的改革到传媒体制改革的转变。"两分开"的制度设计已遭遇到了现实困境，部分剥离已不能适应传媒市场化与产业化发展的需要。在对中国传媒体制的现行制度安排作了一些相关的检视之后，这一部分将从"两分开"的历史路径与现实困境、部分剥离的内涵与问题、整体转制的内涵与意义等方面来对中国传媒体制改革的趋势作一简单梳理。

考察中国传媒体制近多年改革，可以发现传媒体制改革"两分开"的制度路径是：首先是宣传与经营两分开，实现传媒内部的专业分工；然后是采编与经营的剥离，实现体制内部采编业务与经营业务按照各自不同规律分开运行；其三是时政类传媒与时政性不强的传媒两分开，实现行业内不同传媒类型的区分，并分别进行事业体制下的制度改革与改企转制；最后就是公益性传媒事业与经营性传媒产业两分开，将现代企业制度导入经营性传媒产业，培育真正意义上的传媒市场主体与法人主体，最终实现经济效益与社会效益的兼顾。

部分剥离的方式是指把允许经营的资产和业务从事业集团中分离出来，分别管理、运营。部分剥离目的是把剥离出来的经营性资产发展壮大，再继续收购其他经营性资产。但这种经营型资产部分剥离，离完全市场化之路相差甚远，也使得传媒集团和部分主管部门陷入对中央政策的认识误区，即简单地把新闻采编与产业经营分离看作是产业与事业的分离。

而这种简单理解的"两分开"，却给传媒集团经营管理造成了许多问题：采编与经营权难以统一，经营主体不确定，原有事业法人体系与发展起来的企业法人体系之间存在矛盾与冲突。要解决这些冲突，可行办法就是整体转制。

整体转制是传媒集团将内部产业经营性资产与产业经营型子报子刊或频道全部划归到传媒集团下成立的集团（股份）有限公司，并整体转制为企业法人。由此整体转制后的子报子刊或频道可获得采编权和经营权在内的完整权利，实现内容生产和经营的统一；同时集团公司也可以建立内部法人体系、健全法人治理结构，成长为依照现代企业制度组建的新型传媒市场主体。

相对于部分剥离而言，整体转制是传媒体制改革向前推进的重要一步，有着重大意义。一是整体转制有利于建立传媒集团真正的市场主体地位，解决"事业单位，企业化管理"和"产业单位，事业化管理"体制下集团内部出现的矛盾与冲突。二是整体转制还能促进集团内部子报刊、子频道进一步公司化运作，组建集团公司控股子公司，形成企业法人体系。

同时，对内部经营单位也进行改制，建立公司法人治理结构。整体转制以后由于传媒集团内部事业法人与企业法人属性的清晰化，国家对于传媒位继续以事业体制进行管理，努力增强活力。因此，整体转制还有助于国家对传媒集团的媒体实行分类和分层管理。

中国媒体同时具备事业和经营两大属性，传媒"两分开"改革的第一步只是实行了媒体内部的部分剥离，即在媒体经营性部分实行"两分开新闻采编、节目内容生产与广告、发行等产业经营分开，广告、发行等产业经营部门经过部分剥离转制为经营性文化企业。这种部分剥离并没有解决采编与经营、事业与企业性质之间的根本矛盾。因此，必须从部分剥离走向整体转制。

整体转制之后在一个传媒机构的内部形成一个事业单位和一个企业集团，目前大多数报业集团是实行"一套班子，两块牌子"的运营方式，整体转制相较部分剥离前进了一大步。但是整体转制仍然是在一个传媒机构内部进行的剥离，企业集团和事业单位受制于同一个上级管理部门，受制于同一个利益主体，企业集团与事业单位之间依然存在利益、分配、编制等矛盾。现实的情况是企业集团与事业单位之间似乎形成了一种等级关系，往往是由企业集团赚取的利润来养活事业单位。在同一个文化单位内部，因为部门利益和行政思维惯性，企业集团内部各个子公司之间的同质化竞争等矛盾依然突出。媒体的市场化运作往往表现为企业集团内部各个子公司之间的竞争，由于地方利益对媒体的控制，地方政府不愿意轻易放难以实现，整体转制依然没有解决媒体的事业和企业属性两分开的体制难题，因此，必须从整体转制走向实质性"两分开"。

实质性两分开的设想就是在整体转制的基础上，把一个文化单位下面的企业集团和事业单位一分为二，事业单位包括党报党刊、电台与电视台的公共频道，这一部分资产维持原有的事业性质和管理体系，由政府掌控，由政府各级部门负责其运营，主要发挥舆论导向和为公共利益服务，转变为公益性媒体；媒体企业集团划归地方国有资产管理部门，或者国家授权经营管理，转变为国有控股企业。把事业单位和企业集团分拆成两个独立的部分，彼此隶属于不同的系统。传媒只有实质性"两分开"才能从体制上区分开公益性媒体与经营性媒体，才能让公共媒体发挥公共性，经营性媒体摆脱行政力量的束缚，成为真正的市场主体。同时，实质性"两分开"能更好地让行政主管部门去掉裁判兼运动员的角色，专注于规则制定和制度建设，可以从体制上解决企业与事业两重属性所带来的行政与市场、垄断与自由竞争、地方与中央分权等一系列突出矛盾。在企业集团和事业单位各自内部进行若干的制度建设，逐步规范两种性质媒体的管理和经营。

实质性"两分开"涉及媒体现有利益的重大调整，可以预见，这一改革将会遭遇较大的改革阻力，因为"中国媒介本身已经是现实制度的既得利益者，它们从这种制度中获得了巨大的政治、社会权力，以政府赋予的这些特权再去获取丰厚的经济收益"。实质性"两分开"必须付出制度代价并触及既得利益集团。因而，现阶段传媒"两分开"改革的制度设计遭遇到了现实困境。虽然理论上要求实现公益性传媒事业与经营性传媒产业两分开，但是在现实运作层面，报纸、广播电视等传媒核心部分的体制改革却无法顺利推进，改革基本上处于某种停滞状态，甚至重新回到"采编""经营"相互剥离的时期。出现这种状况的原因有二，一是政府没有提供明确的政策支持与清晰的制度供给。这主要是政府担心实行"两分开"会丧失对传媒的有效管理。二是传媒此前占据混合型制度优势获利匪浅。改革动力匮乏，"两分开"制度改革将全面突破长期以来混合型制度导致的诸多体制性障碍，这必然触动既有的利益格局。

四、产权改革："两分开"制度设计的核心

传媒体制改革一个非常明确的政策导向是，要实行宣传、经营"两分开"，即把意识宣传和经营业务分开，采编队伍和经营、管理队伍分开，按照这个思路创建新型管理体制。文化体制改革提出的公益性事业与经营性产业"两分开"思路，为中国传媒发展结构调整提供可行的框架，即实现传媒的分层分类管理，重构科学的传媒管理与考核体系。但是，政府明确了公益性事业单位与经营性产业媒体两种划分形式，并已在出版、数字电视等领域得到了体现。而在传统主流媒体，包括广播、电视、党报党刊等如何划分两种形式，尚有待探索。但是，

文化体制改革的"两分开"思路，为研究者对于传媒产业的一般性运作规律以及产权等研究提供了可行性空间，在这样的改革主题之下，中国传媒集团的结构调整和资源优化的方式已经直指"产权"这一制度核心。"产权明晰"成为新一轮传媒集团体制改革路径探索的核心话语。

二十一世纪初期文化体制改革政策的出台，正式以官方制度的方式确认了传媒的产业属性。这意味着长期以来作为事业单位的中国传媒，其单一的公有制经济体制有了重大改革。产业属性的确立，实质上承认了私有经济在中国传媒产业结构中存在和发展的可能性与合法性。"产权明晰"成为新阶段中国传媒产业直接的改革目标。这意味着，体制改革已经进入制度的核心层面，即"产权改革"。实际上也就意味着，中国传媒产业改革进入到所有制改革的核心层面。前一阶段的有限度放权让利，在经过集团化整合扩张之后，进入到实质性改革阶段。产权，是中国传媒产业制度的内核，产权改革则是中国传媒产业制度演进过程中的根本性变革。以所有制为核心的传媒产权制度改革，实际上是对传媒体制结构进行战略性重组，通过资本市场来完成产业升级，并实现传媒真正的自主活动。它要求传媒政企分开，要求传媒让出特殊利益、参与公平的市场竞争，要求多种经济成分共同参与。传媒"文化产业"体制属性的确立，标志着近年来中国传媒产业发展历程中最大的一次制度变迁，直指"制度硬核"的产权改革由此开始。

（一）产权改革是产业的根本性革命

产权是制度变迁中的核心议题，以产权为基础的产权制度是最基本，也是最重要的制度，它是一个经济体运行的基础，有什么样的产权制度就会有什么样的组织、什么样的效率。而有效的体制则能把产权从低效者的手中转移到高效者的手中，产权要转移到高效者的手中，就需要企业家，而兼并之类的活动就是产权的转移过程。产权制度既会影响资源使用政策的制定，也对经济行为和绩效有所影响，并且能够通过对决策制定权的分配，来决定经济活动参与者和界定社会财富分配。

正是现有制度安排的结构无法获得利润的可能性导致了新制度安排的形成（或者旧制度的改变）。换句话说，就是市场倾向于侵蚀那些无法适应新经济机会的产权制度。如果现有的权利结构限制或阻碍了对相对价格和技术的变化作出反应，那么未被开掘的潜在收益的存在将导致个人采取更适合的产权安排。至少有两个原因界定并强化了产权对经济绩效所产生的根本性影响。首先，通过分配和转让所有权，指定资源利用决策中的获益者和成本承担者，产权制度能激励社会的经济行为。其次，产权可通过对决策权的分配安排经济系统中的角色。从长远来说，明晰产权归属是市场经济有效运行的前提。但是，产权的界定是相当困难的。

如果交易成本大于零，产权就不能完整地界定。资产转让必须承担成本，交易双方确定这些资产的价值属性是什么和获取这些属性的尝试。这些属性界定是很不完善的，因为完全界定的成本是高昂的。在国有企业转制改革中，产权明晰至今没能很好地实现，改革依然任重道远。而对于与一般产业不同的传媒产业而言，产权改革任务更加艰巨。任务的艰难自然与传媒强烈的意识属性密切相关，这也正是"产权"被长期置于传媒制度改革讨论领域之外的根本原因，同样也是传媒常常被归为公共产品的原因所在。

（二）产权制度的明晰与构建

产权是制度框架构成的一个重要元素，产权结构的效率会影响制度结构的效率，所以产权结构创新也成为制度创新的一个重要内容，要推动制度改革，就要明晰产权、调整失衡的产权结构。

中国传媒产业制度演进目前正经历着最重大的产权结构创新过程。但是，这一过程相较于前一阶段的变迁来说，面临的问题更加复杂严峻。

产权制度的明晰与构建涉及到的是传媒体制改革中的产权改革，是传媒体制改革的"深水区"，也是传媒体制改革的突破点。纵观中国传媒业的发展历史，长期以来，其产权不明晰、规则不明、所有者缺位、产权主体责任不明确。这带来了一系列问题，如传媒业产权责任不到位，传媒业的所有权与占有权、使用权、收益权、处分权之间充满了内在矛盾与冲突，传媒业自身没有决策权，缺乏充足的内在发展动力，传媒产业决策权、执行权与监督权之间没有形成相互制衡。

在其他产业取得飞速发展的同时，传媒业发展也如火如荼，几十年下来，中国形成了数量巨大的传媒产业国有资产。新闻出版部门作为行政机构，既管理传媒业，又负责传媒业资产，所有者与经营者的权责不明确，这是传媒业内部控制得以发生的温床。当传媒业法人财产控制权在传媒业及经营者之间转移时，由于政府监控手段和能力的不足，导致短期行为、资产转移、国有资产流失等不良现象的发生。此外，产权不清晰，一方面会导致传媒市场体系难以统一，产权流动困难；另一方面由于资产运营难度加大，也不利于传媒业的资源优化配置，阻碍传媒产业版图的扩张。

要解决中国传媒制度运行中的产权模糊、责任不清等系列问题，就必须按照现代企业制度要求，深化传媒业产权制度改革，要做到产权清晰、权责明确，实现所有权和经营权的分离。传媒业进行这种管理方式的改革，出于两个方面的考虑，一方面是传媒业作为一种特殊的国有资产，另一方面是传媒的发展壮大必须走资本社会化道路，而这种道路就要求所有权与经营权的分离。这种分离包括三个层面，一是政府管理部门和传媒集团之间的分离：这种分离不但实现权责明确，而且实现政企分开，能够有效避免政府管理部门越权对传媒业行使权利，保证传媒集团公司成为独立的法人实体和市场实体；二是传媒集团和集团公司的分离：这种分离使得传媒集团与集团公司之间的连接将以产权为纽带，由过去的行政管理转变为投资管理、战略管理；三是传媒集团母公司和子公司之间的分离。股东会行使集团母公司的所有权，以确保出资人对公司的最终控制，维护所有者的权益。这种分离有利于实现国家拥有传媒国有资产的最终所有权，而且还有助于传媒集团从之前的事业单位转变为产业单位，成长为真正意义上的市场主体与法人主体，能够真正参与市场竞争，真正自主约束、自负盈亏、自我发展。三种明晰产权的方式：第一种路径是通过政企分开，实行传媒产业系统在所有权、经营权和管理权方面的剥离，重新调整、规范政府与企业、事业之间的权责、利益关系，转换国家政府部门管理的角色与职能，建立现代企业制度、现代事业制度；第二种路径是通过资本运营，推动传媒机构明晰产权问题；第三种路径是在传媒领域扶植民营资本。这些来源于政策引导扶持、实践经验积累和理论研究引导的成果都将成为中国传媒制度体系中媒介产权改革与结构重塑的重要资源，为中国传媒体制改革打好产权改革攻坚战提供了一定的理论基础与思路借鉴。

第八章 传媒产业的发展路径

第一节 "两分开"改革的必然重启与具体图景

作为文化生产和传播的主要载体，媒体的主要社会功能是提供文化产品和文化服务。从形式和内容上看，它是一个非常普遍的社会文化现象和整体社会文化体系的有机成分。传媒文化与整个社会文化之间是一个局部的与整体的、微观的与宏观的、局部的个性与整体的共性的关系，传媒业的健康发展是文化产业发展的正确内涵。文化体系中的问题和弊端也将在媒体系统中以各种形式表现出来。传媒体制运行中的问题的解决必须从整个文化体系中寻求改革和智力支持的动力。因此，无论在理论上还是实践上，文化体制的改革都必然会涉及和包含传媒制度的改革。传媒体制改革必须要与文化体制改革相互适应、相互协调、相互促进。

一、"两分开"改革的必然重启

随着改革工作不断深入，作为文化产业核心产业的传媒业，也逐步展开改革工作，中国传媒业改革工作已进入关键时期。创新变革首先由出版业的"转企改制"开启；随后的报业规划出改革"进度表"与"路线图"。纵观现实，在传媒"两分开"改革提出数年后，口前的传媒"两分开"改革仍停滞不前，很不彻底。在后改革时代，当渐进式改革已经出现了"改革的边际收益递减"和"改革的边际成本递增"时，改革就必须进入攻坚阶段。二在这样的前提下，中国传媒业改革将迎来全新考验。传媒产业化发展触碰到了原有体制的"天花板"，改革边际效益不断缩减，而边际成本却在不断递增。因此，改革进入攻坚期，即对"两分开"实质性改革，以释放更大的产业发展空间。

（一）"两分开"改革重启的宏阔背景

作为计划经济产物的传统文化体制，存在与社会主义市场经济和文化自身发展不相适应的诸多问题。如对文化的事业运行和企业运营没有充分地认识和正确区分，主体身份模糊；文化产业缺乏发展活力，市场配置资源的作用没有充分发挥出来。长期以来文化业的行政化与非产业化，造成了文化业运行机制和经营机制的僵化和低效率，在市场经济体制下显得僵化呆板。

客观地说，市场经济发展过程中文化领域和文化市场时有乱象，文化市场体系不健全和不规范。宏观管理体制缺乏竞争力，微观运行机制缺乏活力，因而导致书刊报纸、电子出版物、影视音像制品、演出剧目、艺术品等文化产品与服务不能形成相互关联的市场营销系统，市场运作的手段较为落后，知识产权缺少强有力的保障和保护。在市场流通领域，条块分割严重、流通环节过多、流通渠道狭窄，主渠道的功能严重下降；地方文化发行与传输网络占地为王，相互排斥和封锁。加之在新环境之下文化产品进出口严重逆差的生存和发展压力，业已对中国文化的有效传播以及文化产业的竞争力、影响力形成了重大障碍。这种长期以来文化发展与市场经济环境的不协调、不和谐，正是中国开展文化体制改革的缘起和出发点。

文化体制改革不仅是对国内经济发展、政治发展的回应，也是社会主义文化事业谋求更为长远发展的内在诉求。要克服文化在发展中的不利因素，文化体制改革必须要重点深入开展。文化体制改革的核心是改革体制，改革的主题是发展，以体制机制的创新为发展重点，逐步形成科学有效的文化管理体制、高效完善的文化生产服务运行机制；以公有制为主体、多种所有制共同发展的文化大产业格局与统一、开放、竞争、有序的现代创新文化市场体系；形成以民族文化为主体、吸收外来精华文化，推动中华文化走向世界的文化建设开放格局。

中国的文化体制改革从纵向时间上看基本经历了萌芽起步阶段、渐进探索阶段和全面攻坚阶段三个主要阶段。二十一世纪以来，中国政府对文化体制改革方面给予了较积极的政策推行，报纸、广电等改革主体的回应却一直趋于平淡和消极。文化体制的"两分开"改革在传媒改革领域回缩为"两剥离"，实质性"两分开"改革迟迟未能推进，全面攻坚阶段的文化体制改革陷入了原地徘徊的僵局。二十一世纪一十年代颁布了《中共中央关于深化文化体制改革推动社会主义文化大发展大繁荣若干重大问题的决定》，系统阐述了深入推动文化体制改革的政策措施，不断将文化体制改革向纵深推进，这也是促进文化产业及传媒产业进一步发展的必然逻辑。

（二）实质性"两分开"改革的紧迫性

中国传媒业的事业性质一直是传媒产业化过程中的一个棘手问题。当传媒业产权多元化发展与产业投资自由化发展已经触碰到传统体制的底线时，原有的传媒体制造成的行政化市场就会一览无遗。

传媒业内部形成了难以逾越的行政壁垒和区域市场壁垒，市场调节无法发挥优化配置传媒资源的目的，传媒在市场经济中的发展面临两难的尴尬角色。既有体制决定了传媒并不是独立的企事业法人，如果传媒是企业法人，它明显缺乏独立经营能力，而在编制上，传媒又属于事业性单位，隶属一级政府，媒介集团具有政府行政部门的管理职能；如果传媒是事业法人，就不能以赢利为经营目的、在激烈的媒介市场参与竞争。此外，传媒也不具有独立市场主体地位，主要表现为传媒资本所有者缺位与传媒产权长期不明晰。

再则，作为市场经济中有机元素的传媒，其市场发展的机会均等和公平竞争的待遇难以落到实处。尽管媒体已置于市场环境中并被允许参与市场竞争，但缺乏适者生存的市场机制导致了政府对媒体的直接监督，导致了媒体和政治合谋，受到资本等级制度和行业壁垒的保护。市场经济和企业标准没有适当地支持媒体成为市场博弈的主要参与者，反而阻碍了媒体产业在市场经济中与其他经济产业融合。在面对市场经济和技术创新的过程中，传媒产业涌现出市场配置资源的渴望，以及媒体自身消耗的各种资源的价值补偿和价值增值的内在需求。随着市场经济体制逐渐建立完善，文化体制改革的深入开展和阶段性成果的取得，传媒产业的发展现状与国家经济发展战略的目标需求之间的差距越来越大，传媒业不得不提出突破现实多种力量钳制与体制束缚的改革诉求。所以说，改革现有传媒体制，才是传媒业良性发展的关键问题和迫切任务。

（三）实质性"两分开"改革的必然性

中国已进入全面建设小康社会的关键时期，改革开放与转变社会主义经济发展方式也进入了攻坚克难的时期。文化建设在这一关键时期至关重要，全面建设小康社会的重要目标和重要保证之一就是文化更加繁荣。政府在推动文化体制改革时目的明确，通过实施"两分开"，形成产权明晰、市场地位独立、自主创新能力强、市场竞争力强的文化企业和企业集团。这些要求反映在多个相关文件中。

文化体制改革已经涉及产权制度核心内容。产权内容变更，取决于统治集团对现有产权安排的收益进行事前评估、监察与执行权利结构的改变所带来的成本的事前甚或事后估计之间的相互关系。

在混合体制下，传媒组织有双重身份。他们不仅可以享受国家政策的资源优势，还能利用资源优势去惠及市场。媒体的混合体制双重身份造成了许多问题。如，媒体组织利用通信权去获得利益，因此导致"付费新闻"和"电视收视率最高"的电视节目泛滥，并且广播电视节目泛娱乐化倾向越发严重。例如媒体的分类管理就是在将媒体的双重身份进行分离。按照业务系统的管理，运营媒体按照现代企业制度运作，两者之间不存在争议。因此，公益媒体可以专注于履行职责；运营媒体也可以消除很多顾虑，全心全意进行市场运作。政府只需要引导舆论媒体和运营媒体的国有资产，这将大大降低管理成本和改革风险。

通过培育一批自主创新能力与市场竞争力较强的文化企业和文化集团，既能增加政府税收，还能加强中国传媒业在国际舞台上的市场竞争力，由此进一步提升其国际形象。

国家希冀通过文化体制改革工作，基本建成中国的公共文化服务体系，推动中国文化产业成为国民经济支柱产业；建设具有国际竞争实力的文化产业集团，以此抵御西方文化入侵、保障信息安全以及提升文化软实力与国家形象。

社会全面转型中的传媒业发展是个巨大系统工程，所牵扯到的社会矛盾和利益纷争十分复杂，混乱与无序是必然存在的社会表象。然而在原有的体制框架下，按照原有游戏规则进行运作，中国传媒业就无法实现跨越式发展，传媒业就无法很好地承载时代发展赋予它的历史使命，因而，在文化体制改革向纵深推进进程中，为满足社会主义文化繁荣发展需要，重启中国传媒体制实质性"两分开"改革，是中国传媒产业持续向前发展的必然趋势。

二、实质性"两分开"改革的具体图景

随着社会主义市场经济不断深入，国家以激励性制度供给不断推进文化体制改革。而文化体制改革的实质在于对原有文化行业性质作出调整，将文化事业和文化产业区分开来，使其从性质上发生转变，从原来的事业单位转轨为企业，甚至是企业集团。而此次"两分开"传媒体制改革的一个非常明确的目标指向是实行宣传与经营的"两分开"。实质性的"两分开"，就是按照文化体制改革的目标即事业性文化单位与经营性文化单位"两分开"发展思路，在文化体制改革的设计思路下，实现公益性传媒与经营性传媒分离。传媒体制"两分开"，为调整传媒产业发展结构与一般运作规律提供了空间。在这样的改革主题之下，中国传媒业结构调整和资源优化方式直指"产权"这一制度核心。

随着社会主义市场经济体制的建立与完善，文化体制改革最迫切的任务是重塑国有文化市场主体。中国文化体制改革在总体设计上思路更清晰、方向更明确，操作实践上方法更细致、步骤更具体。

（一）公益性传媒与经营性传媒的"两分开"

中国的混合型媒体制度是独一无二的，最大弊端就是杂糅，对公共媒体与经营性媒体缺乏清晰的界定，因此，中国传媒的进一步改革必须厘清公益性媒体与经营性媒体的界限。不突破这一体制层面的问题，媒体的改革就难有大的作为。公益性传媒事业和经营性传媒产业实质性的"两分开"指在原属事业单位性质的传媒集团之下成立传媒集团有限公司。传媒集团将经营性资产划归集团有限公司所有，并以企业法人进行经营管理。

集团有限公司以现代企业制度运行，遵循优胜劣汰的市场法则，进行投融资上市，完全采取商业运作。同时，在"两分开"制度下，传媒的公益性文化事业依然归为国家所有。

公益性传媒事业属性与经营性传媒产业属性的分开是在"采编与经营"两剥离之后，对传媒业发展与传媒体制改革作出的最重大的战略调整。这一实质

性"两分开"逐步发生于出版发行领域、报刊领域与广播影视领域，成为中国传媒体制改革的拐点。

1. 出版业的"两分开"

文化体制改革启动后，新闻出版业按照"两分开"设计思路首先试行"事转企"。新闻出版业从行业发展实际出发，通过制定周密的改革计划，目标鲜明、过程有序地推行出版体制改革工作，使得新闻出版业的"两分开"改革取得了巨大成功。出版业作为改革先行者，为传媒业的体制改革提供了一个范本，出版业的"两分开"改革还在持续深入中。

2. 报业的"两分开"

报刊单位作为自二十世纪七十年代末期"事业单位，企业化管理"以来传媒领域的改革先锋和主流力量，同时也是文化体制改革试点中的领军单位。中国报业集团是以党报为核心、以报纸为主业的特殊行业集团，产业构成的多元性加大了"两分开"改革难度。按照文化体制改革的总设计思路，二十一世纪初确定的35家文化体制改革试点单位中，包括有深圳报业集团、大众日报报业集团、新华日报报业集团、北京青年报、今晚报等8家报纸单位。报刊业等新闻媒体改制试点一般采用"区别对待、分类改革、分类指导"的指导思路，根据公益性与经营性将报刊业分为时政类和非时政类两大类，也就是区分为公益性媒体和经营性媒体。

其中，作为党和政府喉舌的时政类报刊，包括各级党报党刊，其主要职责是宣传党和政府的方针政策，引导舆论。时政类报刊在"两分开"转制时，严格按照采编、经营"两分开"原则。采编业务属于事业单位，确保其事业性质不变、党管媒体不变、党管干部不变、正确舆论导向不变。而经营业务转制改企，其中广告、印刷、发行等经营部分可以从事业体制中剥离出来进行市场运作，从而服务于主业，并由国家和相关政府部门拨款给时政类报刊以保证其生存发展需要。对于非时政类媒体如报业集团下属的子报、子刊，文化、科技、经济、社会类报刊则按照不同性质进行不同的改革。这类媒体以向公众提供民生新闻、咨询、娱乐信息等信息服务为主。在取得国有资产授权经营的条件下，落实企业化管理的基本要求，进行企业化运作。其经营的基本方针是面向市场，自主经营、自负盈亏。主要任务是建立现代企业制度，理顺产权关系，完善法人治理结构，通过资本运作和市场开拓，提高市场竞争力。在确保国家控股的前提下，可成立有限责任公司或股份公司，具备条件的也可申请上市融资、兼并，允许跨区域、跨行业、跨媒体经营。此外，中央有关部门也对媒体改制提出了具体要求，主要包括：是否完成了企业注册；是否注销了事业单位和事业编制；员工身份是否完成事业编制向企业编制的转变；相应的社会保障措施是否到位等。

"两分开"改革试点的总体设计思路是维持党报党刊稳定发展的前提下放开了非时政类媒体的发展，这不仅利于国家整体舆论稳定，还能够激发非时政类媒体活力，是报业总体改革中的重大举措与进步。

3. 广电传媒的"两分开"

对于中国广电传媒而言，不改革，无发展，制度创新是大势所趋。广电传媒领域"实质性"两分开必将重启，改革的过程依然伴随着各方利益的博弈和平衡。在文化体制改革实质性"两分开"改革和数字传播时代的共同背景下，我们对"实质性"两分开之后的中国广电传媒组织架构的构想如下：

在中央一级和各省级（或直辖市）层面上建立广电传媒集团，实现频道制管理，下设两类分支机构：事业性质的广播电台、电视台和企业性质的广电传媒集团股份有限公司。电台、电视台属于国有事业单位，下设时政频道（率）和公共频道（率）。时政频道（率）的经济补偿方式为国家财政拨款和公益广告收入；公共频道（率）的经济补偿方式主要来源于政府专项基金、社会捐助、广电传媒集团股份有限公司的商业收入补助等。广电传媒集团股份有限公司下设若干个商业频道（率）、节目制作公司、广告公司及其他业外经营性实体单位等，实现市场化运作，通过参与市场竞争获取商业收入。包括商业频道（率）在内的经营性实体单位建立产权多元化的现代企业制度，广泛吸收业内外资本进入，遵循优胜劣汰的市场竞争法则。

这样的组织架构既符合文化体制改革提出的"公益性文化事业与经营性文化产业两分开"的改革要求，电台、电视台又维持原有的事业单位属性不变。其中，时政频道（率）继续履行广电传媒的"喉舌"功能和宣传职责，公共频道（率）成为公共利益表达的平台，广电传媒集团股份有公司成为一个独立的市场主体参与市场竞争，实现完全商业化运作，为集团创造经济效益。

（二）传媒经济效益与社会效益并重

传媒的经济效益即特定传媒的产品或服务在生产经营活动中的投入与产出的比例，以最小的投入获得最大的产出被视为有经济效益。媒介产品的质量在流通、交换中很大程度决定了其经济效益与社会效益的实现以及实现能否最大化的程度。中国社会主义市场经济体制改革过程中，处处充满着国家、区域行业、投资者与消费者之间的利益博弈。在生存与发展的内在驱动下，大众传媒走向市场、获取经济利益几乎成为摆脱困境与寻求发展的重要途径。传媒的社会责任的履行通常对应于传媒的社会效益的实现，中国传媒的双重属性及其在转型期的社会结构大系统中的重要地位决定了经济效益与社会效益的平衡问题将成为传媒体制改革中的重要问题。能否正确处理好两者之间的关系，关系到文化体制改革背景下传媒体制改革的成败。从理论上来讲，经济效益与社会效益的并重是两者关系处理的最好体现，也正是传媒体制"两分开"改革的归属点。对其内涵意义的理解主要表现为以下几个方面：

其一，经济效益与社会效益并重符合国家对中国公益性传媒事业和经营性传媒产业"两分开"的统一部署，即两手抓两手硬，实现"两个轮子一起驱动，两个翅膀一起振飞"。长期以来，中国公益性文化事业和经营性文化产业没有得到正确区分，导致经济效益与社会效益不能统一，更不用说两者并重。正确区分公益性文化事业和经营性文化产业，并将之作为深化文化体制改革的基本思路，就中国传媒业而言，就是要正确区分公益性传媒事业与经营性传媒产业。公益性传媒事业向社会提供公共文化产品与服务，目的在于服务群众、教育群众、引导社会以实现传媒的社会效益。经营性传媒产业以市场为导向，在社会主义市场经济条件下繁荣发展社会主义文化，满足人民日益增长的精神文化需求，推动经济发展，实现经济效益。一手抓公益性传媒事业，一手抓经营性传媒产业，实现经济效益与社会效益的统一与并重才能实现"两个轮子一起驱动，两个翅膀一起振飞"。

其二，经济效益与社会效益并重反映了传媒体制"两分开"改革中的平衡意识和权衡艺术。中共中央提出文化体制改革试点要坚持因地制宜、分类指导、先点后面、统筹兼顾的工作方针，这为中国传媒体制改革指明了工作方法和原则。传媒体制改革不能搞"一刀切"，要允许多种管理体制和发展模式，要经济效益和社会效益一起抓。具体而言，就是要强调四种意识，即"责任意识""大局意识""渐进意识""平衡意识"。而经济效益与社会效益并重正是"平衡意识"和权衡艺术的反映。在中国新闻宣传与经营管理是传媒发展的两个方面，但是在过去很长一段时间里面，在组织管理架构中偏重新闻宣传。很明显的一点是：在传统报业管理系统当中是党委会领导下的总编辑负责制，执掌新闻宣传的领导所占据的比重非常高，执掌经营管理的领导所占比例很小，经营管理没有取得与采编平衡发展的地位。有鉴于此，文化体制改革背景下现行传媒体制"两分开"改革的一个指导方针就是新闻宣传和经营管理平衡发展。为此，政府从宏观与微观两个层面入手解决这个问题。从宏观层面来说，传媒业分为公益性的事业单位和经营性的企业单位，公益性的事业单位重点在于承担社会教化功能，至于广告、印刷等可经营的部分，可以从中剥离出来改制为企业；经营性的企业单位中的那些意识不强的传媒，比如说都市类、生活类、专业类等报纸的报社，可以整体由事业单位转制为企业。从微观层面来说，改变过去重采编、轻经营的格局，体现新闻宣传和经营管理并重的特点。体现在效益上，就是经济效益与社会效益并重。

其三，经济效益与社会效益并重是在中国传媒体制"两分开"改革中贯彻落实科学发展观的重要体现。科学发展观是以人为本，全面、协调、可持续的发展观，经济效益与社会效益的并重坚持了以人为本又协调发展。就传媒业而言，以人为本中的"人"是指受众、媒体从业者、投资者"社会效益是相对受众而言的，经济效益是相对媒体从业者与投资者来说的。坚持以人为本，就必须维护好、实现好、发展好受众、媒介从业者与民间投资者的利益。一方面，传媒作为社会公器，具有社会属性，担负着向受众进行信息传播的重要职责。传媒通过宣传党和国家的方针、路线、政策，报道重大媒介事件等方式很好地满足受众的社会信息需求，服务了受众，得到了受众的肯定与赞扬，从而取得了社会效益。另一方面，传媒作为市场主体，具有产业属性，通过市场化运作方式，获取经济利益，补偿消耗资源，满足媒介从业者与投资者的利益需求。经济效益与社会效益并重中的"并重"意味着两方都要同等重视，不能偏废一方，偏重社会效益而轻视或忽视经济效益，会影响传媒的消耗资源补偿，令传媒陷入发展困境。偏重经济效益而轻视或忽视社会效益会带来传媒社会公信力的丧失，最终会导致传媒出现生存危机。所以，强调经济效益与社会效益的并重，强调协调性发展，这才是中国传媒体制"两分开"改革的目标函数。

三、经营性传媒市场准入与退出机制的完善

（一）完善市场准入机制

中国传媒产业发展过程中，严格的市场准入制度意味着政府对产业的保护，同时也意味着对业外资本严格的市场壁垒。对于中国传媒产业而言，传媒产业化的道路，都是不断发现新的获利空间的过程，对资源的垄断，对利润的垄断，在很长时间里都是传媒的主动姿态，但对体制外资本的接纳却显得尤为滞后。在政治和经济的博弈上，政府的目标一直是明确的，"强政治"的博弈态势从来没有改变，这与"两分开"体制改革下做大做强传媒产业的总体目标是相违背的。

一直以来，严格的市场准入是中国传媒业最基本的特征。在市场准入制度上，我们传媒业特点鲜明，其核心是对主体资格的限定和程序上的审批制。"混合型"传媒体制下，严格的准入制度背后是严格的管制。中国传媒实行的是批准登记制度，复杂的行政审批程序设置了行政性进入门槛。除此之外，也严厉制止产权交易活动，严格约束外资融入传媒范畴。

面对经济全球化背景下的制度外压力，即便是在相当严格的市场准入时期，体制外资本依然以各种方式迂回进入，并成功地获得一定程度的经营权。正是在这样的背景下，政府分步骤地出台了有条件地允许体制外资本进入传媒业的一系列政策法规，并在二十一世纪初文化体制改革启动后，加速了这一进程。

二十一世纪初所发布的《外商投资电影院暂行规定》，允许外方对影院进行投资，而且其拥有的股份最高可以高达49个百分点。

中国的传媒市场准入在新世纪获得了实质性重大进展。《关于深化新闻出版广播影视业改革的若干意见》又被称为"十七号文件"，提出了要以落实媒

体集团化改革以及组织建设跨区域、跨传媒的大规模新闻集团的发展目标，要求用积极的态度应对传媒业当中跨媒体、融资以及海内外合办等难题。

新闻出版总署和商务部联合发布《外商投资图书、报纸、期刊分销企业管理办法》正式实施。凡符合规定条件并获得主管部门审批的外资企业，均可在中国内地从事书报刊零售业务。

发布《关于非公有资本进入文化产业的若干决定》，允许非公有资本进入出版物印刷、刻录类光盘生产等文化行业和领域，还可参股出版物印刷，新闻出版单位的广告、发行，广播电台和电视台的音乐、科技、体育、娱乐方面的节目制作，电影制作发行放映，可以建设和经营有线电视接入网，参与有线电视接收端数字化改造，但是这些文化企业中，国有资本必须控股 51% 以上。

伴随传媒核心业务层面市场准入政策的逐步松动，相邻行业市场准入制度的改革步伐迈得更快。传媒产业也开始进入到多种经济成分构成的市场博弈中来。传媒产业对体制外资本的准入，体现了典型的从增量改革到存量改革的过渡。多种体制外资本的进入，对承担意识宣传功能的传媒难免有巨大的压力。但是，作为体制外的刺激因素，外来资本的输入能壮大新的制度力量，能够有效抵挡强大的路径依赖阻挠，并和各种因素一起实现新制度的均衡。结合中国传媒发展实际，我们认为在放宽传媒市场准入政策的同时，还应该适度提高媒体行业的市场准入门槛。比如，在媒体性质登记注册方面严把媒体的准入门槛，因为现阶段中国媒体不是数量问题，而是重复投资过多，对于一些低水平重复建设的项目严格控制审批。其次，可以从注册资本数量、股份构成、经营范围方面规范新的媒体机构注册，鼓励媒体向高新技术、新兴媒体产业方向等新领域投资。

从传媒业市场准入制度的变迁可以看到，改革的初始状态并未重视来自体制外的外生因素，市场准入表现为进入壁垒严格。对于还没有足够成熟的传媒产业而言，准入制度起到了重要的保护作用。而当文化体制改革背景下传媒"两分开"体制改革发展到一定程度时，内部的经济改革已经难以实现改革的初衷，制度就会借助外力来实施进一步改革。制度外因素迫使旧制度框架迅速改变，从而成为破解制度路径依赖的强大力量。传媒市场准入制度的逐步宽松与完善，还应该隐含了一个假设即"体制外"经济活动对传媒产业发展是有效率的。

在传媒产业发展过程中，那些曾经被置于保护之外的体制外资本，事实上对产业经济增长和发展起到了不容忽视的作用。经营性传媒市场准入制度的宽松和完善为传媒业构建了一个开放的经济系统，同时经济系统的开放性也成为推进传媒产业制度变迁的诱因之一。越是开放的经济系统，就越有时能通过与其他经济系统的交流来获取新的有效制度安排，从而扩大可供其选择的制度集。

（二）规范市场退出机制

就中国传媒的现实情况来看，"三级报纸、四级广播电视"的基本框架造就了为数众多的媒体，这一框架奠定了中国媒体的基本格局，也是中国媒体"小、散、滥"的体制根源。靠市场机制，无法抑制中国媒体的数量扩张。这是因为媒体还没有成为真正的市场主体，市场无法发挥对媒体的资源配置作用，在媒体完全受行政力量支配的情况下，仍然需要借助行政力量完成对媒体数量的控制。

面对传统体制遗留的传媒行业内部混乱现象，首先还是得借助行政力量完成对"小、散、滥"媒体的"关、停、并、转"，理顺其产权关系。二十一世纪初，提出，进一步治理党政部门报刊散滥和利用职权发行的问题。二十一世纪初开始的报刊治理整顿，虽然关、停、并、转了一大批报刊，但是这一改革主要是由行政力量主导的，并不是由市场规律支配的。

实质性"两分开"之后，经营性传媒成为真正的市场主体，应该建立主要由市场调节媒体的退出机制。媒体的生死存亡应该主要由市场和资本来决定，行政力量应该退出对媒体的生杀予夺，行政力量的作用主要应该是以制定规则、完善规则、监督指导为主，也就是说，政府不能身兼运动员与裁判员两职，政府的主要角色应当是裁判员。只有以市场为导向的媒体经营才能在竞争中生存下来，靠行政力量庇护的媒体难以成为有竞争力的市场主体。但是市场调节并不意味着放任自由的无序竞争，市场并不是万能的，市场也有自身的缺陷，也要警惕市场失灵。媒介的生存与发展也首先不是由市场决定的，而是由市场规则决定的，即国家有关的公共政策，也就是通常所说的游戏规则。因此，要把市场调控和政策、制度规制结合起来。一方面，发挥市场配置资源的核心作用，规范经营性媒体的市场退出机制。研究媒体企业破产清算法案，对于经营不好的媒体企业实行破产或重组。在此基础之上，制定经营性媒体的破产、兼并、重组规则。另一方面，在宏观上以政策和制度规范媒体的投资，以避免过度投资、无序竞争、低水平重复建设、资源浪费等情况出现。

二十一世纪一十年代初，新闻出版总署党组会议讨论通过了《报纸期刊质量综合评估办法（试行）》。该办法对报刊评估原则、评估流程、评估中介等作出具体规定，指导各省、区、市新闻出版行政部门对本地区报刊出版质量进行综合评估，为报刊实行退出机制提供基础。根据该办法，报刊退出将采取三种形式：一是报刊调整定位，包括报刊调整业务范围、报纸改为期刊；二是由有实力的传媒集团或报刊企业兼并、重组或托管；三是报刊停办。各省、自治区、直辖市退出报刊的刊号资源，由各省留用、自主调控。非时政类经营性传媒市场准入与退出机制的完善推动着经营性媒体转制改企工作的深入开展。目前，经营性传媒市场准入与退出机制的改革取得了一定的成效和经验。但尝试的完善方案仅仅只是定下框架和大的基本思路，还远未进入具体操作阶段；改革中涉及诸多难点和问题，这些问题如不能得到妥善解决，将会极大地阻碍传媒体制"两分开"改革的深入开展。

四、经营性传媒产权及现代企业制度的构建

文化体制改革是中国传媒体制第三次改革所际遇的重大背景，作为文化产业的重要构成部类，传媒应在文化体制改革的总体框架下，实现公益性传媒与经营性传媒的"两分开"。这一改革路径的设计，目的在于使国家不同性质的大众传媒各司其职，更好地承担应有的社会功能。对于事业主体性质的传媒而言，应充当好党的"喉舌"，借助信息传播进行政治动员和社会服务，进而推动社会的文明进步。而对于企业主体性质的传媒来说，自主经营创造利税，通过向市场提供信息服务获得价值增值则是其首要之责。显然，前者属于文化事业领域，后者属于文化产业领域，这一制度的设计与安排直接地触及传媒体制的核心，即产权制度的改革。产权改革应当是新一轮实质性"两分开"传媒体制改革路径探索的核心话语，只有在这一前提下才能真正实现传媒产业结构的调整和优化。

（一）确立以产权关系为纽带的独立法人

产权是媒体"两分开"改革的核心，只有产权关系明确，才能推动媒体的市场化进程。中国媒体的核心领域如报刊广电等都是纯粹的国有企业，其资产都是国有资产，这些国有资产与地方利益、行业利益休戚相关，对媒体的产权改革不可避免地会触及各方利益。传媒只有以产权改革为核心，以产权关系为纽带建立各方权责关系，才能理顺国家、政府、媒体企业各方之间的利益，以达成新的利益平衡。

与国有企业相比，传媒的产权改革则处于严重滞后的状态。中国现有的国有媒体产权关系是媒体经营人与经营效益的关联不大，媒体经营人都是由行政任命，媒体虽然是企业属性，但是仍然以行政思维行事。

实质性"两分开"中公益性媒体与经营性媒体的区分就是一种产权改革，是基于产权关系的一种媒体分离。在公益性媒体与经营性媒体区分的基础之上，公共媒体退出市场竞争，主要负责宣传和提供公共服务，减少了媒介寻租、公权私用的机会。经营性媒体由国有资产管理部门负责资产管理，对于经营不善的企业，地方国有资产管理部门可以通过出让股份甚至售卖的形式维持国有资产的保值，这样也不会影响地方政府的财政收入，在地方政府一级是可以接受的。媒体实质性"两分开"之后，经营性媒体完全进入市场，组建有限公司或股份有限公司，可以由地方资产管理部门持股，也可以公开招股，稀释国有控股或地方控股的比例，这样才能为资本市场打开一道闸门。经营性媒体的产权关系厘清以后，成为独立企业法人，这样才能由市场和资本来配置媒体资源。媒体的产权关系清楚以后，各方利益主体可以根据各自的股份投入进行利益分配，也可以通过股份的出让与收购加快媒体行业的资本化运营。产权关系的明晰有利于打破单一的结构，促进媒体由一元向多元化转变。以产权关系为纽带经营性传媒独立法人身份的确认，将促进多元化投资主体的成长，也为媒体的"三跨"发展和资本运营提供了契机。实质性"两分开"之后，中国能培育形成一批综合性有竞争实力的传媒企业，这样才能真正做大做强中国媒体产业。

（二）产权结构的多元变革

中国传媒业产权改革的终极目标是逐步建立"归属分明、责权清晰、保护严格、流转顺畅"的现代产权制度，若要使之成为现实，从长期来看，产权的多元化格局成为必然，同时亦要培养健康的传媒产权交易市场。

产权多元化作为现代企业制度的标志之一，意味着企业的产权关系由原先的"单一"逐步过渡到"多元"，由"集中"走向"分散"，最终促成投资主体的多元化、多样化发展，以股份制媒体企业改革改变现有的国有产权局面。这一发展方向既有利于媒体的市场经济体制的适应，亦有利于吸引民营资本和境外资本投入，快速增强媒体的资本实力。

由于中国传媒业的特殊地位，传媒业主体的产权多元化变革是一个极其敏感的问题，因而需要谨慎操作，按照中央的精神，有计划、有步骤地开展实施。对于经营性传媒和传媒的经营性资产来说，需要的是整体性改制，即将事业单位进行企业化改造，取消相应的行政级别，新增包括编辑权、出版权和经营权等在内的企业行使权力，实现生产和经营的统一，为建立多元化产权体制作出切实贡献。

媒体的企业化改造、多元化产权转型，本质上就是建立混合所有制的现代企业，即混合产权，组建一个国有资本、集体资本和非公有资本互相参股的股份有限公司，企业结构内形成不同产权的相互制约、内部竞争和激励机制，实现公司法人治理结构的完善。经营性传媒产权多元化改制可以通过两种方式来进行：一是存量资本转让，即在保持原有资本总量不变的基础上，国家收回部分国有资产，以非国有资产等量置换。二是增量资产投入，既在不改变国有资产量的前提下，吸收外资进入，从而扩大企业规模。在中国传媒产权多元化改制的实际操作中，更多采取第二种方式。即保持国有资本总量不改变的前提下适度吸收其他资本进入。

（三）建立与健全传媒法人治理结构

传媒法人治理结构的构建与健全涉及传媒体制改革中的领导体制改革，涉及诸多利益格局的权衡、变革与调整，因而成为传媒体制改革的重点环节。

法人治理结构是现代企业组织管理制度之一，有企业股东大会、董事会、经理层和监事会组成。法人治理结构体系即通过强调市场竞争形成的外部压力对公司进行权衡控制，其中外部压力包括产品市场、资本市场等，这些要素可以同内部治理结构相辅相成，对企业的经营行为进行监管控制，以尽可能实现经济效益的最大化。这种治理结构之所以有效，在于它比较理想地实现了经营权与所有权的分割，解决了关键性的约束问题。中国传媒行业主体由于长期以来呈现事业单位属性，因而不具备在市场竞争中形成的市场化属性，因此无法适配市场经济规律。另一方面，由于代理人和代理关系的缺失，媒体内部的自我控制逐步增强，进而造成媒体的经营管理层集权过多、控制权过大，最终致使"职权"等一系列问题频繁出现，国有资产持续流失。

中国传统传媒领导体制是党委领导体制。这种领导体制具有两个特点，一是权力的集中，集决策、执行和监督三权于一身；二是"一元领导"，传媒的最高权力机构是党委，无论是新闻宣传还是经营管理工作，最高领导权都集中在党委。

以报业集团为例，领导体制是社长领导下的总编辑和总经理负责制。总编辑负责编委会的采编工作，总经理负责经营管理委员会的经营工作，以社长为首，社委会负责总体工作。这种领导体制打破了传统领导体制中新闻采编与经营管理一体的局面，新闻采编与经营管理得到了适当分离，有利于实现"政治家办报，企业家经营"的改革目标。但如果按照现代企业制度的标准来衡量，这种领导体制仍存在着许多不足之处。其一，集团的最高决策层是社委会，由它来统管办报和经营工作，办报和经营中的重大事项的决策都由社委会作出，总编辑和总经理是社委会的副主任，这种领导体制势必导致总编辑参与经营管理工作的决策，总经理参与新闻宣传工作的决策。尤其是总经理事实上担负着决策和执行的双重职能，造成决策和执行的权利和责任的混合，不能形成两者之间的制衡关系。

其二，报业集团的领导体制是党委会与董事会"一套班子、两块牌子"，党委会实质上统管一切，行使决策权、执行权与监督权，而董事会基本上形同虚设，有名无实，没有真正发挥作用。党委会和董事会分别代表两种不同类型的体制。党委会体制有如下特点：决策机制原则是集体领导、分工负责、议政合一；基础是行政权威关系，实行的是集体决策，因而带有行政机制的强制性；决策目的往往是多样的，比如说，社会安定，民族团结等；决策执行的后果由集体承担。

董事会体制具有的特点是：实行决策权、执行权和监督权三权分立，基础是以市场主体间的平等合作关系，导向是市场机制和效率；尊重市场机制和客观经济规律，平衡董事会成员之间的权力地位，行动者承担一系列相应的后果。事实上，在日常决策问题上，特别是有关产业发展问题上，党委会实质上在行使决策权，而董事会只是名义上的，若董事会无实权，则不能适应当前市场环境下传媒业发展的刚性需求。在以产权关系为纽带的独立法人身份确立的基础上，实质性"两分开"改革框架内传媒法人治理结构的建立和健全被提上了重要议程。

要克服传统及现行传媒领导体制的缺陷，为新形势下传媒业的发展提供充足制度供给，释放传媒业发展能量，我们必须构建与健全传媒法人治理结构。要做到这一点，就必须按照现代企业制度运营机制的要求，分开设置决策机构、执行机构和监督机构，实现决策层、执行层和监督层之间互相制约，董事会、经理会和监事会各负其责、规范运作，相互制约。

传媒集团要严格按照《中华人民共和国公司法》的规定出资组建集团公司，推荐出资人代表，推荐董事会成员，组成董事会，由董事会选举产生董事长，董事会聘任经理层。企业对总经理的聘任要打破传统做法，即党委会运用行政力量指派党委委员做总经理，必须要严格按照法律程序，遵循市场化操作原则，通过公开选拔、择优录取、竞争上岗的方式聘任总经理，要打破原有的终身雇佣制，实行优胜劣汰，对胜任工作的总经理继续聘任，否则辞掉另聘能人。要保证董事会对企业重大事项的决策权，若集团党委领导要进入董事会参与企业决策必须通过合法渠道，决不能凭借行政权力。虽然集团公司党委会与董事会"一套班子，两块牌子"的做法有其合理之处，比如可以提高决策效率，减少决策上的冲突，更好地协调利益关系，解决控制权的问题，但最大的问题是无法适应新形势下集团公司发展需要。为此，必须采取相关措施，如规范董事会议事原则，避免董事会议演化成党委会会议。另外，关于董事会与总经理决策权问题，董事会可以赋予集团总经理更多的实权，对于日常项目经营和决策处理拥有更多的自主决定权和组织领导权。

其三，要建立内部和外部监督体制。内部监督主要是董事会对经理层的监督。要做到这一点，关键在于，董事会依据绩效考核结果进行人事调整。集团公司董事会委派各分公司监督机构的人员，通过机构章程对日常的经营活动实行严格的监督。设立与采编机构平行同步运转的审读、考评、培训委员会对宣传系统进行监督，经集团编委会授权，对集团所属各媒体的采编系统实行业务考核、政治把关和监督、指导。同时强化纪律检查委员会，整合集团体系内纪检、监察、人事、审计等部门职能，进行人力资源的统一调配、统一管理以实现完备的监督体系。另一方面，要求董事会必须保持高度的独立性，既要独立于外部的控股股东，又要独立于公司高管层。若董事会受到控股股东的影响和控制，就有可能损害其他股东的利益；若董事会不能独立于公司高管层，出现董事会与经理层之间交叉任职的现象，会导致董事会监督缺乏独立性和有效性。所以，只有这样，董事会才能有效地监督经理层。

而外部监督主要是指上级党委机关与政府通过任免董事会及主要经理人员，以及审计部门和财税部门对集团公司进行监督。要做到这一点，传媒集团要设立监事会与财务总监委派制度。监事会，一方面必须独立于社委会，不受社委会领导，以防止社委会对其进行干涉；监事会监事必须是外部监事或职工监事，并规定两者的比例，以维护各方利益的均衡。另一方面必须独立于企业，直接受上级主管部门领导，监事长与监事在传媒集团中不能担任行政职务，以避免其受行政权力的控制。财务总监代表所有者对经营者进行监督，目的在于维护所有者的利益。财务总监有权质询有关部门负责人，听取业务人员汇报，参加或者列席相关重大会议。实行财务总监委派制度能够保证会计信息质量，从而促进国有资产保值增值，防止国有资产流失，维护资产所有者权益。

第二节 传媒产业发展路径的转换

文化体制改革就是要进一步破除旧有文化体制的障碍，进行新的体制创新和机制转换。从资源配置和文化生产的角度看，文化体制改革和社会主义市场经济中其他经济体制的改革是有共通之处的。但由于文化领域的产品兼具"公共产品"和"私人产品"的双重特性，使得文化体制改革又具有特殊性。实行文化事业和文化产业并行的双轨制是基于特殊性的文化体制改革的现实路径。具体就是，把文化事业资产的非经营性和文化产业资产的经营性区分开，让文化事业资产在公益性、社会效益的轨道上运行，让文化产业资产在营利性、经济效益的轨道上运行。建立文化建设的资产占有和使用的双车道，使不同的文化资源在不同使用方向和用途上发挥各自的效能。基于此，文化体制改革背景下传媒"两分开"的体制改革选择的现实路径是"公益性传媒与经营性传媒分离且并行互动"。传媒实质性"两分开"体制改革重启，为中国传媒产业发展再次提供了极大的空间。

中国传媒产业也将依循"两分开"体制改革的思路与框架努力实现发展路径的创新与转换。"两分开"体制下，中国传媒产业未来的发展路径应是：从以行政资源配置为主迅速走向以市场资源配置为主，从产业经营迅速走向资本运营，以收购、兼并为主要手段的产业扩张方式，将成为传媒扩张的又一重要路径，跨地区跨媒体经营将成为现实。在此基础上，中国超大型的传媒集团的发展构想与期待，将在不太长的时间内成为可能。

一、资源配置由行政主导向市场主导转移

（一）"行政主导"弊端凸显

市场手段和行政手段是经济学资源配置的两种不同方式，"行政之手"代替"市场之手"在中国传媒产业化进程中担当了重要的角色。中国传媒产业发展的一个重要表现就是：由政府主导完成资源配置，产业发展全过程都带有浓厚的"强政府"色彩。随着中国传媒产业的不断成熟和传媒体制改革的日益深入，行政作为资源配置方式主导的弊端在中国传媒产业发展过程中逐渐凸显出来。

中国传媒组织在某种程度上直接受到政府行政力量的干预，这种高度行政性控制与垄断给中国传媒产业的生存与发展带来了一系列的问题与困难。传统传媒体制推行的是党管传媒，党委领导传媒并行使传媒的决策权、执行权与监督权，掌控全部资源配置与绩效考评。社会主义市场经济体制下，政府主管部门对传媒组织的管理仍然实行行政"包办"，不能适度地引入市场竞争机制，这就破坏了传媒市场的运行规律，削弱了传媒组织在市场上的主体地位，限制和妨碍了传媒的可持续性扩张与深化。前文提到，中国传媒集团化发展就是典型的行政主导下资源配置的结果。尽管在其组建初期彰显了规模效益，但行政

主导的非充分产业化基础上的超常规发展，最终致使中国传媒集团患上了"超常规发展症"。在行政主导的资源配置下，传媒资源不能依照市场规律的自发调控进行有效配置，反而扼杀了传媒市场的活力、竞争力，导致行政垄断下的发展惰性。

资源配置中的"行政主导"是一把双刃剑。在改革过程中，通过政府推动解决资源要素稀缺的问题，一定程度上节约了改革成本；对于转轨经济的管制，又使转轨经济具有可控性。但是，"行政主导"的实质是通过权力配置来影响效率，过多的干预往往形成效率的低下。过强的行政干预和权利资本化又成为传媒产业市场深化的阻梗，可能直接导致"权力寻租"行为的产生。因而，为顺应传媒"两分开"体制改革的趋势，经营性传媒产业资源配置方式必须由行政主导向市场主导转移。

（二）"市场逻辑"助推繁荣

简单回顾一下媒体的发展历史，尤其是现代媒体的发展历史，就不难发现，市场是传媒发展的最大助推力，市场化是必须要经历的历程，而传媒的实践也证明了市场能为传媒带来巨大的生机和活力。当然，市场某些天然的缺陷带来了"媒体失范"现象是任何市场都无法避免的。但是媒体的运作不能回避市场，大多数媒体需要通过市场来实现自身的发展。所以，中国传媒产业如何面对这么一个快速发育中的市场是我们真正应该思考的问题之一。

有学者认为，市场是经济学"理性"实现自身的场所。市场配置资源使用的是"无形的手"，其效益最大化的效用是"计划经济"做不到的。因此，只有有了市场才真正实现了"经济"。同时，"人的自利本性"是所有经济行为的起点，逐利本性决定着人们总是企图以最小的付出获得最大的回报，即"效用最大化"。这就是经济学"理性"的两个基本原则。换言之，经济学这门学科，其实质就是建立在人类自利性基础上的"生财之道"，市场则是这个"道"中的实现场所。参照经济学"理性"的两个基本原则，资源配置方式的市场化就是传媒从自利性出发，利用"生财之地"，实现"生财之道"。

通过对市场的简单分析，可以发现，市场经济有着其他经济形式无法比拟的优越性：促进资源的合理配置、提高社会生产效率、增长物质财富，这也正是中国传媒深度走向市场后将出现空前繁荣的原因。传媒与市场的关系，是中国传媒改革的核心问题之一。众所周知，中国市场化的进程起步于二十世纪八十年代，而传媒也由此步入快速的市场化发展。经过几十年的市场化发展，中国的媒体发生了巨变：报纸在容量上迅速扩充至数倍，广播频率稳步增加，电视频道不断增长；结构上，传媒变得更加多元，内容更加贴近人民生活，满足多样多元化的受众需求；传媒作为一个产业，创造出十分可观的经济效益，成为国民经济的一个重要经济增长点。不能否认，市场带来了中国传媒产业的空前繁荣，"市场逻辑"的转移从以下几方面得到体现：

一是传媒业发展的资本模式发生了从"权力嫁接"模式向"资本联姻"模式的偏移。中国传媒业曾经一度成了纯粹的公共事业型的结构，任何市场的因素都被否定和排除，主要以国家和权力而生存。依赖行政权力来配置传媒市场的相关资源和实现传媒产业的扩张，并且行政单位直接成为参与市场竞争的主体；其价值取向不是基于提升传媒影响力与竞争力的要求，而是更多考虑媒体合并后政治上的利益分配是否均衡。而资本以货币作为市场交易的媒介、以等价交换关系融汇于市场诸环节之中，将市场竞争的不同主体有机勾连起来，具有不以人的意志和权力意向为转移的客观性。

二是传媒业发展的价值尺度与评价标准的转移。市场化的松动对媒体来说既是一种发展的激励和挑战机制，也是一种倒逼机制和淘汰机制。市场化同时也意味着国家买单的中国特有的媒介生存机制逐渐隐退，它引导着媒体去投市场之好，依靠自己的力量去市场打拼谋生，逼着那些不适应市场的媒体求新求变和优化传媒业结构。这种"优胜劣汰"的市场化演绎逻辑与机制酷似"过滤器"的功能，强者自强、弱者求强甚至淘汰出局成为整个传媒业的常态化趋势。同时，媒体在市场的涤荡下也逐渐认识到生存与利润以及攫取利润的手段密不可分。正是基于这样一种"市场逻辑"和"价值评价尺度"在媒体中的盛行，媒体对于标示市场规模及市场份额的市场指标如收视率、发行量以及广告投放中的千人到达成本等倍加重视。媒体一方面依靠收视率、发行量以及大规模广告投放等手段对社会注意力资源进行笼统浅表地吸引和掌控；另一方面为了保护各自发展空间和生存资源不被挤压而相互之间结成一定的"地缘关系"（如地方性媒介）、"业缘关系"（如专业性媒介）、"人缘关系"（如对象性媒介）并依此来完成相应的传媒市场建构，依靠各自基于缘内的市场对象的掌控与市场边界内的占有率来把握媒体的市场需求。

二、"跨媒体、跨区域、跨行业"的产业扩张

学界认为跨媒体、跨行业、跨区域的扩张是作为市场独立主体的传媒所具备的一项基本权利，也是传媒产业做大做强的必由之路。从二十一世纪起，实现传媒资源在开放、自由市场中的流通，成为传媒业改革的重要议程。加入WTO以来，为了增强中国媒体的竞争力，国家提出要以业务和资本为纽带，组建跨媒体、跨行业、跨地区的企业，集中各媒体的优势资源，组建具有竞争力的媒介集团。但媒体行政管理边界阻碍了以资本为纽带的媒体产业跨媒体、跨行业、跨区域市场整合，所以一直没有实质性的进展。中国媒体产业条块分割，包含多方利益主体，媒介的"三跨"发展涉及多方政治、经济利益的博弈。例如，中国媒体属于各级地方政府，媒体由地方政府出钱投资；媒体收益直接与地方经济发生联系，地方政府自然不愿意把自己的利益拱手让人。媒介的跨地区重组意味着被重组媒体的地方政府将会失去对该媒体的控制，其投资、收益甚至政治利益都会受到影响。国家进行了多项传媒"两分开"体制改革的相关制度安排后，传媒产业的"三跨"发展才有了突破性的进展，并涌现了大量的成功案例。由此，我们可以预判"跨媒体、跨区域、跨行业"将成为"两分开"体制下传媒产业扩张的合理路径。

（一）媒介融合下的跨媒体扩张

媒体跨区域发展显示出行政主导势力在市场效率机制下的减弱，而跨媒体则是基于媒介融合技术，突破了传媒间壁垒，打造"全媒体"是传媒产业跨媒体发展的主要方式，具体又包括两种运营形式：

第一种跨媒体运营的形式是，从传媒产业链的上游入手，对内容生产环节的"全媒体"改造。

第二种跨媒体运营的形式是努力扩张传媒产业链的下游，基于自身生产优势拓展内容的呈现渠道。

随着传媒"两分开"体制改革的推进，多种媒体形式如报纸、广播电视、网络、电子游戏、图书等跨媒体经营活动正在持续开展。

（二）行政壁垒消解下的"跨区域"扩张

二十一世纪以来，上海文广新闻传媒集团、北京青年报报社和广州日报报业集团联合推出了《第一财经日报》《竞报》；成都日报与解放日报报业集团联合创办《每日经济新闻》；安徽日报报业集团和法制日报社创建了《世界报》，包括《楚天都市报》《齐鲁晚报》《扬子晚报》在内的七家中部报社在郑州建立了跨地域联盟。

（三）资本力量主导下的"跨行业"扩张

在传媒产业化发展过程中，跨行业发展无疑应成为传媒经济的重要组成部分。传媒"两分开"体制改革后传媒产业的跨行业发展应弥补以往粗放型、低效率多元化经营的缺陷，在正确把握产业发展的基础上进行跨行业经营。跨行业能实现行业间的互补，降低传媒产业因宏观经济的起伏而产生的效益波动，达成效益最大化。在传媒跨行业投资上，部分传媒集团开始涉足除常规印刷、发行产业之外的更广泛行业，如进入影视领域、体育产业、游戏产业，和企业进行战略合作，开发房地产项目等。浙江日报报业集团和宁夏日报报业集团开发了房地产项目，此外也涉及医药、保险、银行、证券、石油等行业。

三、从产品经营走向资本运营

从传媒经济视角，把传媒经营看作是一项商业化市场交易，那么媒体传播内容就是传媒市场交易流程中的"产品"。传媒产业中的产品经营即是对传播内容的生产制作、流通传输、交易买卖等一系列环节的市场化运作。传统的传媒经营观念认为，媒体生存和竞争主要是依靠传播内容产品而非传播媒介本身，善用传播内容资源增值是媒体可持续发展的关键。内容产品生产的成功必然带来整个传媒经营战略的成功，正如"内容为王"一直是传媒业最为人熟知的经营理念之一。

然而，以互联网为标志的传播新技术的广泛应用让人类社会迈入一个新的媒介时代—信息时代。在新兴媒体形态不断涌现和网络信息高速膨胀的共同冲击下，传媒市场经营"内容为王"这一法则正遭遇严峻挑战。现阶段传媒产业发展的逻辑告诉我们，传媒市场的核心竞争，不再仅仅是内容竞争，更是资本之争。在外生性因素的推动下，市场的调节将会促使媒体和资本自身不断地寻求发展，并不断调节媒体和资本之间的相互关系：面对新的传播环境和市场格局，国外传媒产业化经营的重心较为迅速地完成了从产品经营到资本运营的转移。这一重心的转移不仅是经营层面的问题，更是产业的存亡问题。未来传媒的发展战略，将是资本优势与媒体优势的良好嫁接与融合。

（一）资本对传媒企业成长的影响

美国学者 N. 格里高利·曼昆在《经济学原理》一书中指出"经济学家用资本这个术语指生产中所使用的设备与建筑物存量。这就是说，经济中的资本代表现在正在用于生产新物品和劳务的过去生产的物品的积累。在《经济学百科全书》里将资本定义为"一种生产要素，是生产出来但不被用于消费而是在其他产品的生存过程中使用几个时期的产品"。

从二十开始，随着全球社会经济活动的密集的不断加深，企业的发展更加趋于集团化、产业化，资本市场在这场现代化进程中的作用不可忽视。而对于作为国民经济中重要部分的中国传媒产业来说，二十世纪八十年代以后集团化、一体化趋势的传媒企业成长更离不开资本运营的支持。传媒企业战略的实施、内容产品的生产和发行、影响力的扩大等都离不开资本的介入。对于资本的良好运用能使传媒企业在短期内获得巨大的发展，资本运营是企业获取资金的一个非常重要的渠道。除了能利用资本运营获取充足的资金和进行企业收购、兼并外，传媒企业在股票市场上市后，由于股票市场的监管机制和信息披露机制，企业的组织结构和管理能力也会得到优化。而基于想保持和提高企业在资本市场上的表现，以获取更多的资金和更大的影响力这一动力，传媒企业在争取盈利的同时也不得不关注它的社会责任，以及确定一个合理的战略目标，不断适应产业的变化和新技术带来的革命。这些都有利于传媒企业健康的成长。

传媒产业也逐渐认识到资本的力量，并积极谋求与资本联姻，以资本运作作为有机纽带来整合和连接传媒资源，以资本单位作为参照点来考量传媒市场资源的配置与市场利益的平衡。随着传媒"两分开"体制改革的深化，资本运营便逐渐成长为经营性传媒有别于公益性传媒事业发展的市场生长点。

（二）传媒资本运营的逐步放开

二十世纪九十年代中期以来，投资传媒领域已成为中国证券资本市场的热点和亮点。所谓传媒资本运营是把传媒拥有的资产视作可经营的价值资本，这些资产既包括新闻业务相关的印刷、发行、出版、广告，又包括其他传媒经营的产业部分，通过价值成本的流动、交易、参股、控股、兼并、重组、转让、租赁等形式来经营管理媒介资本，扩大资本规模，促进资源优化配置，实现最大限度效益增值。陆续有传媒在政策默许的前提下初尝资本运营，这一事实是中国传媒资本运营的起点。文化体制改革正式启动后，依照传媒体制逐步"两分开"的制度设计思路，中国传媒产业的投资、融资政策出现松动。报刊的编辑部门不会对外融资，在保证国有控股占主导的背景下，事业单位的经营部分转制为企业后，经批准可以吸纳社会资本。

公益性媒体要始终保持事业单位性质，不得上市融资和实行股份制，对于已转制的新闻出版企业以及从事业单位分离出的报、刊、社，它们所创办的企业在融资和对外活动中，要确保国有资本的主体地位，保证国有资产保值增值。放开对传媒经营性资产的资本运作，除新闻宣传外，允许各类型的所有制机构作为经营主体进入广播电视制作业，并允许在国有资产控股的前提下吸收国内社会的资本探索股份制改造，成熟的广播电视节目生产和营销企业在审核批准后可上市融资。该文件还明确了境外资本的进入方式，允许有实力的境外影视制作单位组建中方控股的公司，规定中方控股比例不得低于51%。

对于非公有资本以多种方式参与到政策允许的领域表示支持和鼓励，积极促进多家传媒公司的上市，与此同时明确规定了经营性出版企业进行改制的时间一国务院在颁布了《文化产业振兴规划》，该规划的颁布消除了行业经营发展的制度性和政策性它对文化行业的投资和融资问题给予了相应政策引导，鼓励和支持非公有资产和外资进入文化行业，并明确提出要尽快落实有关规定。例如，该规划提出对于社会资本和外资要主动予以吸纳，积极对公司的股份制进行改造，逐步建立健全以公有制为主的多元化的所有制结构。

《关于金融支持文化产业振兴和发展繁荣的指导意见》于二十一世纪一十

年代出台，它是由中国人民银行、财政部和国家新闻出版广电总局等九个部委联合颁布。该指导意见提出国家支持银行业适度推出符合文化行业特色的信贷产品，鼓励银行提高信贷投放的有效性；逐步健全授信形式，完善对文化行业的相关金融服务。同时，支持保险机构适度推出符合文化行业特色以及适应其经营管理要求的保险产品，逐步增大文化行业中保险的覆盖范围，加深其渗透程度，对文化产业的经营管理风险进行高效分化二除此之外，中国进出口银行和中国银行以及工商银行等多个银行和政府达成战略合作，采取各种措施鼓励企业发展，为此愿意为国内 57 家文化公司尤其是其中的民营文化公司提供贷款 98 亿元，以实际行动帮助相关企业有效解决融资困难这一难题。

国家政策层面对传媒参与资本运营的逐渐放开，是新一轮传媒改革制度安排中政治资本与经济资本再次博弈均衡的结果。在传媒"两分开"体制下，政府在传媒产业经营核心资本运营方面营造了和谐宽松的制度环境，这促使中国传媒资本运营的实践步伐迈得更快。

（三）传媒与资本的多层面互动

由于政策的放宽，国内传媒集团先后尝试资本运营，他们积极采用各种各样的融资形式，而其中上市这种融资形式是传媒集团最倾向的选择。基于中国传媒产业资本运营的条件和现状，经营性传媒主要通过三种方式进行资本运营，即直接上市、借壳上市和外资入股。

直接上市是指传媒集团把较为优良的可经营性资本进行分离并予以重新组合，成立拥有独立法人资格且实行国有资产控股形式的股份制公司，紧接着进行上市，公开募集社会资本。"借壳上市"是媒体为了避免公司直接上市面临的多方障碍，常常采取子公司通过股权收购等方式控股并重组一家上市公司，快速且间接地进入资本市场，达到融资目的。

综合来看，媒体行业的未来收益被广泛看好，于是吸引很多大型上市企业把投资目光聚焦于媒体产业也就不足为奇，他们根据公司当前拥有的资源和媒体行业进行重组，以此促使公司的经营管理朝着多元方向发展以及投资结构的改善，比如上海的强生公司和厦门的信达企业。

由于资本具有的增值属性意味着它总会向高回报产业流入，传媒产业属于高收益行业，这使得它对引入投资有着强大的吸引力。一方面传媒产业若单单凭借着自己的已有积累，便很难补上公司在管理经营过程出现的资金的严重短缺以及在公司发展和市场竞争中所需要的大量资金。另一方面很多社会闲置资金也在积极寻求价值增长的机遇。中国文化产业正积极探索利用资本市场融资的途径。

综观近年传媒市场中强势媒体的发展，均有强大的资本支持。"资本营运"成为传媒跨越式发展的重要跳板，为传媒的跨越式发展提供了坚实的经济保障。在资本的强势驱动下，集团又通过兼并重组、合资控股等方式，合并控制一大批报业报刊，试图开拓小众、专业读者市场，建立多元化报刊产品体系结构以实现跨越式发展。

传媒实质性"两分开"体制改革重启，传媒资本运营的政策壁垒日渐消解，中国传媒产业内部也正发生着以资本运营为标志的传媒经济资本化制度变迁。具体而言，资本化制度变迁的主体是传媒；制度变迁的内容是传媒以多种方式实现资本运营；制度变迁的受益者是传媒。在这样的宏观背景下，中国传媒企业在融资层面能逐步实现核心业务与优良资本剥离；在投资层面能普遍参与媒体的收购兼并以保证资本的正常流向；在生资层面能科学准确地选择投资项目获取资本的高效回报。在巨额闲置资本的增值冲动与媒介产业对资本进入的高度渴求的双向作用下，资本与媒介的结缘肯定将成为未来数年内中国传媒产业在发展中最值得关注的现象之一。

四、超大型传媒集团组建将成为现实

（一）产业做大做强的共同选择

相较中国其他传统行业，传媒产业的历史不算悠久，在二十世纪七十年代后期才开始兴起。相比之下，国外的传媒产业发展已经相对成熟，尤其对于欧美许多发达国家，传媒行业在社会上有着举足轻重的地位，其利润和规模也都相当可观。虽然中国传媒产业的历史较短，但在短短三四十年的时间里，传媒产业凭借其得天独厚的条件迅速发展壮大，取得了让世界认可的成绩。只是由于其基础薄弱，和欧美许多发达国家相比，中国的和过去相比，如今传媒产业发展的大环境已经发生了翻天覆地的改变，短短数十年间，中国社会经济不断发展，在取得了举世瞩目成就的同时，也改变了众多行业生存的环境。中国的经济水平正在逐渐赶上世界先进水平，而传媒行业的发展较之世界先进水平还有很长一段距离，其巨大的发展潜力使中国的传媒行业与市场产生巨大的吸引力。中国加入WTO给国外传媒业带来巨大诱惑，中国的传媒市场已经逐渐进入传媒产业成熟的欧美发达国家的视野，他们纷纷出资试图进入中国的传媒市场，并凭借其传媒产业成熟的优势与中国的本土传媒产业竞争。不可否认的是中国的传媒行业的发展水平与世界其他先进国家相比存在很大的差距，参与传媒国际市场竞争对于中国传媒来说已经没有退路可言，正面应对挑战，是中国传媒产业的唯一出路。

中国政府作为创新制度的供给者，不遗余力地推进文化体制改革背景下传媒体制"两分开"的强制性制度变迁，为大型或超大型传媒集团的组建提供了强有力的政策支持和广阔空间。国家颁布了一系列政策文件，强调在发展文化产业的同时，必须不断深化其体制的改革力度，力争通过改革来解决当前存在的发展瓶颈问题。在文化产业发展的背景下，逐步建立其主体地位，以增强中国的文化产业在国际环境下的核心竞争力。中央持续不断的制度供给充分表明了国家大力发展文化产业的决心。

强是中国传媒产业发展的必然逻辑与使命。寻求建立大型传媒集团，提高传媒产业的经营效益，实现更快发展这是业界的共同选择。同时更快更好地满足人们日益增长的信息产业和信息服务的需求也使超大型传媒集团的组建成为必然。

（二）大型集团组建的多重路径

梳理中国传媒产业发展现状可以预期，目前面临的调整和转型只是暂时的，经过战略重组和新一轮体制改革后，中国传媒业将再度勃兴。在未来较长一段时间内，中国的传媒业仍然保持巨大增量空间。在已有产业积累的基础上，组建大型或超大型传媒集团能带动中国产业迅速成长壮大，将促使中国传媒"增量改革"深化，在传媒集团的规模扩张中逐步彰显其规模效益。规模效益对于媒体品牌的打造是大有裨益的，具有一定规模实力的传媒企业会更加重视媒体自身的产品质量和内容服务，注重自身品牌文化的塑造，稳步实现自身的社会价值和社会责任，这些正是构建具有国际竞争力的传媒品牌的必备条件。

传媒集团是一种现代化的大型传媒运营组织。各大报纸、电视、杂志等传媒通过内生扩张或合并重组成为集团，传媒集团就逐步成为传媒产业市场格局的主体。大型或超大型传媒集团的组建使原有的报社、电视台等同类传媒的低水平零散性竞争上升为传媒集团之间高层次的综合实力较量；传媒市场上的混乱局面也升格为大型传媒集团间的战略较量。综合实力竞争表现为不再是单一传媒品牌间竞争，而是集团整体结构内的众多品牌共同面对市场的分层竞争，同时还表现为由采编、发行、广告经营单方面的竞争向现代市场体制下全方位竞争的升级。"两分开"体制改革之后，大型或超大型传媒集团的组建应是在充分产业化基础之上的传媒内部资源和结构在最佳状态的结合。具体而言，传媒实质性"两分开"体制改革中大型或超大型传媒集团的组建将呈现出传媒资本运营的多样路径。

首先，传媒集团通过前期的各种准备工作后上市融资，以逐步实现资本扩张以及企业规模的扩大。其次，除了企业自身的因素之外，对于开放的自由市场，实力雄厚的传媒集团还能通过对其他传媒企业的收购或合并的方式来迅速地实现自身规模的扩张。这种方式最大的优势就是能够使传媒集团在较短的时间内壮大自身实力，向着超大规模方向发展。随着企业并购和重组，传媒所有权和市场份额开始集中。传媒企业通过这一方式逐渐加强自身企业的影响力与竞争力，逐渐在市场中占据优势地位。除了收购或合并的方式之外，集团之间还能够进行灵活的联合或重组，各自取长补短，打破地域或者行业的限制，打造跨行业的巨型传媒集团。以上的各种途径之间并不存在互斥，传媒企业可以根据自身实际情况科学地对其进行多元的选择和应用。

组建大型或超大型传媒集团是达成产业核心竞争力升级这一最终目标的重要手段。要解决当下还存在的种种难题，还必须依据企业自身发展条件具体分析，并不是所有企业都适用于通过收购合并或是联合重组的方式来扩大自身规模，而应该根据自身的实际情况，选择更加合理的方式进行制度改革来完成发展与壮大。

第三节　传媒将成为中国文化产业

随着中国社会改革不断深化，文化产业在国民经济中地位会愈加重要，在国民生产总值中的占比会进一步提高。

一、文化产业坐标中的传媒产业

"文化产业"概念的由来并不久远，它首次出现于哲学与心理学家霍克海默以及阿多诺的论著《启蒙辩证法》，他们以批判的态度讨论了文化工业或文化产业。他们认为文化产业被人们用于资本运作，因而失去了其本身该有的意义。文化产业本应该代表着人们对于美好的追求，包含了一种否定与超越精神，但实际情况是，资本家们为了通过文化产业使自己的资本得以扩张，而摒弃了其本质的精神，当下的文化产业只是资本家们牟利的工具。法兰克福学派学者们的主流观点大都集中于文化商品的大众消费所产生的一系列社会影响。伴随着时代的进步和社会经济的不断发展，人们的生活方式发生了巨变，蓬勃发展的文化产业满足了人们更丰富的需求，随着需求与产业规模的增长，它对国民经济的影响力开始增强，并与其他行业产生了紧密的联系。毋庸置疑文化产业发展的同时还带动了其他相关行业的发展，对国家的经济增长作出了越来越大的贡献，逐渐成为国家的支柱性产业。由此可见，法兰克福学派关于文化产业的否定性讨论还是具有很大程度的局限。

对"文化产业"这一概念的界定，国际社会有着不同的认知。联合国教科文组织关于文化产业是这样界定的：文化产业是指生产和销售文化产品以及服务的产业。这一概念随着社会生产和经济活动的不断丰富延展，"文化产业"的概念延伸为"创意产业"。欧盟组织则认为，文化产业与创意产业是同一概念，并进一步将其定义为文化创意产业。在欧盟发表的《释放文化创意产业的潜能》绿皮书中这样界定：文化产业为体现或传达文化表现形式的商品或服务行业，无论其是否具有商业价值。

我国在二十世纪初颁布的《关于支持和促进文化产业发展的若干意见》中

将文化产业定义为：从事文化产品生产和提供文化服务的经营性行业。社会主义文化产业的要求把社会效益放在首位，努力通过市场实现文化产品和文化服务的经济价值。

国家统计局在二十一世纪初下发的通知中解释文化产业是为社会公众提供文化、娱乐产品和服务的活动，以及与这些活动有关联的活动的集合。虽然国际组织、各国对于"文化产业"的界定有所区别，但新闻业、报纸产业、期刊产业、出版产业、电视产业、广播产业、电影产业、新媒体产业、广告业以及传媒服务业无疑是文化产业重要组成部分。承载着知识、信息、文化的媒介所构成的传媒产业毫无疑问是中国文化产业的核心部分之一，其对于文化产业的重要性不言而喻。

二、文化产业与传媒产业的互动发展

随着世界经济的不断发展，服务业对于经济总值增长的贡献值越来越大，包括文娱、出版、影视产品、文旅在内的文化产业尤其成为中国经济的全新增长点之一，亦成为国际公认的"朝阳产业"。自从二十世纪九十年代以来，文化产业的增速在所有产业中位居前列，甚至成为重要的支柱产业，这尤其体现在欧美诸多发达国家中。

文化产业在 GDP 中的比重呈现上升趋势，特别是在发展中国家尤为明显。除了对 GDP 的贡献之外，文化产业的发展同时带来了大量就业机会，为社会稳定运行提供了坚实保障。

可见在世界范围内文化产业是国民经济中的重要组成部分，而且文化产业与传媒产业之间的交互渗透在发达国家中表现得十分明显。

文化产业在世界发达国家的经济构成中位于相当重要的位置，具备巨大的潜力和发展空间，这尤其体现在进入二十一世纪之后。

可以看到，在经济、社会发展方式发生改变的今天，传媒产业与文化产业一起迎来了发展的大好时机，二者相辅相成，相互促进。

几十年的改革发展让中国文化产业和内容市场增长十分迅速，随着社会主义市场经济体系的建立和各种支持性政策文件的出台，中国传媒业迎来发展的黄金期。

文化产业及其重要组成部分传媒产业的高速发展，清晰呈现了二者之间相互关联、相互促进的关系，传媒业的增长拉动了文化产业的整体发展，文化产业其他构成部分的增长同样对传媒产业有着积极的促进作用。

三、传媒主导产业的坚守与文化产业的引领

传媒产业不仅在增加值上为文化产业作出了巨大贡献，它对于文化产业强大的"扩散效应"也是其成为文化产业主导产业的一大因素。这里所谓前向效应，是指传媒产业的发展能诱发出新的经济活动或产出新的经济部门。如随着互联网技术的发展，传媒产业与网络的结合形成了网络媒体、网络视频等新兴部门。这些部门的兴起不仅增强了文化产业的经济活力，它们还将成为未来文化产业发展的强大助推器；后向效应，是指传媒产业的发展对向其提供投入品的产业部门的带动作用。传媒产业规模的扩大，无疑会带来印刷、广电、摄影等部门设备和器材需求的扩大，从而拉动整个文化产业的发展；而旁侧效应是指传媒产业的发展为文化产业中其他产业的进一步增长创造了条件。传媒产业的发展和成熟，会扩大艺术表演、旅游、体育等产业的影响力，给其带来更多的发展机会。

现阶段文化产业占（GDP）比重不高，也说明中国文化产业和传媒产业还有巨大的发展空间。眺望未来，作为文化产业中主导产业的传媒产业，在"两分开"的路径中，必将引领中国文化产业发展，推进社会主义文化强国建设，使中国文化产业发展进入一个新时期。

四、融合与发展

融合的最终目的是创造一种新型形式的主流媒体，形式多样、方法先进、竞争能力强，建设一支实力雄厚、传播力强、信誉度高、影响力大的新型传媒集团，形成多元化、一体化的现代传播体系。从互联网的商业化过程开始，媒介融合正持续发生着，成为传媒发展不容回避的关键问题。融合不仅关系到传媒业的自身生存与可持续发展，更关系到国家在互联网时代能否继续引领社会舆论。但从媒介融合现状可以看到，简单把传统媒体的业务移到互联网是不可能的。在整合方式和路径选择不明确的情况下，中国传统媒体面临着巨大的冲击和挑

战，其发展与最终目标之间仍然存在着相当大的差距。

互联网通过资源的聚合和转化来实现价值，并具有改变传媒产业生态的结构性力量。互联网重新结构我们的社会资源、社会的基础性力量，互联网逻辑已成为现阶段传媒业运作的'操作系统。面对融合发展遭遇的困境，传统媒体需要汲取互联网思维方式，突破体制化路径依赖，寻求与新兴媒体融合发展的合理路径，实现新的价值增值以维系自身的生存。与一切事物的发展演变规律一样，传统媒体与新兴媒体的融合路径选择应遵循两个基本原则：第一，媒体核心价值最大化原则；第二，技术最优化原则。依据这两大基本原则，传统媒体在交叉、融合的市场中重构出一条可循环的产业链和良性的产业生态系统。

产业链是针对某种产品或服务，从原材料采集、产品生产到满足用户需求，所包含各环节之间纵向延展且有机融合的一系列经济活动。传统的传媒产业链无非围绕"内容—渠道—终端"三大核心，传统媒体的优势在于内容，但在互联网时代传统媒体的渠道和终端相对失灵。媒介融合背景下，我们根据产业链各环节的作用和影响程度将传媒产业链划分为内容生产、内容分发与运营、终端与用户服务三大板块。传统媒体与新兴媒体的融合发展是系统化工程，传统媒体只有主动适应新媒体传播形态、生存形态与产业形态，以技术采纳与研发为支点，从内容产品化、入口融合再造、终端与服务智能化入手，整体上重构传媒产业链，才能在实践中真正实现转型与升级。

（一）内容产品化

内容生产是传媒产业链发展与运行不可或缺的关键环节。没有富有独创性、不可替代性的内容产品，就难以在激烈的传媒市场竞争中获得一席之地。传统媒体拥有专业的内容生产流程与优质保障机制，然而它们重视内容生产，忽视内容管理，提供相对简单的内容形式。从本质上讲，媒体价值存在于媒体与公众的关系之中。伴随媒介技术的变迁，公众对媒体日益多样的依赖决定了媒体应具有的核心价值，即信息价值、娱乐价值、社会交往价值和生活服务价值等。因而，媒体产品的提供正是要回应与满足公众对于媒体的多重依赖。媒体融合发展应首先将受众看作用户，将内容视为产品，对内容产品层次进行纵深化、全方位开发，以满足用户的多元需求。

产品层次理论将产品的价值分为五个层次，主要包括核心利益层次、有形产品层次、期望产品层次、附加产品层次以及潜在产品层次，消费者的消费过程则是从"核心利益层次"向"潜在产品层次"逐层展开。借鉴科特勒的产品层次理论来分析传媒内容产品可知，过去媒体的内容生产主要着重在核心利益层次和有形产品层次，对其他层次的价值开发有所忽略，在一定程度上阻碍了内容产品化。传统媒体内容产品化发展的主要途径是将优质内容的产品层次进程深度挖掘，每一个层次逐一纵深才能将内容产品的价值最大化。在保证核心利益和有形产品层次高水准的同时，加强用户体验、内容品牌和相关延伸产品的开发，形成出版物、影视产品、动漫、手游、客户端、电商场景等多种新产品。

（二）入口融合

面对愈加激烈的市场竞争，在保有内容生产优势的前提下，传统媒体必须融合互联网新媒体的入口优势，使内容生产与内容运营两者良性互动，创造更高的价值增值。传统媒体的单一渠道劣势明显，在广电网、电信网和互联网三网融合的背景下，需要重塑内容产品与用户的接触入口，再造一个内容分发与运营的高效平台。近年，传统媒体在互联网平台上兴建多样态的入口，为内容和服务拓宽传播渠道。传统媒体依托资本与技术力量打造新的入口并不难，如建立官方网站，开辟"两微一端"等。再造入口之后，传统媒体如何保证自身入口的流量，并建立与用户之间的黏性，才是未来入口之争的症结。

（三）服务智能化

传媒产业链末端是终端与用户服务环节，终端是内容与服务的直接承载者。融合发展的传统媒体提供的产品不仅局限于内容，还应包括与用户需求并生的多样化生活服务。对用户真实需求的把握依靠媒体的专业判断与数据分析的结合，这也拓宽了传媒竞争的市场空间。在新技术的催化下，媒介终端的变革将成为媒体融合发展的另一个支点。

在Web1.0时代，主导性技术是IT（信息技术），将不同类型的内容，如文字、声音、图像划归为一，核心是数字化与网络互联，打通了媒介间的通路。在Web2.0时代，DT（大数据技术）已经成为在互联网上挖掘和分析海量数据信息以实现交互式和个性化传播的主导因素。同时，通信技术和智能手机的发展，助推了移动互联网普及。进入 Web3.0 时代，引领创新的是智能传感技术，以网络互联和大数据为基础，物联网让对用户的精准化、场景化传播变为可能。在移动互联网与物联网融合推动下，传播中的空间与情境要素凸显，为特定场景提供适切的内容与服务，力求智能匹配成为未来的方向。

可穿戴智能终端和 VR 虚拟现实技术促成移动互联网与物联网的连接，可提供基于特定空间与情境的内容与服务，在特定场景中把用户的需求和媒体供给的内容和服务做到实时的智能匹配。当前，可穿戴智能设备与 VR 虚拟现实技术已走进了公众的日常生活，也在传统媒体创新改革实践中得到广泛运用。结合 VR 技术、AI（人工智能）和新闻内容制作，一系列颠覆性新闻创新产品被推出。VR 技术让读者身临其境读新闻，沉浸式新闻成为趋势。在新技术的协助下，传统广电突破家用电视机单一终端，电视节目接收终端趋于多元化、智能化，AR、虚拟演播室和虚拟转播等技术在电视节目制作中得到应用。广电系统关于自己未来发展战略的设计，应该放在物联网这一更大的背景下，电视网数字化升级方向是下一代广播电视网（NGB），以智能家居为核心。智能传感技术把电视、其他家用电器和智能移动终端等联结于同一网络，给用户带来使用体验度上质的飞跃。

智能互联网时代，传媒的内容和服务产品生产、集成与分发已经展现出基于环境信息采集为特定场景需求提供适配内容与服务的思路，传统媒体应紧跟新技术步伐开发创造性应用。传统媒体在响应用户需求、嵌入用户场景、融入用户关系等新兴媒体倡导的核心诉求上仍然进展缓慢，应从其生产方式和运营逻辑上发掘和领悟新媒体的文化基因，进而对自身的融合发展提供某种启发。终端和用户服务的智能化将过去人与信息、人与人的交互转变为人与物、物与物、物与信息间的互动。尽管对传统媒体终端智能化的具体形态目前还不能作出准确描绘，但它必须与移动互联网、物联网、虚拟现实等技术概念紧密相连。作为内容服务和用户体验的直接载体的终端，它可以直接诱导用户的需求和变化。由此可见，智能终端和用户服务将带来新一轮的产业革命。

传媒产业链中内容生产、内容分发与运营、终端与用户服务三大板块不是横向并列的关系，而是纵向层级的关系。技术创新渗透在各个层级，内容产品化、人口融合再造、终端与服务智能化共同构成传统媒体与新兴媒体融合发展的关键环节，三者相互衔接、互为作用，共同支撑起未来可持续的传媒产业链结构。

第九章 数字化时代传媒产业创新

第一节 传媒管理创新

传媒管理创新是一个系统工程。尤其是在新媒体发展日新月异的大背景下，我国的众多传统媒体和新媒体就如何顺应媒介融合潮流进行发展和变革作出了不懈的努力。在经历了市场经济洗礼之后，中国传媒业沉浸在一片"群雄争霸"中。面对近几年媒介融合的"暗流涌动"，中国报业集团早已破局突围，但面对市场化产业化老问题的广电业，却不得他顾，改革不配套的传媒管理转型也在危机中沉沦。如今，我国的各项改革无不强调制度建设、科学发展、和谐社会的战略思想，传媒业也不例外，因为，技术的生产力与市场的无形之手已经把中国传媒管理战略转型推向了新的时期。

中国传媒借技术之手，促成三网融合的实质性突破，从管理上应运而生"集成管理"，无疑成为其开启新一轮改革的必然抉择。基于系统的协调思想，集成管理是一种效率和效果并重的新管理模式，其作用在于整体寻优、系统创新与功效倍增，增强企业的集成效应。具体而言，传媒集成管理就是通过创造性战略思维，拓展传媒管理的视域，重新整合传媒实体内部与外部的各类资源要素，实现管理对象由传统的人、财、物等资源向以科学技术、信息、人才等为重点的智力资源转变，提高传媒实体的技术含量，激发融合媒体时代信息内容的潜在效力。

一、现代企业制度

从企业构成要素之间的关系角度看，企业是指各种生产要素的所有者为了追求自身利益，通过一定的契约方式而组成的经济组织。其中企业各生产要素之间的关系，就是企业制度，企业制度是企业能够实现其特定目标的保证。

（一）现代企业制度的含义与基本特征

1. 含义

所谓现代企业制度，是指以完善的法人产权为基础，以有限责任为基本特征，由以专家为中心的法人治理结构作保证，以公司企业为主要形态的企业制度。

2. 基本特征

（1）产权清晰

产权清晰主要是指产权关系与责任清晰。完整意义上的产权关系是多层次的，它表明财产最终归谁所有、由谁实际占有、谁来使用、谁享受收益、归谁处置等产权中的一系列关系。出资者的最终所有权一般表现为股权；企业的实际占有权表现为法人财产权。

（2）权责明确

即用法律来界定出资者与企业之间的关系，明确各自的责、权、利，从而形成各生产要素之间科学的、行之有效的、相互制衡的法人治理结构。

（3）政企分开

这主要是针对国有企业而言的，是指必须把政府行政管理职能和企业经营管理职能分开，取消企业与政府之间的行政隶属关系。

（4）科学管理

即现代企业必须形成一套严格、科学、系统的管理制度。一是科学的组织管理机构，使企业权力机构、经营机构和监督机构权责明确，相互制衡，各司其职；二是科学的内部管理体制，包括合理的领导体制、科学的决策体制、民主的管理体制、严格的核算体制等管理制度；三是科学的企业规章制度等。

（二）基于契约精神的现代企业制度

现代企业制度很重要的一个基石就是契约精神，契约精神考验着置身于企业关系中的每位成员能否自觉自愿按规则办事。现代企业制度下的信任是在契约精神、法律框架下可以追诉、处罚的一种信任，不是建立在血缘、地缘这样一些关系上的。信任自己的血缘、信任自己的家族或是家乡子弟兵，是农业文明的一种，这种信任是很脆弱的，离开这个圈子就是不相信的、不信任的。现代企业制度建立的信任关系，完全是建立在完善的规则制度以及坚持遵守基础上的，企业运转不因人员的转换而受到影响。企业制度中的契约精神，从本质上说就是一种尊重规则和重视规则的意识，就是以团队利益和长远利益为重的大局观念，就是与合作者、竞争对手实现共赢多赢的思想，就是一种对自己和对别人负责的态度和强烈的责任感。

企业的契约精神从内部来说是所有者与经营者之间、管理者与执行者之间、内部各专业模块之间的合作、诚信关系。根据"权责利"的思想，各个关系之间既有明确的工作目标、激励机制，又有相应的责任机制。企业在经营管理和持续发展的过程中，企业的各项工作诸如管理制度、岗位职责、用工合同等是以契约的方式来完成的。在契约的基础上，企业与各利益相关者对规定的内容、条款共同讨论、认可，形成一致的价值理念，并共同承诺为实现共同的目标而尽心尽力，这种承诺是双方在自愿的前提下，具有双方各自内在的积极性，因而是平等的。管理的对象是人，不能像法律那样强制员工积极工作，因此只有调动员工的主动性、积极性，才能提高企业的效率，员工才能有一个乐观平稳的心态参加工作。这种契约需要企业员工共同认可和自觉履行，需要企业和员工双方共同遵守，从而使书面契约上升为心灵契约，形成以人为本的自愿、自发、自动、自觉地开展工作的企业文化，创造企业平等、高效的工作氛围。

企业的契约精神从外部来说是企业与客户之间的合作、诚信关系。要发展，企业就要脚踏实地、艰苦奋斗、努力创新，要明明白白交易，不挣黑心钱，要讲契约精神，而不是靠小聪明。在中华民族的传统道德中，"仁、德、礼、义"等思想占据了核心地位。我们传统的商业道德也是倡导"诚信真善，义利并举"这样一种价值观念，在人们的经营活动中往往具体表现为"以诚待人，以信待物""童叟无欺，信誉至上""以质取胜，货真价实"，这也是中国古代各商帮恪守的商道。只有讲信用，重商德，不欺不诈，别人才会乐于同自己做生意，认真履行契约，提供最好的产品和服务。企业遵守契约精神，认真履行自己的责任，为客户提供最好的产品和服务，为客户创造最大的价值，这本身就是最好的营销。在任何时候、任何场合尤其是在市场经济中，都要忠于契约，做一个忠于契约的人。

（三）建立有文化特色的现代企业制度

国有文化企业改革，既要符合市场经济改革方向，遵循市场经济规律和企业发展规律，又要符合精神文明建设要求，遵循文化生产传播规律，建立和完善有文化特色、符合文化企业特点的现代企业制度。

随着文化体制改革的不断深化，国有文化企业参与市场竞争的范围逐步扩大。如何实现国有文化企业体制机制的转型升级，让它们跑得快、跑得好，已成为摆在我们面前的一大课题。中共中央、国务院在印发的《关于推动国有文化企业把社会效益放在首位、实现社会效益和经济效益相统一的指导意见》就明确提出：以建立有文化特色的现代企业制度为重点，以落实和完善文化经济政策、强化国有文化资产监管为保障，建立健全确保国有文化企业把社会效益放在首位、实现社会效益和经济效益相统一的体制机制，打造一批具有核心竞争力的骨干文化企业，推动社会主义文化大发展大繁荣。

这个文件出台的背景主要有三个方面：

第一，中央对文化企业把社会效益放在首位、实现社会效益和经济效益相统一高度重视。习近平总书记强调，要把握好意识属性和产业属性、社会效益和经济效益的关系，坚持社会主义先进文化前进方向，把社会效益放在首位；无论改什么、怎么改，导向不能改，阵地不能丢。

第二，国有文化企业的定位决定了它必须要把社会效益放在首位。文化企业既有一般工商企业的产业属性，也有意识的特殊属性，它提供精神产品，担负文化传承的使命。以内容生产为主的文化企业主要包括书报刊、影视、演艺及新闻网站等，其中大多属于国有文化企业，应该在坚持把社会效益放在首位、实现两效统一方面发挥表率和示范作用，带动引导民营文化企业实现同样的目标。

第三，在实践中，随着文化体制改革的深入推进，大量经营性文化事业单位转制为企业。在这个过程中，也存在一些企业转制不彻底、治理结构还需要进一步完善的情况，以及一些企业转制后片面追求经济效益、忽视社会效益的现象。这个时候出台这样的文件，对文化企业两效统一问题提出明确要求，很有必要也很及时。产权清晰、权责明确、政企分开、管理科学的现代企业制度，既可以提高文化国企的效能，增强文化国企的活力，推动文化国企做大做强，也有助于硬化内部约束机制，加强国有资产监管，促进文化国企做优做好。而建立有文化特色的现代企业制度，是文化企业区别于一般工商企业的重要特征，其目的就是要推动形成文化企业特有的经营理念和治理结构，确保把社会效益放在首位，实现社会效益和经济效益的统一。

从投入到产出、从生产到传播、从交换到消费、从效用到效果，文化生产与物质生产都有明显不同的特点。相对于物质产品，精神文化产品具有更加显著、强烈、广泛的外部效应，因此更加需要强调其正面的社会效应和社会价值。而作为生产传播精神产品、满足人们精神需求的文化企业，显然不能完全复制或全盘照搬工商企业的生产运营和管理制度。对照当前文化国企的发展来看，一些文化国企两个效益相统一的问题还没有很好地解决，片面追求经济效益、忽视社会效益的现象时有出现。正因为如此，今天的国有文化企业改革，既要符合市场经济改革方向，遵循市场经济规律和企业发展规律，又要符合精神文明建设要求，遵循文化生产传播规律，建立和完善有文化特色、符合文化企业特点的现代企业制度。

文化企业把社会效益放在首位、推动两效统一，应该从两个方面着手：一是要完善企业内部运行机制，在组织架构、绩效考核考评、企业股份制改造，以及加强党的建设、人才队伍建设等方面要有明确要求。二是要营造良好的外部环境，在政策环境、法治环境、市场体系建设上为企业健康发展创造好的条件。

具体来讲，在经营理念上，要强化文化企业的意识属性，明确把社会效益的要求体现在企业宗旨中，贯穿生产经营管理的各环节和全过程；在治理结构上，要加强文化企业党组织建设，科学设置企业内部组织机构，健全党委领导与法人治理相结合的管理体制，确保内容的正确导向；在绩效考核上，要推动文化企业建立科学的内部绩效考核体系，实行差异化考核，突出社会效益。文化企业作为生产文化产品、提供文化服务的社会组织，由于文化产品的特殊属性，不仅不能突破产生负面外部效应、导致负面社会效益的底线，还应当努力冲刺正面外部效应最大和正面社会效益最优的高线。国有文化企业兼具文化企业和国有企业的双重属性，是发展文化产业、建设社会主义先进文化的重要力量，坚持社会效益第一、两个效益统一是国有文化企业的天职。

虽然社会效益与经济效益有时候会互相冲突，但从大时段、大范围来看，两者是内在统一、外在一致的。在现代文化工业勃兴的时代，世界著名的文化企业因其能以自觉引领社会文化风尚为担当，所以得以成就百年企业。

深化国有文化企业改革，建立有文化特色的现代企业制度，是一项崭新的事业，又是一个紧迫的任务，这也是加快推进国有文化企业制度现代化和能力现代化的必由之路。总之，把国有文化企业打造成为繁荣文化市场、发展文化产业的生力军，是繁荣社会主义文化的应有之义。

二、管理体制创新

我国的传媒事业，特别是国有传媒，尽管表现为多种形式存在，但仍然致力于维护社会主义经济制度和政治制度，发挥着党、政府以及人民的耳目喉舌作用。新媒体环境下，国有传媒的变革主要集中在以下几个方向：①整合产业资源。在新媒体咄咄逼人和媒介融合的大势下，国有传媒只有通过产业资源的整合与经营范围的延伸，才能提升其运营与盈利能力。强势国有传媒将越来越多地通过重组、并购、参股、自设等方式进行多元化的综合传媒经营，而具备跨地区、跨业务整合及资本运作能力的国有传媒企业，将成为这一进程中的最大赢家。②市场化经营。国有传媒的核心竞争力在于创新，而实现市场化运作是保证其创新的质与量的"有机土壤"。在媒介融合的新媒体环境下，国有传媒的下一步改革将立足放宽市场准入，积极引入新媒体的民间资本和战略投资者，形成国有传媒的市场化经营决策机制。"国有传媒更进一步的市场化经营，需要治理结构调整，让渡出更多治理权给完全意义上的市场主体，通过市场来成倍放大国有传媒资产的融资和投资能力，用资本的逻辑和力量来确保国有传媒资产的保值与增值。"③以媒介融合为基础的全媒体构建。新媒体是传媒产业未来的发展方向，积极开拓新媒体业务将是国有传媒企业在当前发展环境下的必然选择。国有传媒必须依托新媒体的理念以及手段，直接参与、渗透到生产经营中去，以这一方式更加有效地提高媒体自身的附加值，并且这一价值也将远远超出转型后新媒体的范畴。④开拓新业务。开拓新业务是国有传媒主动求变，提高市场竞争力的战略选择。在这方面，国资控股参股传媒公司因为具有独一无二的资本、渠道和政策优势，外资和民资也乐于与其合作。由此，国有传媒借用新业务和新市场，将逐渐摆脱对传统业务的依赖和包袱。

（一）传媒管理制度的现代化

1. 解放思想，树立由"传统媒体＋"到"互联网＋"的治理理念

现有传媒制度的主体基于传统媒体的传播特性而设计，惯性思维和路径依赖使得"传统媒体＋"成为现有传媒制度设计的主导理念。从传播的技术特性上看，新兴媒体与传统媒体有着本质上的区别。在制度变迁理论看来，切合作用对象特性而设计的制度才是有效力的制度。对传统媒体而言，说到底是要进行思想层面的大解放，在推动传统媒体与新兴媒体融合的制度设计中，树立由"传统媒体＋"到"互联网＋"的治理理念。

2. 加快改革，继续全力加速传统媒体的市场改造

市场经济本质上是自由与开放的经济，自由与开放同样是新兴媒体的核心精神。国内外的大量实践也已证实，市场经济虽然有这样或那样的不足，但至今来看，市场经济的资源配置方式最有利于新兴媒体的发展。而以市场化程度来衡量我国的传统媒体，这恰恰是其急需大幅提高之处。其实，自改革开放以来，我国传统媒体就一直在进行市场化改革。现今主要由于新兴媒体带给传统媒体排山倒海的冲击压力，催生出传统媒体与新兴媒体融合的迫切，再次将传统媒体市场化改革的紧迫性推至前台，着重对一些有利于传统媒体与新兴媒体融合的关键制度进行重点改革。

（1）从国家层面继续推动并深化传统媒体的转企改制工作

从当前来看，成功发展新兴媒体，拥有合格市场主体身份是先决条件；此外，从事新兴媒体的传统媒体越多，发展新兴媒体成功的概率越大。首先，继续并加速完成部分非时政类报刊的转企改制工作，对受新兴媒体冲击较大、市场化程度较高的报纸和非学术期刊的转企改制进程要尤其加以督促。其次，对已完成转企改制的广大出版社和部分时政类报刊，应推动其尽快建立现代企业制度，推动有条件的媒体积极上市。最后，广播电视领域，虽然受新兴媒体冲击相对较弱，但应吸取报纸领域在改制行动的未雨绸缪上较为迟缓，从而部分导致现今较为被动的教训，可以充分吸收其他传统媒体的转企改制经验，先积极试点

开展广播台、电视台的转企改制，在条件成熟时快速推开。

（2）以特殊管理股为突破口弥补单一国有产权的不足

所谓特殊管理股是指具有较多投票权或一票否决权的股票，它能使创始人股东始终保有最大决策权和控制权。特殊管理股的推行，能较为有效地弥补传统媒体单一国有产权存在的先天不足，有利于新兴媒体业务的拓展：拓宽了融资渠道，利于大量资金融集；借助股权的多元化加大对经营者的监督力度；也利于借助多元产权主体减少来自行政的不必要干预。另外，特殊管理股的推行也能较为有效地消除国家因股权多元而产生的媒体管理权、领导权、话语权旁落的担忧。

（3）以股权激励、公开选拔等方式留住和吸引高层次传媒人才

新兴媒体行业是人才密集型行业。然而对于当下的传统媒体而言，不仅很难招到高层次新兴媒体方面的人才，而且还迫切地面临着高层次人才流失问题。究竟是什么因素导致传统媒体人才的流失，虽然没有直接调查结论，但从企业人力资源管理的相关理论来看，物质激励和前途激励是留住和吸引人才的两大常见手段。对当前的传统媒体而言，在物质激励方面，完全可借鉴商业新兴媒体通过高管持股、员工持股的股权激励吸引高新人才的做法，其实传统媒体只要是国有资本控股或拥有特殊管理股，不必担心因股权的部分私有化而带来所谓的导向问题；在前途激励方面，须打破主要负责人由上级主管部门直接委任的做法，积极探索对内、对外公开选拔传媒职业经理人这一新的用人机制。

3.配好刹车，竭力使商业新兴媒体的规制更加规范

二十一世纪初中央才出台第一个针对互联网的媒体属性进行规制的文件《关于进一步加强互联网新闻宣传和信息内容安全管理工作的意见》，较长一段时间里互联网也仅作为信息产业归口于信息产业部管理。因此总体来看，在制度层面，我国对以互联网为代表的商业新兴媒体的媒体属性规制欠账较多。商业新兴媒体经过多年的飞速同时也是粗放式发展，虽然已经成为现代中国人获取信息的第二大渠道，但其所暴露问题的危害也愈发显现，当下需要在其飞速发展之时配好刹车，规范相关的规制，使其发展更健康。

（二）媒体管理创新的五个维度

1. 建立崭新的内容管理系统

随着新媒体的进化以及大数据时代的来临，传统媒体面临着将原有和正在生产的媒介产品数字化、数据库化，并将其分层存储和分类整合利用的任务，建立资产管理和数字版权管理体系迫在眉睫。管理者要及早制定相应的内容管理方案，利用先进的数据管理技术建立"平台化""网络化"的内容管理系统，以实现统一的内容产品架构。

此外，传统媒体的内容管理还面临"如何应对突发事件"这一命题。在新媒体时代，用户贡献内容（UGC）的模式真实且广泛地存在。媒体要想在突发事件报道上取得先机，就要在平时的内容管理系统设计上下工夫。

2. 再造新闻生产流程

新闻生产的流程再造是媒体机构以一种互融共生的整合性过程，改变过去由于不同介质割裂、不同部门管理造成的支离破碎的局面。它要解决以下几方面问题：首先，内容的生产多媒体化，收集的过程多媒介汇流；其次，由"评估中心"对收集的新闻素材作出价值和取向判断；再次，解决新闻分发问题，使同一内容不同形式的新闻产品能沿着各自既定的渠道运行，从而保证一件新闻产品的复次、多介质、全方位传播；最后，新闻产品抵达用户后的反馈以及用户贡献内容的上浮。

新闻生产的流程再造包含四方面内容：首先是强大的"脑"指挥中心，负责新闻信息的价值判断及去向；其次是交响乐团式的空间布局，使各媒介品种围绕"脑"指挥中心协调作战；再次是多媒体化的采写部队，能同时提供"文字、音频、视频、图片"等各类产品，供融媒体矩阵平台上的"报纸、广播、电视、手机"全方位使用；最后，实现用户生产内容的优化与上浮，形成一套有效的UGC机制，鼓励用户"方便、快捷、积极"地贡献优质内容。

3. 调动内容生产者积极性

媒介融合时代，媒体的内容生产者由"专业"与"非专业"人士共同组成。对专业人士的管理，除了以人为本等理念外，更重要的是要看到他们借助新媒体平台可以成就个人及母媒的声望。比如一些主播、评论员在新媒体平台发言时往往拥有广泛的关注度，如何将"粉丝"对媒体从业者的关注有效转化为对母媒的关注，是管理者需要着重考虑的。对媒体从业人员的管理创新，关键要将他们看做启动能量的"发动机"，能够自我开掘出一片天地、塑造起一种声望，并将这些关注度与美誉度成功迁移到母媒。

对于内容生产的另一个主力军——贡献内容的用户，更多地要通过社交网络系统等多个平台进行"运营"，使他们对媒体产生信赖感与情感链接。

4. 与用户建立情感链接

媒介融合的一个重要结果，是以"读者、听众、观众、网民"细分的受众概念被全新的"用户"所取代。互联网时代的竞争显然不仅仅体现在技术与内容上，Web2.0的运营核心在于"人"，而运营"人"的核心在于"关系"——这也是建立媒体 SNS 社交网络系统的重要原因。在管理用户时，要关注系统性与回路设计：一方面，使用户能方便地参与媒介活动；另一方面，使用户的体验能及时地反馈回来。管理用户的核心命题在于"情感"。只有用户对媒介产品产生信赖感，才可能实现基于其上的附加价值。融媒体时代，这种情感链接除了在原有平台上运作外，更重要的是通过新媒体平台（特别是社交网络平台）来运营，以便与年轻的潜在用户产生黏度。

5. 舆论引导的管理

传统媒体的管理创新还表现在舆论引导方面：媒体依托自身的专业记者与忠实用户建立"微链"传播矩阵，并在关键节点上"排兵布局"，通过"不做中心"而去影响无数个小"中心"，以实现舆论的高效引导与传播。

未来媒介生态表现出一种"微"特质，碎片化的信息通过社交网络等链状系统被连接与组合起来。媒体要想生存，就要在一个个微链中把握传播机会，创造可能的舆论热点。因此，未来的媒体除了要竞争信息的"独到解释权"外，还要在纷繁的微链世界中排兵布阵，成为一个个关键节点的组织者与传播者；报道组织形式不再是先前的"一刀切"，而是在无数个中心节点上进行疏通与引导。特别是在突发事件中，这种新型舆论引导方式的特点更加凸显。

总之，传统媒体的管理创新要注重媒介组织的整体性和目标性，强调人与人、人与部门、部门与部门之间的协调性，要求管理者对新型传播模式要有足够的认知，对包括员工、用户、客户在内的不断发展变化中的"人"有深刻把握，对媒介生态能够统筹考量，以实现与时俱进的创新性管理。

三、内部组织结构

媒体的公信力、影响力、传播力和其发展目标的实现，需要所有从业人员按照媒体规划愿景，发挥个人聪明才智去共同完成。

（一）互联网牵引传媒组织的改造方向

在推动传统媒体和新兴媒体在内容、渠道、平台、经营、管理等方面的深度融合这一浪潮中，不能忽视传统媒体在组织和机制上的巨大创新冲动和力度。技术、人才、渠道都可以引进、嫁接、兼并，只有自身的组织方式和机制创新，才能让融合"从物理变化转向化学变化"。其实，新媒体本身就处于技术异质更替的剧烈变动中，传统媒体向新媒体的融合，目标却并非今天的新媒体。转型之路无先例可依，它是依据互联网发展的特性去推断的未来发展之路，而深度融合的标志之一，便是用这种互联网思维重构传统媒体组织结构。在与互联网技术和新媒体的融合过程中，每个传统媒体都有自己的体会。

1. 内容即服务

传播的本质就是服务，媒体融合的本质也是服务。必须把新闻传播与互联网服务融合起来，顺应用户需求的变化，重塑传播逻辑，从提供单一新闻资讯向以新闻资讯为核心的综合文化服务转变。

2. 用户即阵地

传播的基础在于用户，必须想方设法把报刊读者变成多元用户，把占有用户、发展用户、集聚用户作为根本目标，并作为评价标准，贯穿于媒体融合发展的全过程、各方面。

3. 作品即产品

互联网的生产模式是内容服务化、服务产品化，必须改造现有新闻生产流程，建立健全以产品为核心的新的运行体制和管理机制。

从这三条看，传统媒体的生产、运营组织方式与新媒体有着巨大区别，要实现这些转变，新闻内容生产要和互联网服务打通，采编人员要和用户需求打通，生产要和营销打通。从传统媒体机构创新诉求上讲，横向要能把不同性质的媒体串成一个全媒体，重塑传播阵地；纵向要把内容生产、技术创新、用户集聚、服务营销连成一体，使传播价值链形成一个闭环。所有这些转变，都必然对一个良好的支撑体系提出要求，使企业组织方式向更快满足需求、更易促进创新、更好复制推广的方向转型，更好适应互联网革命。

由此可见，对于传统媒体来讲，如何在现阶段与新兴媒体进行深度融合，其中一个关键点就是用互联网思维去重塑其组织架构，从根本上打通各个关节，而这种深度打通思维的本质就是用户思维和产品思维。

（二）项目制带来局部机制创新

互联网的特征是创新驱动，异质替代，微信的诞生就是一个典型。在传统媒体现有的管理体制下，内生的创新驱动有着一定的难度。互联网流行的是团队活力、资源共享，而传统媒体强调的是条块分割；互联网流行的是用户需求驱动，传统媒体强调的是管理推动；互联网流行的是内生的创新冲动，传统媒体强调的是集体考核。

（三）适应融合战略的新型架构

媒介融合不仅是技术升级、平台拓展、内容创新，同时还应该伴随着企业组织架构的创新，而这往往是最艰难的一步。直线型组织结构，责权明确却不利于调动积极性；职能型组织结构，业务性强却横向联系差；矩阵结构，适应性好却易产生多头管理。现在国内外的著名互联网公司的组织方式大相径庭，有的以产品矩阵为核心，有的用事业部制加上服务支撑，等等，但它们的共同特点是：①高度突出自身的企业或核心产品特点；②尽量扁平化，保证高速反应；③不怕折腾，随时可以推倒再造。

大型媒体集团，都会面临跨界融合的飞跃，过去的主报管子报的方式，显然不能适应新的变化。在可能出现的跨媒介、跨地域甚至跨行业的过程中，报业集团将面临组织结构和管理模式再造，要学会用融合生产、组合营销甚至资本纽带去组织和管理未来的新型传媒集团。

传媒管理创新是一个系统工程。媒体以媒介融合为契机，借助新技术，逐步改变以广电收视率收听率、报刊发行率等为核心指数的单一评估体系。如今，打破既有单一评估体系的时机已经来临，这应该成为所有媒体的共识和行动。面对未来发展的主流趋势，各类型媒介亟须在新的力量抗衡中谋求新的市场定位，而全媒体战略则成为学界和业界的共识。媒体分化已经成为过去式，数字化融合才是现在进行时，而复合式多媒体将是未来的发展方向。

第二节　传媒文化创新

一、文化与传媒

文化是指一个群体（国家、民族、企业、家庭等）在一定时期内形成的思想、理念、行为、风俗、习惯、代表人物，以及由这个群体整体意识所辐射出来的一切活动。

传播媒体或称传媒、媒体、媒介，指传播信息资讯的载体，即信息传播过程中从传播者到接受者之间携带和传递信息的一切形式的物质工具。传媒可以是私人机构，也可以是官方机构。传播渠道有纸类（报纸、杂志）、声类（电台广播）、视频（电视、电影），还有现代的网络类（电脑视频）。

传媒文化是传媒业的一个延伸领域，指用现代的传播手段，通过传媒来进行文化的传播和不同文化之间的交流，这个领域杂糅了文化以及传播的相关专业知识。电视、网络甚至广播报纸，都可以成为传播媒介。总的来说，传媒文化是一种边缘学科，对全球一体化有一定的促进作用，但对于一些弱势文化将带来一定的负面影响。

（一）文化与传媒的关系

传媒是人类文化成果之一，以其为载体进行的传播活动是文化的基本特征和内在属性。传媒与文化就像硬币的两面，二者的结盟贯穿于人类文明社会发展的始终。事实证明，文化的"传媒化"已成为不争的事实，文化借助传媒这一中介进行大众传播，对大众媒体特性进行妥协、依赖和附庸，表现出深刻的传媒印记。反过来，文化影响传媒，有什么样的文化就有什么样的传媒，传媒受文化的浸润影响，反映文化、代表文化，成为一定文化的喉舌。

传媒文化概念本身即描述了传媒与文化的辩证关系：文化通过传媒得以呈

现，传媒的自身属性给文化以巨大影响。当代传媒文化的主要形态是大众文化，它正在深刻地改变世界，在某种程度上制约着我们的价值观和意识，影响着我们的日常生活方式、审美趣味和对社会人生的体悟。传媒文化影响着社会的进步和发展，社会的进步和发展反过来又重构传媒文化。

1. 传媒的传播理念决定着传媒的文化品格

用文化学的理论和观念看待媒体，任何一种媒体所报道的新闻信息，体现的都是三维结构中的文化内容，即制度文化、物质文化和精神文化。不管媒体报道什么内容，我们都不能说它没有文化，只能说它传播的文化内容是否相对全面，是否体现了社会的进步性，是否能够推动文化的良性发展。而传媒的运作形态，本身也是一种传播文化，是传媒的文化理念使然。由此可见，传媒任何时候都离不开文化。

我国近年来的改革开放取得的巨大成功，以及这些成就的全球化传播，与传媒的贡献分不开。作为媒体传播内容的制度文化与其社会形态的这种表里对应关系，体现了媒体对文化的依附性，二者是相互依存的。

2. 传媒内容所体现的文化上的共性与个性，会产生不同的传播效果

文化的共性：就是主题、内容、形态基本相同的文化存在方式。比如新闻报道，不同的媒体却报道了同一个选题、同一种内容，使用了同一种表现形式，这种新闻就体现了文化上的共性。媒体报道时如能抓住事件的新闻元素，放大它们的细节，突显它们独特性，那么即使与其他媒体报道同一类事情，也具备了新闻价值，而这正是我们所说的文化个性。理性的媒体就应该在这种双重文化的选择中，有意突出自己的新闻个性，赢得受众的青睐。

3. 传媒内容所体现的文化的文明与糟粕，决定着传媒的思想高度

文化在发展过程中，既有精华也有糟粕，它是一个承前启后、推陈出新的过程，这就决定了文化在任何时代都需要扬长避短、惩恶扬善、沙里淘金。恩格斯认为，对于文化的传承，要用科学的、辩证的方法加以审视和筛选，取其精华，去其糟粕，继承民主性的精华。

对待文化的这种一分为二的立场，也是传媒传播文化的一种态度。传媒在文化发展中的传播、宣传与推动作用，可以构成历史发展过程中的文化环境与

文化氛围，以此对社会环境及主体人产生推动和潜移默化的影响，甚至能形成一种新的文化温床，孕育与促进新文化与新风尚的成长与壮大，这决定了传媒的文化立场必须得到传媒人应有的重视。而从文化选择的角度来看，传媒人是掌握文化选择权的人，他们对文化发展的历史也应负有特殊的历史责任。从这个角度说，传媒理应肩负这一特殊的文化重任，为文化事业与文化理念的推陈出新做出重要贡献。

（二）传媒在文化中的作用

文化传播活动始终是与社会发展相伴随的，随着社会的变迁和科技的进步渗入到社会的每个角落和人类的每一项活动中，成为贯穿人类社会结构体系的一股无形而巨大的力量。传统社会向现代化的过渡与媒介自身的成长几乎是同步的。

大众传媒的出现，是人类文化传媒发展的必然结果，作为一种既定的存在、既定的物质力量，它制衡着文化，左右着人和人类社会，使文化进一步媒介化，对日常生活中的大众文化产生着重要的影响。大众文化对于生活时尚、奇观的追求，往往与大众传媒直接相关。大众传媒通过对一些新的价值观念的创造与传播，最终引导人们去追求一些新的物质形态，从而引起人们生活方式的变革。

1. 拓展文化传播时空，改变传统交流方式

一般而言，人类的交流方式和文化传播大致经历了口头媒介、印刷媒介和电子媒介的历程。口头媒介源于面对面的交流，它局限于所谓"本地生活在场的有效性"。印刷媒介的产生，无疑是"我们感官的延伸"，媒介从此进入了大众传播的范畴，文化传播者与受众在时空上可以被隔开，它消解了面对面交流的直接性，交流的符号也变得稳定。随着意义存储和传播系统科技水平的提高，电子媒介使文化主体间的时空距离可以无限伸展，进一步成为世界多元文化格局的动力之源。

2. 推动普及文化教育，迅速传播科学知识

大众传媒作为知识存储器，随时都在向受众传递关于自然、社会和人的知识，开启民智，提高人力资源的科技素质，帮助各行各业的劳动者掌握自己行业的现代化技术。如我国大众传播系统对农村地区实行立体多重覆盖的"村村通"

工程，以最方便、最广泛和最迅捷的方式向农民提供农业新技术、新知识。同时，大众传媒还利用其现代化的传播技术，在缺乏教师、培训人员的地方，在儿童的智力开发及成人教育、职业教育等方面发挥着越来越大的作用。

3. 借助科学技术手段，促进文化产业形成

大众传媒已发展成为一个以先进的科学技术为手段的物质生产系统，这使得大众文化的繁荣有了承载和依托，类似于工业化的管理和经营方法被大众传媒用来进行文化的生产。同时，大众传媒对全球的覆盖技术使大众文化的市场突破了狭小的地域限制，形成了全球规模的文化市场，加之文化产品丰厚的利润，大大刺激了企业家的投资，使得文化产业最终形成并兴旺发达。

就积极意义而言，传媒在促进人们彼此间的信息交流方面，提供了快捷多样的形式。拒绝传媒是愚蠢的，然而，同时又必须看到，大众传播行使自己的权利时，又在不断地造成信息发出、传递、接收三维间的"中断"。传媒"炒"文化的负效应，使人们跟着影视的诱导和广告的诱惑去确立自身的行为方式，传媒的全能性介入中断了人的独处内省和人与人之间的交谈。

（三）传媒文化与创新

创新是文化的本质，也是文化得以继续传承和发展的不竭动力。随着我国经济步入"新常态"，文化发展与传媒创新成为我国全面深化文化体制改革和推进传媒产业转型升级的核心议题。媒体在推进文化大发展大繁荣中，创新在全面实现全媒体时代下媒介融合的商业蓝图，深入实践文化体制改革创新和传媒产业跨越发展方面具有重要意义，要妥善把握传媒文化与创新的深刻结合。

1. 传媒文化的内涵

传媒文化是指在当代社会所引发的信息方式和生活方式的变革，特别是二十世纪五六十年代以来蓬勃发展的，以现代传媒和信息科技为支持，以金钱资本为动力，以包含信息和价值的光电影像或虚拟互动为主要内容的大众文化产品，以及外围性的生产、传播与消费活动。从媒介角度看，可以通过技术决定论、媒介环境论、媒介机构论、媒介文本论四种学说来揭示传媒文化的内涵。

（1）技术决定论视野中的传媒文化

以麦克卢汉和英尼斯为代表。麦克卢汉认为媒介即信息，也就是说，媒介

决定了文化内容、形式。他将媒介分为热媒介和冷媒介两种，热媒介是信息较为完整，但受众参与程度低，对主体没有要求，传受互动小的现代大众传播媒介。而英尼斯对媒介的形式进行了划分，分为时间偏向的媒介和空间偏向的媒介。偏向空间的媒介有利于帝国的扩张，容易导致民族文化的社会组织丧失文化土壤。

（2）媒介环境论视野中的传媒文化

媒介环境论者对传媒文化的社会影响看得更为直接，他们都强调媒介的环境对社会大众具有很强的影响力，而这些影响都是深层次的。他们往往着眼于传媒文化营造的氛围对人的影响。

（3）媒介机构论视野中的传媒文化

媒介是机构，它与外部世界的政治经济文化等体制结成多角关系。从政治学角度看，大众传媒是一种国家机器，媒介机构论者强调了媒介对社会大众的影响，是一种意识形态的改造。从媒介机构论视角看传媒文化，其中一个重要概念就是文化霸权。文化霸权就是意识形态霸权，其统治方式与政治经济统治不同，文化霸权依靠的是灌输。作为批判学派的批判对象，传媒文化就是向公众灌输主流的意识形态。

（4）媒介文本论视野中的传媒文化

从媒介文本论视角看传媒文化，该文化是一种对现实的反映，但不是对现实本质的反映，只是对现实的一种模仿，所以，从媒介文本论视角看传媒文化往往是批判的。构成其理论基础的除了符号学，还有现象学、社会学以及符号互动理论。

2. 传媒文化的发展现状

首先，我国传媒文化产业供求关系水平不佳，且非对称结构性矛盾相对突出。尽管我国的文化市场已有长足的发展，改革开放以来，尤其是二十世纪九十年代以来，一方面，经济社会生活各方面条件迅速改善，人民群众的文化娱乐需求正在被迅速释放；另一方面，各种新型文化产业门类不断产生，文化产业结构性变化频繁。但是，现有统计数据显示，我国传媒文化产业还处在一种低水平供求平衡和非对称结构性矛盾的状况之中。

文化市场的现状只是一种低水平的供需平衡，还存在着各种体制性问题，所以它还只是一个存在结构性矛盾的非对称性的平衡。综合来看我国文化产业部门所提供的产品，有相当一部分不能满足人民群众日益增长和不断变化着的文化消费需要。而目前文化产业国际化的进程出人意料地加速，我国文化市场已经暴露在国际文化资本的强大压力之下，我国改革开放以来积累的经济和文化之果已经成为国际文化资本垂涎的目标。

其次，我国传媒文化产业经营单位众多但产业组织集约化程度不高。面对巨量的市场需求，以及国际传媒文化集团大兵压境，我国的文化产业在总体上缺乏竞争力，难以满足人民群众不断增长的文化需要，这一点足令我们忧虑。我国传统文化产业诞生于计划体制之下，长期以来既被行政体制分割又被各种政策保护，在这种情况下形成的总体格局，表现出经营单位众多，产业集约化程度不高，资源极度分散和不讲经济效益的突出特点。在文化市场迅速成型的今天，这些特点全部转化为弱点。

再次，我国传媒文化产业的传统的资源配置机制与市场化要求之间正在形成尖锐矛盾。近年来，我国文化产业的体制改革开始进入"快车道"，但是资源配置机制混乱，条块分割和行业壁垒与市场化要求之间的矛盾仍然困扰着我国文化产业的发展。文化产业的基础是市场，现代市场经济要求公开、公正和公平的竞争，反对各种形式的地方保护和垄断；我国传统的文化事业单位是按条块（地方和行业一纵一横）分割的方式设立的，目前尽管已经在不同程度上开始与行政主管部门脱钩，实行"专业归口管理"，但是，距真正的市场竞争还有相当的距离。而另一些文化企业在做大以后，要做跨行业跨地区的资产重组甚至兼并，却往往遇到阻力。

最后，先进性要求与文化原创能力不足之间形成战略矛盾，资源潜力不能转化为产业实力。发展我国的文化产业还是有一些得天独厚的条件的。中国文化有着巨大的影响力，世界上使用汉语的人口为世界之最，中国悠久的历史文化在东南亚、北美及欧洲的华人区也具有广泛的影响。这应该说是中国的传媒文化企业进行市场开拓的最有利条件，因为语言和文化的差异一直被认为是经济全球化和国际交往中的最大消极因素。在经济学的垄断竞争理论中，保持产品差异被认为是维持产品在市场上的垄断力量的关键。文化产品的差异首先是来自价值观及表达手段的独特性，文化差异也是我们在国际竞争中和赶超发达国家时可以依赖的优势。

　　传媒文化产业是一个特殊的产业，而且目前还处在发展和转型过程中，因此，其存在的根本性问题终究还是体制性的。如今世界任何国家的产业政策的基点都是两个，即以市场为基础，以政策为导向，更何况我国的传媒文化产业生存和成长于一个更为特殊的环境中。在一定意义上，我们今天对文化市场和传媒文化产业的认识，以及依此制定的政策的合理性，将影响今后相当长一个时期具有中国特色的社会主义精神文明的发展，还会进一步影响我国整个经济产业结构的调整和升级。

3. 传媒文化的创新

　　创新是当今世界迎接知识经济时代的必由之路。从文化产业的自身特点来看，文化企业是文化创新的重要主体，文化资源是创新的主要来源，文化市场需求对创新有直接的推动作用，技术变革能够促使企业寻求新的利润增长点，文化政策对创新发展有重要的支撑作用。传媒文化创新还受到文化环境、社会环境、经济环境和资本环境的影响，从而形成不同的发展模式。

　　（1）创意文化资源推动型创新模式

　　文化资源具有其他资源没有的强大生命力和经济开发价值，如果不能及时和有效地开发文化资源，就很可能被国外资本捷足先登。如我国传统文化资源中的花木兰故事被美国迪士尼公司拍成动画片，中国功夫和熊猫的独有元素被好莱坞用创新的手法有机结合起来，创造出传媒文化产品—电影《功夫熊猫》。开发利用文化资源的关键在于用创新的理念、方法和形式，创造出适合现代人消费偏好的传媒文化产品和服务，把我国文化资源的潜在优势转化为文化生产力。此外，文化是一种黏性知识，传媒文化创意的黏性特征使得各区域具有不可替代的文化优势，从而推动区域传媒文化产业经济结构调整优化，提升传媒文化品牌的辐射力度。

　　（2）科技推动型创新模式

　　科技是传媒文化创新发展的重要支撑，科技创新对传媒文化产业与其他产业的协同发展有重要的影响，技术演进能够引领传媒文化产业的发展方向，开拓传媒文化产业的发展空间。新媒体以创意为开端，将产业的重点从生产环节转移到内容设计制作环节，通过市场营销和服务消费者形成文化产业价值链。在这条产业价值链上，资本保障、人才保障和科技保障缺一不可。资本影响市场创新规模，人才决定产业创新程度，科技引领产业创新方向。技术创新和新技术的应用应当成为传媒文化产业转型和升级的支撑之一。

（3）产业融合型创新模式

在新时代，传媒文化产业在科技进步推动背景下呈现出显著的产业融合趋势。在数字融合的范围内，可以认为产业融合是在数字融合的基础上出现的产业边界模糊化现象，是以互联网为标志的计算机、通信和广播电视业的融合。传媒文化产业内部以及与其他产业之间的边界逐渐模糊，跨地区、跨行业、跨媒体经营成为传媒文化产业发展的重要趋势。比如，复印技术、通信技术、网络技术和计算机技术等，使得出版业的编辑、出版和发行等各个环节都面临着新的变革，传媒企业加强了对数字技术和数字内容等核心技术的研究，以适应时代变化。

文化产业的融合创新主要体现在两个方面，一方面是文化产业内部的融合，以数字化为基本特征，以互联网为信息平台，形成数字化的创新发展模式，表现为电子图书、网络视频、数字电视等。数字技术使传统的图书、广播、电视与电信、网络相互融合，推动文化产业跨平台发展。另一方面是文化产业间的融合，通过文化、技术、资本等要素渗透到传统文化产业中，形成新兴文化产业，比如动漫游戏、文化旅游、文化娱乐等业态，打破了以前的产业边界，形成了全新的产业形态。由此可见，产业融合的趋势改变了传统的文化产业运作模式，使文化产业具备了新的创新发展方式。

（4）政府推动型创新模式

在文化产业发展的初期，政府是文化产业创新体系中的主要推动力。政府的作用在于减少其他创新主体在创新过程中的干扰因素，使文化产业发展具备持续的创新动力与创新能力。政府主导的创新模式不是一种可持续的创新发展模式，政府应当通过支持和引导文化产业的创新行为，形成创新的发展动力。

此外，在文化产业发展的初期，往往需要注入大量的资金，以催生和培育新的文化市场。在此过程中，文化产业创新发展所需要的资本和其他行业有区别，主要体现在无形资本对于文化产业发展的作用特别重要。值得注意的是，相对于政府在产业政策和法律法规等层面的强势推动，在文化产业的资金投放上，政府也应该选择灵活多样的方式。无论是文化产业发展的引导资金，还是文化产业示范基地或园区的扶持资金，都应该由政府的"有形之手"与市场的"无形之手"共同发挥作用。

二、传媒企业文化

二十世纪末以来，中国传媒业的生存方式发生了重大变化，从强调政治属性发展到政治和经济属性并重。一系列的传媒购并、上市个案，体制内传媒机构与体制外资本的多样化合作，各地传媒机构风起云涌的集团化改革，都令传媒的产业化特征日益明显。中国传媒业要又好又快发展，除了运作方式上要与国外接轨之外，更重要的是建立适合国情、适合现代市场竞争的企业文化。文化是一个企业赖以长青的最基础的磐石，企业文化就是企业的核心竞争力，是企业长盛不衰的永动机。

（一）传媒企业文化概述

1. 传媒企业文化的界定

关于传媒企业的企业文化定义，中外学者并没有比较统一的观点，国内学者大多是对传媒企业文化相关的概念进行阐释。

广播电视媒介组织也有属于自己的组织文化。它是广播电视媒介组织在实现广播电视媒介组织目标的过程中形成和建立起来的，由组织内部全体成员共同认可和遵守的价值观念、道德标准、组织哲学、行为规范、经营理念、管理方式、规章制度的总和，以人的全面发展为最终目标。其核心是广播电视媒介组织精神和广播电视媒介组织价值观。

从定义中我们不难看出，企业精神、企业价值观、经营理念可以说是企业文化的关键词。越来越多的媒介已经开始注重建构适合自己的企业文化，并在实践经验中不断总结出本行业企业文化的核心理念。传媒企业文化主要包括：

①企业目标，即创建中国最优秀的传媒企业品牌；②经营理念，即责任成就价值（成就客户价值、成就社会价值、成就自我价值）；③企业精神，即自强、诚信、团队、创新。

2. 传媒企业文化的特征

（1）个性化

传媒企业文化具有个性化的特征。传媒行业本身就是一个内容丰富的行业，电视节目的编排、电影的制作、互联网新媒体的数据传播、新闻内容的采编、报纸杂志的印刷、影视灯光器材的生产、版权内容的贸易等都属于传媒产业的范畴。因此，传媒产业内涵丰富的特点决定了传媒企业制定企业文化时，应主动考虑自身所从事的具体内容、媒体风格、媒介所处的区域特点等因素。个性化的企业文化才能凸显自身的经营内容，符合企业发展的具体诉求。

（2）创新性

根据大众传播学原理分析，受众的审美取向是在不断变化的，受众对于某一传媒内容或传媒产品的关注并不会永远持续下去，因而"求新、求变"是传媒企业永恒的话题，传媒企业文化亦具有创新性的特点。传媒企业在规划自身的企业文化时，需要尊重市场规律并重视市场的变化。相对于其他行业而言，缺乏创新精神的陈旧企业文化无法满足传媒企业日新月异的发展变化。随着传媒产业的发展，只有与时俱进、富有创新精神的企业文化才能匹配传媒企业的进一步发展。

（3）稳定性

传媒机构企业文化的形成是一个经过充分酝酿的较为长期的过程，传媒机构文化中被该组织成员所共同认可的核心企业价值观念、行为准则等意识和物质形态具有相对稳定性，这部分企业文化不会因为外部条件的改变而立刻改变。传媒企业文化无论如何发展和创新，其核心部分都需要具有相对的稳定性，以使本企业区别于其他传媒企业，并使企业文化得以在不断变化的管理层和员工群体之间相互传承。

3. 传媒企业文化的社会功能

（1）树立传媒企业的良好形象

优秀的传媒企业文化可以非常准确地向社会传达该传媒企业的价值观、行为准则，并将其核心价值观结合在传媒企业向社会提供的传媒服务和产品中，树立该传媒企业的良好形象。这有利于更好地让其他机构以及传播受众识别出该传媒企业，并对其提供的传媒服务以及产品进行购买与消费。规范的传媒企业文化可以树立企业的良好形象，并支持该企业的可持续发展。

（2）增强传媒企业的凝聚力

传媒企业文化一旦形成，该企业文化的核心价值观、行为准则就会对企业的员工行为形成影响，企业的核心价值观和伦理准则时时刻刻约束并规范着员工的一言一行。同时，随着传媒企业文化的制定和执行，该企业中员工对企业文化相关内容逐渐具有高度一致的认同，这有助于员工更加高效稳定且目标一致地服务于本组织。传媒企业的企业文化建构有利于增强传媒企业的组织凝聚力，提高组织的运营效率，增加员工的团队认同感和荣誉感，促进企业的进一步发展。

（3）指导传媒企业更好地适应外部环境

传媒企业的服务对象是需求不断变化的受众，传媒企业需要适应不断变化的外部生存环境，并为受众提供源源不断的创新性服务和产品，以保持自己在行业中的竞争优势。不同传媒企业的经营诉求并不相同，通过传媒企业文化的表述可以发现，有的传媒企业追求自身利益的最大化实现，有的企业追求受众利益的最大化满足，有的企业注重社会效益的实现。企业文化在一定程度上影响传媒企业与外部环境的互动关系，良好的企业文化有利于指导传媒企业与环境的良性互动。

（二）传媒企业文化建构困境

1. 传媒企业文化建构问题

虽然传媒企业文化已日益受到重视，并在具体的传媒经营管理过程中取得了明显的收效，但是我国传媒建构企业文化的整体现状却不是很乐观，还存在着许多问题和不足。

2. 传媒企业文化建构对策

（1）提高媒介经理人自身的企业文化建设素养

中国传媒企业的企业文化建设在某种程度上非常依赖于传媒企业中媒介经理人自身的企业文化建设素养。一般意义上的媒介管理者，也可以称为媒介经理人，指的是媒介组织中专业化、职业化的经理阶层，它是组织中包括占据着上至总经理，中至各部门主管，下至行政、经营部门的业务骨干等特定职位，以及其他承担贡献责任的部分高水准专业人员在内的所有成员。在当今发展日新月异的中国传媒行业，传媒企业的媒介经理人除了要掌握企业运营知识，熟知中国传媒业情况，具备媒体管理经验之外，还应该提高自身的企业文化建设素养，认识到传媒企业文化建设的必要性，了解传媒企业文化建设的特点，并结合本企业情况建构企业文化。只有媒介经理人的企业文化建设素养提高，才能使本企业的企业文化有效地建设和执行。

（2）鼓励传媒企业员工积极参与企业文化建设

在传媒企业的企业文化建设过程中，企业的媒介经理人是企业文化的制定者，而企业的员工则是企业文化的最终执行者。企业文化在制定初期就应该充分考虑到员工的意见，在生产一线的员工对本企业提供的产品和服务有更为切身的感受，传媒企业在企业文化建设的过程中应该调动企业员工的积极性，让员工为本企业文化的建设献计献策，这样有利于增加员工的团队凝聚力和自豪感，也有利于企业文化制定后员工更好地执行。在传媒企业文化实施执行的过程中，传媒企业也要充分尊重员工的诉求和意见，倾听员工对于传媒行业不断发展变化的看法，适时调整本传媒企业的企业文化内容。传媒企业的管理层应坚持以人为本的原则，鼓励传媒企业的广大员工参与到企业文化建设中来，最大限度地调动企业员工的积极性，增强企业凝聚力和战斗力。

（3）实施 CIS 战略构建企业文化

传媒企业为受众提供了大量的视觉类和听觉类服务及产品，并且内容为王原则在传媒企业的运营中占有非常重要的地位，传媒企业本身就是文化传承和文化传播的载体。因此，传媒企业在企业文化的建设方面要特别注重实施企业的 CIS 战略。CIS 是企业识别系统的简称，其内容就是设计与展示一整套区别于其他企业，体现企业自身个性特征的标识系统，以突出企业形象，并以此达到在市场竞争中获胜的经营战略。传媒企业在企业文化建设中注重 CIS 战略，能使传媒企业的经营运作更加明确和高效，凸显传媒企业的文化品位，增加企业的核心竞争力。

（三）传媒企业文化创新归纳

创新型企业文化是外部因素和内部因素共同作用形成的。外部因素主要包括社会文化和经济环境，内部因素则涵盖了企业家精神、人力资源、管理制度和组织结构诸要素。整个社会文化和经济的大背景不是单个的企业能够控制的，所以这里重点探讨企业的内部因素。

1. 围绕客户这一核心，打造个性化的文化

从企业的文化理念和现代管理上来看，传媒企业应当从客户的角度挖掘和分析市场需求，结合传媒受众以及广告商等利益相关者的需求偏好，从产品策划开始，逐渐在组织过程中挖掘和创新管理思路。体现企业经营定位和文化主题，塑造风格独特、个性鲜明的文化理念，扩大受众规模、提高企业收益。在传媒业竞争残酷的今天，企业必须深刻意识到企业文化的重要性，不断地用文化锻造自身。以清晰准确的市场定位，实施有别于竞争对手的创新视角，并强调各种不同文化的融合和交汇。在发挥和传达企业文化理念的同时，使所有观众和用户都获得一种文化上的归属感和认同感。

2. 围绕人才培养和生成，增进组织认同感

增强员工对企业的认同感和凝聚力。传媒产品是传媒人力资源劳动的结晶，所以要致力于构建人才培养、生成机制，积极引进人才和有志之士，加大事业留人、感情留人的力度，以优秀的企业文化为员工营造施展才能与智慧的舞台，满足员工实现自我价值的高层次需求。运用柔性管理策略，以管理者示范作用和人格魅力为核心，不断探索企业文化、营销管理、产品、技术的演变方向，实现创新，带动员工形成共同的价值观，增强员工自律、自发意识，自觉维护企业利益，积极地投入到工作中。企业应当为员工提供一个展示和提升自我的大舞台，鼓励员工张扬自我、创造奇迹，最佳的企业文化是能够激励更多青年才俊凸显自身的文化。同时，需要讲究企业的柔性管理，结合企业共同价值观和文化进行人文化的管理。

3．围绕企业内外，打造媒体的品牌效应

媒体的品牌不仅有赖于消费者的认可，更有赖于企业内所有员工的认同，因为只有得到员工认同，媒体的品牌效应才能具备坚实的基础。这就要求企业由内而外、由表及里进行各个层面的深入的文化考虑，这些考虑应当涵盖媒体形象定位、对待读者的态度、人才的战略管理、内部经营控制等方面。在打造企业品牌形象时，不能只局限于媒体的定位、内容，还应通过行为策划、公共关系等现代营销手段全方位塑造自身品牌形象。媒体自身的行为设计和宣传，对于媒体内部沟通、媒体与外部环境的良好互动，都起着积极有效的作用。在关注企业外部消费者对企业品牌反应的同时，还应该重视建立多种形式的员工内部沟通的桥梁，这不仅能起到沟通思想、交流业务、联络感情、传递信息以及增强集团凝聚力的作用，还将对内、对外传递出好的信号，有利于形成良好的品牌效应。

三、传媒跨文化传播

（一）大众传媒在跨文化交流中的角色

最先使用"跨文化传播"一词的是美国文化人类学家曼德华·霍尔，二十世纪五十年代末期他在《无声的语言》一书中首次提出跨文化传播，意指来自不同文化背景的人们相互交流的一种情境。跨文化传播有两种主要交流方式—国际交往和国内交往。在科技高度发展的今天，跨文化传播利用卫星电视、广播、书刊、互联网等大众媒介就可以进行，这是新型的跨文化传播。近代科技的发展，推动了传播技术的进步，十九世纪三十年代出现了大众报刊，从而迎来了大众传播时代。之后随着电影、广播和电视这几种有代表性的大众传播媒介的出现和发展，传播步入到大众传播时代，这使大规模的广泛的跨文化传播时代的到来成为可能。二十世纪末互联网的兴起和普及，使跨文化传播向前迈进了一大步。

大众传媒是跨文化交流的必要条件，是传递文化信息的物质载体；大众传媒是影响跨文化交流的重要因素，它贯穿整个跨文化交流过程的始末。从最初不同文化信息的传递到后来各种文化的交流、吸收、融合，跨文化交流都在不同程度上受到大众传媒的影响。

1. 基础角色：传递跨文化信息

这是大众传媒在跨文化交流中的基本功能，也是所有大众传媒普遍具有的功能。大众传媒为跨文化信息的传递提供了必备的条件，即特性各异的媒体。

（1）报纸

其主要特点是承载的信息量大、覆盖面广，能将信息迅速传递给广大受众。但是基于报纸具有一定的政治倾向性，有对信息选择性发布、选择性加工的权利，因此它不被业界视为跨文化交流的最佳媒体。

（2）杂志

受众稳定且具有一定的文化程度，对事物的认知能力比较强。杂志的优势在于能够运用图文结合的方式，表述直观、易于理解，跨文化信息传递效果较好。特别是一些如《时代周刊》类的英文杂志，受到一部分读者追捧。

（3）广播

不受空间的限制，是跨文化信息传递的直接途径。在国内也可以收听到其他国家的广播节目，如BBC、CNN等，从而了解各国的不同文化背景。

（4）电视

集视听手段于一体，给观众以强烈的现场感、目击感和冲击力，能够最大限度地引起对跨文化信息的有效注意和记忆。大众传媒的信息传递功能对跨文化交流来说是把双刃剑，既能将正确的、积极向上的跨文化信息传达给广大受众，也会使受众或多或少受到不良文化信息的侵蚀。减少信息传递造成的负面影响，主要依靠大众传媒的"把关"。

2. 特色角色：缩小文化价值观差异

大众传媒通过议程设置，缩小跨文化交流中文化价值观的差异，并引导文化价值观的变迁。不同文化背景的人所持有的文化价值观也不同。大众传媒通过传播特定的信息，作用于人们的思想或观念，进而引起人们认知和情感的变化。媒介给予某种文化信息强调越多，受众对该文化信息的重视程度越高，随着认知度和理解度的提升，跨文化交流的文化差异会相应减少。

3. 渗透角色：引导文化价值观变迁

虽然媒介对人们态度改变的作用是有限的，但大众传播的潜移默化效果不容忽视。大众传媒通过对跨文化信息的输出，使人们对不同文化进行认知，这是一个动态的学习和态度改变的过程。人们接触不同的文化价值观，然后加以学习理解，最终产生一定的认同感，这个过程离不开大众传媒的影响。

大众传媒所传播的跨文化价值观正在逐渐渗入我们的生活，改变或发展着原有的文化价值观。以消费观念的改变为例，用"适当消费"代替"勤俭节约"已为人们所接受，"及时消费""超前消费""个性消费""高消费"等观念也都是在进行跨文化交流过程中被激发并为我们所吸收采用的。因此大众传媒在缩小文化价值观差异，引导文化价值观变迁方面起到了重要的作用。

4. 把关角色：进行跨文化信息的筛选

大众传媒是跨文化交流中文化信息的主要提供者，具有强大的信息生产和传播能力，但是它并不能传播所有的跨文化信息，要进行一定的"把关"。

"把关人"的概念是社会心理学家卢因提出的，他认为在群体传播过程中，存在着一些把关人，只有符合群体规范或把关人价值标准的信息内容才能进入传播的渠道。在整个社会的信息传递过程中，大众传媒就是信息的把关人，大众传媒决定了受众接触信息的内容和形式。跨文化交流过程中，大众传媒会面对各种不同的文化和文化价值观，如果全盘接受传递给社会大众，所造成的负面影响不可估计，因此需要大众传媒提前把关。

5. 平台角色：提供讨论的公共空间

信息公共交流平台是社会发展进步的现代化产物。大众传媒尤其是新兴媒体的"喉舌"功能在不断弱化，作为公共空间，大众传媒从根本上改变了灌输式的单向传播模式，双向传播互动特性十分明显。大众传媒是区别于社会公众组织和政策体制外的一种社会力量，在跨文化交流中扮演着沟通的桥梁，为广大受众提供了提出问题与意见的窗口。

交流是跨文化传播最终与最重要的目的，大众传媒为跨文化交流提供讨论的公共空间，会根据社会现状发起关于跨文化信息的相关讨论。

6. 反馈角色：对跨文化交流情况进行反映与评估

大众传媒的反馈角色，是大众传媒的环境监督作用在跨文化交流中的体现。大众传媒能够及时反映跨文化交流情况，并对其进行修正，使其朝着健康的方向发展。

　　针对大众传媒跨文化交流中受众的隐蔽性与不确定性，反馈信息的获取尤其重要，因为它为调节后续传播活动提供主要依据。同时，反馈信息也是评估传播效果的一个客观尺度，有助于纠正文化传播过程中产生的偏差。传播者应该明确自身与受众之间并非"主客"关系，传播行为基于平等的原则，受众在拥有获取跨文化信息知情权的同时，还拥有表达意见的权利和监督媒介的权利。

　　跨文化交流是一个动态过程，伴随着文化信息的输出与输入。不同的文化之间必然会有差异和冲突，文化能够影响人们对世界的看法，当我们在一种文化中长大的时候，这种文化便决定了我们相信什么是有价值的和什么是真实的。并非所有的跨文化交流都是一帆风顺的，在这期间必须克服很多文化交流障碍，这是一个不断磨合前进的过程。大众传媒反映跨文化交流的情况，使我们能够不断审视与评估正在进行的文化交流活动。

（二）传媒跨文化传播创新策略

1. "世界来到中国，中国走向世界"的时代大趋势

　　媒介在制作生产对外宣传中国文化的内容时，要保证让中国受众也听得到、看得到、读得到，培养国内的人用世界的和全球化的眼光重新认识中华文化，抛开井底之蛙和夜郎自大的心态。我们既要强调中华文化历史的辉煌，又要有适度的文化忧患意识，充分认识到中国的文化面临着怎样的全球性的挑战。中央电视台国际频道的中华文化相关栏目可以在这方面尝试创新，其他媒体如报刊广播杂志，也不妨多刊登或播出一些诸如"外国人眼中的中国文化"之类的内容，以进一步开拓国内受众的视野。

2. 对外宣传战线上全面出击，消除误解与偏见

　　这要求传媒与所有文化工作者联合，以全球化为背景看待和认识一切文化，做到对本国文化和外国文化知己知彼，增强交流沟通的效果。不能片面注重生产可以在国际艺术节拿奖的影视作品和其他文化作品，甚至为了获奖而在内容上迎合某些外国受众的欣赏口味和猎奇心理，在文化产品中过度突出中国文化传统和民族心理中的某些不健康因素。相反，要在对外宣传中大力增强文化传播的成分，用文化产品生动形象的内容弥补传统的"新闻外宣"的不足。同时，

眼界要开阔，要把目标对准国外不同阶层的受众，包括社会上层的政要、社会中层的知识分子、商界人士、白领等，也不可忽略文化程度较低的阶层。

3. 开展文化产品制作中的国际合作，敞开胸怀引进人类先进文化

中国和乌克兰的电视工作者成功合作改编并拍摄了《钢铁是怎样炼成的》，使传统的革命经典焕发出新时代的光辉，为以后的合作提供了宝贵经验。对中国几代读者有深远影响的优秀外国文学作品还很多，除了直接通过现代化的传播手段再次引进，还可以考虑创新，即通过跨国合作，让不同文化背景的传媒工作者和其他文化人走到一起来，共同生产出符合新时代全球化挑战背景的力作。

4. 一切落实到人才问题上

要实现上述对策，改进传播方式，迫切需要培养和造就一支特殊的传媒人才队伍—既通晓中文和外语，又理解中外文化之异同的人才。这也为我国急速增加的新闻传播院系提供了机会和挑战，并要求增设"跨文化传播"等课程，以跟上时代的发展。

总之，全球化的浪潮已经"入侵"中国的文化海岸，急需中国媒介帮助和引导大众应对。相信跨文化传播的迅猛增加能创造出更加富有先进性的文化。

参考文献

[1] 张军，何曼．传媒产业无形资产管理 [M]．北京：中国经济出版社，2018.05.

[2] 王红强．产业融合趋势下的我国传媒产业发展研究 [M]．成都：四川大学出版社，2018.01.

[3] 郭全中．传媒大融合 [M]．广州：中山大学出版社，2018.07.

[4] 郭海英．传媒行业政府规制体制研究 [M]．中国广播影视出版社，2018.09.

[5] 杨明．移动互联时代出版传媒业发展的机遇与挑战 [M]．天津：天津科学技术出版社，2018.02.

[6] 褚亚玲，强华力．新媒体传播学概论 [M]．北京：中国国际广播出版社，2018.10.

[7] 韩晓宁．国际传媒集团经营发展与战略转型 [M]．北京/西安：世界图书出版公司，2018.03.

[8] 袁琴，何静．现代新媒体的融合与发展 [M]．长春：吉林大学出版社，2018.01.

[9] 杨逐原．媒介融合发展研 [M]．贵阳：贵州民族出版社，2018.07.

[10] 雷国平．数字广播发展与应用研究 [M]．成都：电子科技大学出版社，2018.07.

[11] 朱磊．数字时代的场景传播 [M]．广州：暨南大学出版社，2019.12.

[12] 张洪冰．数字媒体时代的广播电视技术发展与应用 [M]．长春：吉林科学技术出版社，2019.05.

[13] 牛新权，丁宁．数字文化传播 [M]．北京：知识产权出版社，2019.05.

[14] 张琪. 数字媒体设计 [M]. 长春：吉林美术出版社，2019.01.

[15] 臧志彭. 数字创意产业研究 [M]. 北京：知识产权出版社，2019.06.

[16] 王艳妃. 数字媒体艺术的应用研究 [M]. 长春：吉林美术出版社，2019.01.

[17] 冉华. 中国传媒产业发展与制度演进研究 [M]. 北京：学习出版社，2019.07.

[18] 童清艳. 传媒产业发展研究从传统媒体到新兴媒体 [M]. 上海：上海交通大学出版社，2019.12.

[19] 陶喜红. 中国传媒产业生态系统健康评价研究 [M]. 北京：中国社会科学出版社，2019.07.

[20] 邓国超. 传媒产业培育市场经营主体的路径研究 [M]. 贵阳：贵州人民出版社，2019.12.

[21] 王方. 数字时代的艺术媒介化 [M]. 北京：中国传媒大学出版社，2020.05.

[22] 李华君. 数字时代品牌传播概论 [M]. 西安：西安交通大学出版社，2020.06.

[23] 俞洋. 数字媒体艺术与传统艺术的融合研究 [M]. 长春：吉林人民出版社，2020.08.

[24] 梁智勇. 移动互联网时代新闻传播发展趋势研究 [M]. 上海：复旦大学出版社，2020.08.

[25] 王亮作. 传媒产业破坏性创新管理研究 [M]. 厦门：厦门大学出版社，2020.12.

[26] 品尚彬. 传媒产业演进与智能传媒发展 [M]. 北京：红旗出版社，2020.01.

[27] 莫林虎. 传媒资本市场和资本运营 [M]. 北京：中国经济出版社，2020.01.

[28] 李迎建. 传媒转型论 [M]. 北京：新华出版社，2020.06.

[29]唐肖明.中国传媒的发展与文化研究[M].北京:中国国际广播出版社,2020.05.

[30]高永亮,唐琼.新时代传媒创新书系新时代主流广播媒介的新气象新作为[M].北京:中国传媒大学出版社,2020.05.